中國學術思想 研究輯刊

二三編

林慶彰 主編

第14冊

湛若水工夫論之研究

黃泊凱 著

花木蘭文化出版社

國家圖書館出版品預行編目資料

湛若水工夫論之研究／黃泊凱 著 — 初版 — 新北市：花木
蘭文化出版社，2016〔民 105〕
目 4+212 面：19×26 公分
（中國學術思想研究輯刊 二三編：第 14 冊）
ISBN 978-986-404-565-5（精裝）
1.（明）湛若水 2.學術思想 3.明代哲學
030.8   105002150

ISBN-978-986-404-565-5

9 789864 045655

中國學術思想研究輯刊
二三編　第十四冊   ISBN：978-986-404-565-5

湛若水工夫論之研究

作　　者　黃泊凱
主　　編　林慶彰
總 編 輯　杜潔祥
副總編輯　楊嘉樂
編　　輯　許郁翎
出　　版　花木蘭文化出版社
社　　長　高小娟
聯絡地址　235 新北市中和區中安街七二號十三樓
　　　　　電話：02-2923-1455 ／傳真：02-2923-1452
網　　址　http://www.huamulan.tw 信箱 hml810518@gmail.com
印　　刷　普羅文化出版廣告事業
封面設計　劉開工作室
初　　版　2016 年 3 月
全書字數　180322 字
定　　價　二三編 24 冊（精裝）新台幣 46,000 元

湛若水工夫論之研究

黃泊凱　著

作者簡介

　　黃泊凱，1979 年 8 月出生於台灣省台北市，從小對於中國哲學有濃厚的興趣，於碩士就讀期間，便以三教會通為研究方向，師承楊祖漢教授，論文為《良知統三教的研究》，於 2010 年 10 月獲得台灣哲學學會碩士論文佳作獎，排名全國第三名，之後進入國立台灣大學哲學研究所東方組博士班就讀，研究方向便轉為以湛甘泉為主，進行對於陽明哲學思想的反思，研究論文為《湛若水工夫論之研究》。

　　於 2012 年 6 月，取得國立台灣大學哲學博士學位，之後擔任國立台北科技大學、黎明技術學院、中國科技大學通識教育中心擔任生命探索與自我認同課程助理教授，專長主要為中國哲學的現代詮釋與應用，學術研究主要範圍為明代儒學與三教會通，同時於易經方面的象數與實占運用亦有深入研究。

　　最近研究方向為劉伯溫《黃金策》中五行易思想的運用，即俗稱的文王卦，目前從事於易經教學工作，於 2012 年到 2015 年間，受邀擔任多所社區大學易經哲學與人生課程講師，目前正試圖將傳統的卜筮之道與五行易結合，給予理論化與現代詮釋，以賦予中國傳統的易學全新的面貌！

著作如下：

1. 黃泊凱，〈論王陽明對佛教的理解：以禪宗離邊大中觀為比較對象〉，《當代儒學研究》第一期（2007）。
2. 黃泊凱，〈王龍溪對於三教的理解與融會〉，《第十八屆全國佛學論文聯合發表會》（2007）。
3. 黃泊凱，〈論王龍溪對於佛教的統攝〉，《當代儒學研究》第四期（2008）。
4. 黃泊凱，〈論明儒王龍溪的悟與修〉，《韓、中國儒教思想文化國際學術會議：新資料與新觀點論文集》（2009）。
5. 黃泊凱，〈論明儒王龍溪心悟概念之運作與界定〉，《哲學：東西之際華人青年學術會議論文集》（2009）。
6. 黃泊凱，〈良知之教的基礎論與融貫論：以明儒王龍溪為例〉，《傳統中國哲學的知識問題之當代省思會議論文集》（2010）。
7. 黃泊凱，《良知統三教的研究》，中壢：國立中央大學哲學研究所碩士論文，於西元 2010 年 10 月獲臺灣哲學學會碩士論文佳作獎。
8. 黃泊凱，〈對湛甘泉工夫論的檢視〉，《華崗哲學學報》第三期（2011）。
9. 黃泊凱，〈台灣第一位肉身菩薩：慈航法師思想的現代詮釋〉，《慈航文化巡禮首航：承先啓後學術研討會論文集》（2014）。
10. 黃泊凱，〈文王卦哲學與人生〉，《周道協會第一屆周文化學術研討會論文集》第一期（2014）。
11. 黃泊凱，〈湛甘泉與王陽明功夫進路之比較〉，《國立中興大學文學院人文學報》。（2015）。
12. 黃泊凱，〈台灣第一位肉身菩薩：慈航法師思想的現代詮釋〉，《黎明學報》（2015）。
13. 黃泊凱，〈羅什與慧遠禪觀思想之比較〉，《宗教哲學季刊》（2015）。
14. 黃泊凱，〈湛甘泉與陽明後學對於本體工夫的詮釋與匯通〉，《宗教哲學季刊》。（2016）於 2016 年 6 月號第 75 期出版。

專書：

1. 黃泊凱，《良知統三教的研究》，新北市：中國學術思想研究輯刊第 14 編第 21 冊，2012 年 9 月出版。

提　要

　　湛若水（1466～1560），字元明，號甘泉，廣東增城人，生於明憲宗成化元年，從學於明儒心學大成者陳白沙，於明孝宗弘治帝乙丑年間進士及第，於明世宗嘉靖皇帝年間擔任南京兵部、禮部、吏部三部尚書之職位，於儒學上的傳承而言，亦是陳白沙心學之大成就者，其本體工夫是以「勿忘勿助」爲主要修行的方式，其教法以「隨處體認天理」爲宗，並以此進行本體工夫之實踐，以「天理」爲其最高本體概念之設定，認爲天理本身是通天人而不二的究竟法，其本質爲「中正之氣」，其核心意義爲「仁」，就其無所安排處稱之爲「良」，就其不由於人之處稱之爲「天」，而能知之爲「良」者，便是所謂天理的本體。

　　故在此設定下，便以天理爲最高概念而能統攝「良知」與「良能」，而良能本身則是以「神」的概念形容，以代表本體自我要求道德實踐的力量，其本質爲中正之氣，故在此概念的運設定下，便認爲心之生理便是「性」，當觸物而發時便可以稱爲「情」，當發而中正之時，便是「眞情」，所以不論是「天」或「人」之中，皆有那本具的中正之氣的存在。所以「天理」與「中正之氣」的運作範圍，便因此皆可以說是遍一切處而無限的運作，此爲湛若水對於本體運作範圍之設定，也因此而反對王陽明及其後學氣外求性的態度，故其本體概念的運作上，便針對此點，批評王陽明及其後學有流於佛老之風險，但是同時也就王陽明心學之中對於「仁體」的體證進行對於湛王二家共法上的理解與融會，也因此而產生了於王陽明之間的工夫辨義問題，其本體工夫之爭議處可以分爲三大類之爭論，即本體的自覺義、習心之對治義與境界上之自由義的討論。

　　以湛若水的觀點來看，其本體通工夫的運作歷程，可以分爲「學」與「覺」兩大類之系統的運作，從對於習心的對治進路來看，便是從有限的智境入手，以進行對於及欲念的初步收攝，以古訓做爲修行的參考典範，進行對於「習心」之對治，以成就其對治義，也就是「學」的工夫之成就，同時亦利用靜坐的方式，使內在本具的心之生理得以顯現其自身的力量，以完成對於本心之自覺義之修行，而成就「覺」之工夫。

　　就分解的角度而言，若在實修上偏於「學」，則會執著於經論之中而有偏於「外」之風險產生，故需以「勿助」法進行境界上的提昇，以化解對於有限智境之執著，而過份注重靜坐而徒守其心的方式則有偏於「內」之缺點，故以「勿忘」法之指點，使其免於理欲不分而忘失本體之情況產生，故在湛若水的本體工夫便以「勿忘勿助法」爲其求中之門，以通達內外而合一，而進入遠離利害與欲望等經驗與他律的境界，此時便可成就其本體工夫中「自由義」。

　　而圓具自覺義、自由義與對治義於一身的工夫，也就是湛若水所言的「隨處體認天理」之工夫，此爲湛若水本體工夫之心要，其教法雖然高明，但是卻因爲其重視學問之功的一面，而被王陽明認爲有偏於外之風險，而王陽明常就本體工夫自覺義與自由義之一處發揮，而被湛甘泉批評其教法容易使其後學有輕視學問之功而流於放縱之風險，故湛若水與王陽明便因此而引發工夫的辨義問題，而針對此類疑慮之分析，便成爲了本文討論之焦點，而筆者亦在試圖從湛若水的觀點出發，進行對於相關問題之回應。

第一章 導 論

　　湛若水（1466～1560），字元明，號甘泉，廣東增城人，生於明憲宗成化元年，從學於明儒陳白沙，於明弘治帝乙丑年進士及第，於明嘉靖帝年間擔任南京兵部、禮部、吏部三部尙書之職位，並與當時的心學大成者王陽明爲好友，二者彼此之間常針對本體工夫的問題進行討論，以其受教於陳白沙一處，而體證到「隨處體認天理」爲其本體工夫之心得，並與王陽明的「致良知」號稱爲當時之顯學，而當時的著名的儒者大多求教於湛甘泉或是王陽明，故可知其於思想上的影響力，並不遜於王陽明，爲當時心學的兩大主流學派。

　　至於湛若水本人除了在南京爲官之外，亦進行講學之工作，其平生之足跡所到之處，必定建立書院，以祭祀先師陳白沙，並感念其師授業之恩，而其門生亦遍及天下，湛甘泉一生亦相當長壽，直到九十歲時，尙且能出外講學，並以其學術上的洞察力，告知王陽明首座弟子鄒守益及錢緒山等陽明後學在修學上所可能產生的缺點，並提供一套防弊的方法，同時亦勉勵鄒守益以其陽明後學首座之尊，將湛王二家之教法結合爲一方能於實修上完成本體工夫的自覺與實踐。

　　此外亦對於錢緒山與聶雙江給予本體工夫上的指點，並稱讚錢緒山，於本體工夫上，能掌握到湛甘泉本體工夫的自覺義與自由義，並給予高度的肯定，所以陽明後學之中，便是以錢緒山、鄒守益、聶雙江三者對於湛若水的本體工夫最爲瞭解，而以上三位陽明後學，也是在湛甘泉的一生中，書信往來最爲密切的三位儒者，而以上三位儒者亦在本體工夫的修學上，受到湛若水思想的影響甚深，而鄒守益更是約束其同門要尊重湛若水，則可見到其尊敬湛若水的態度，如王陽明一般，足見其學術之地位。

　　而湛若水本人亦常強調以其「隨處體認天理」的教法進行對於陽明良知學的理解與融會，亦在此立場下強調湛王二家的大同宗旨，此為其「共法」，此外亦以其「隨處體認天理」的教法，進行與王陽明的「致良知」學在工夫上「不共法」之比較，故因此而產生的內外之爭的問題，但是二者亦皆以其所證得的本體為「仁體」為宗，故在工夫上有同亦有異，故因此而產生了對於彼此思想之批評，但是同時亦企圖以自身之教法，進行對於彼此思想的理解與融攝，直到其九十五歲壽終之時亦是如此，也因此而引起筆者之研究動機，而因此而開始企圖以湛若水之思想為主，進行本文之寫作。

一、研究緣起

　　本論文主題為「湛若水工夫論之研究」，其重點在於對於湛若水思想中的「本體」與「工夫」之概念運作進行研究，凡是一個工夫論的操作，皆是一定有一套所欲成就的目標體系，以湛若水立場而言，這一類的目標，便是往天理的體認邁進，所以若欲往中正之道邁進者，應當先知道此天理本體的運作是如何進行？其具體的落實方式，其實就是依止於本體的價值意識中，以此做為根本信念的確定，而因此類信念力量的增長，便能很快的發揮本體的自淨能力而與本體相應。

　　而此處所說的「本體」，便是指那永恆運作，本具「真實義」與「恆常義」而遍一切處的道德本體，亦名「天理」，不論是何種根器的人士，皆同具此理而不變異，此為湛若水心學中對於心的真實體性之界定，於此真實本體外，便是受限於欲念的世界而產生的「習心」，此類習心本身之層次並不具「真實義」與「恆常義」，但是卻可以產生障礙的功能，而使一般人迷失於「習心」的境界，而此「習心」就是一切人欲境界的起源。

　　何以如此？因為此類習心是受到「功利之志」的影響而生，故二者是相互依存而同時生起，本身不具實體義，不具恆常義，所以雖然有障礙的功能，卻不具真實之體性，所以也因此能夠得以對治，故此「習心」便成為對治的對象，也因此而產生了以心體的自淨能力，去對治這具有障礙之力的工夫論，此類工夫就是「本體工夫」。此法如何對治「習心」呢？便是使用那來自真實本體所自發的自淨之力，而此法便是湛若水的本體工夫之重點，而因為「對治」義的發揮，便產生了相關的工夫次第。

　　以湛若水的工夫論之運作類型來看，則有以下三種運作方式，首先第一

種工夫論類型，是從「習心」的對治處入手，從此對治義的工夫運作中，去體會本體的「中正」之義，是屬於從「學」入「覺」之工夫論。此種方式之要點，在於從經論的學習之中，進行對於人欲的對治，當「習心」對治有一定程度時，便使此心進入「中正」的境界，而完成對於「天理」的自覺。故此法門是教化一般儒者所用之工夫，屬於「學先覺後」之工夫論，其教法之優點，在於可以參證古訓而有一套客觀的參考標準，但是其缺點，就在於常受限於經論典籍之中，而不知一切工夫之始，皆源自於本體的顯現，故就此點被王陽明所批評。

也因為可能有如上之缺點產生，故湛若水就此處常被王陽明所批判，但是湛若水之工夫論，仍然強調古訓之重要性是不可偏廢的，不過湛若水之教法，也因此有更深一層之工夫論產生，那就是從先從「覺」的境界入手，再以古訓的參究做外輔助之法門，此法門為「覺」先「學」後之工夫，這種工夫論與前者之不同處，直接從對於本體的體認入手，只要能掌握本體，就可以完成從體起用的工夫論，其教法之重點在於從「覺」入手，具體落實方式使用「勿忘勿助」而隨處體認天理之工夫論進行運作，此法則與陽明的「致良知」之工夫非常接近，亦獲得陽明的認同。

但是此法仍然是將古訓的參證，做為最重要的參考依據，所以陽明認為這種方式仍然略遜於「致良知」的工夫論，所以雖然同樣是重視對於「道德心」自覺而開顯的工夫，但是陽明與湛若水之不同處，就在於陽明是直接就入「覺」之角度，而進行對本體的體會，強調直入本心，自信此心之光明，故不以「學」為重要的成聖條件，而因此認為甘泉之教法不能夠拋棄對於古訓之「學」，在根本上是一種偏於「外」之教法，故並不究竟。

但是事實是否真是如此？從甘泉之回應來看，並不滿意王陽明之論點，反而批評陽明之教法，有過份偏於「內」之風險。正是因為陽明學本身對於缺乏古訓的參究，而容易在實修上產生弊端，所以亦認為陽明後學，所言之「良知」常有流於不良之缺點，故就一套工夫論的運作而言，「學」應該如何用來啟發對於道德心之「覺」？又此「學」究竟對於本體道德心的自覺是否是一種障礙之力？還是有助於工夫成就之重要助緣力？故針對此類問題之思考，便開始成為本文之研究方向與重要的問題意識，而欲解決此點，則必須將湛若水之工夫論，進行清楚之界定，才能說明以上二者之工夫類型之差異處。

　　但是湛氏之學，亦非只有如上兩種類型之工夫論，故湛若水最後類型之工夫論就是「學覺並進」之運作，此種方式是將外在經論之學與對於道德心自覺之工夫進行一貫之運作，在天理本體價值意識的貫徹下，完成道德上的實踐。將外在的經論之學中，對於成聖的實修經驗與內在對於中正之心的自覺完全貫徹而成就，而無以上二者之缺點，爲湛若水思想中最完美之工夫論。可以將以上二者之缺點免除而完成對於天理的自覺，故若就此點來看，則亦有其深奧的境界，所以並非皆如陽明所言一般，尙遜於良知之學，而筆者也因爲正視到此點，故計劃於本文的寫作中，以湛若水的立場進行工夫論方面的回應。

　　此外，筆者也意識到工夫論發展的方向有兩種，普遍來說就是從下到上的「修」，或從直入本心自覺之「悟」兩種主流方式，首先是「修」的觀點，主張從下至上的修行，也就是從次第的修行做起，然後是對於次第的簡化，再進入對於本體的自覺，此法爲漸修之工夫。但是這類工夫論的觀點，卻容易被經論及次第觀所局限，所以反而不知此類工夫之根本，必須從吾心之自淨能力做起，方爲究竟。所以與其向外追尋經論的學習，何不直接就對於本體的頓悟做起即可，而此法爲高層次之修法，強調本體的最高自覺，當證悟此體之時，就可以建立根本之自覺，而從此高層次的修法，向下作方便法門之安立，以當機指點的方式，指導一般人士進入對於本體道德心之自覺，而王陽明便是常用此法進行教化，故認爲湛氏之學不夠究竟。

　　其實探究其根本，就在於陽明認爲參證古訓的教法，本身是一種較爲低層次的修法，由於本身受限於有限的文字經驗，所以很難再進一步超脫而向上，進而進入最高層次之境界，或開展出最高教義之修法，故就此點則認爲「致良知」之學與「隨處體認天理」之教法尙隔一層，便是在於最高境界的自覺義之程度，王陽明認爲此教法能勝過湛若水的工夫，但是此點看法是否正確？筆者本身亦心存疑慮。

　　至於湛若水的看法，則是認爲其所體認之天理層次，就是陽明心學最高層次地位的良知本體，所以就此點來看，陽明的批評則與湛若水的看法，則並不一致，此點也成爲筆者的問題意識之起源。究竟湛王二氏之工夫爭議的問題起點，是在於對於此本體所「覺」之境界高低之爭議，還是其實這純粹只是陽明對於湛若水之學的誤解？如果是誤解的話，那湛王二家之爭議，就在於對此道德本體相應所採取的方式不同而已，至於在實修上，就可以看成

只是以「覺」之角度入手的陽明學，以及從「學」的角度入手的湛若水「天理學」之差異而已。

因為在本體上的體證對象，都是同一個本體，皆是利用本體的自淨能力而完成對於「習心」或「人欲」的對治，而此本體與其自淨能力的顯現皆圓滿如一而不二，皆為本體之顯現，若結論是如此的話，則湛王二氏之爭議，便可以因此而迎刃而解，而對此工夫論中大同處與小異處之研究，便成為了本文的研究緣起。

二、前人研究文獻回顧

對於湛若水思想之分析，則因其關心之方向不同，而產生相關的著作之說明，首先是在 1993 年間，則有學者容肇祖進行對於湛若水思想中的基本概念，進行說明，就其看法認為，甘泉對於心的定義是包括「知覺」、「與思慮」、「本然之覺」之特色，就其廣大面而言則可說其為「宇宙本體之心」，其特色在於「虛靈不昧」，其心落實於具體的說明則可以分為「理」、「道」、「中」、「物」等四方面，此為其對於「本體論」方面的定義處理。

至於「工夫論」方面，容肇祖則指出，湛若水思想及教法的重點在於「立志」、「煎銷習心」與「體認天理」等三個重點，其工夫論目標在於使心能夠達到「自然」與「中正」的境界，即進入與天理相應的境界，如何落實此境界？具體的操作方式便是「敬」的工夫，但是不能流於佛老視世間為如幻的看法，或是流於枯靜的境界，甘泉主張「敬」的境界要含「動」與「靜」，方是儒學宗旨，甘泉在此指出佛老的缺點在於過份重視「靜」，容易導致以天理為障的結論。認為只有「敬」的工夫方能達到「自然」的境界〔註1〕。

同時亦批評王陽明的教法是過份注重先天的知能，而忽略了學慮之知能，而容易產生不重視學習，以檢驗其所正之念頭是否正確的缺點，而此類爭論的焦點在於對於「格物」的工夫論入手不同而產生的爭議。但是就此點處理而言，容肇祖則進行更深入的處理，也能解決筆者對於二者工夫次第的相關疑慮，但是其研究成果已經使筆者得知相關爭議的起源，就在於二家之教法是否重視「學覺並重」？故筆者將針對此點進行處理，此點為容肇祖於

〔註 1〕 喬清舉，《湛若水哲學思想研究》，全 1 冊，（臺北市：文津出版社，1993 年），1 冊，頁 67~89。

其著作之研究成果〔註2〕，而筆者亦將此類研究成果運用於本文第二章，以進行對於湛若水思想中，對本體概念的運作之界定。

而在此同時，大陸學界則有學者喬清舉於其著作《湛若水哲學思想研究》中進行更為深入的說明，對於理氣方面則提出甘泉的思想是主張「理氣合一」的思考，而理是指本體的性質，至於「氣」則是指本體實體化後的形式，氣的作用有兩方面，有精靈者的一面，主要是指心的「思慮作用」，知覺為體而思慮為用，但是其中正處為心之本體。

另一面則是就此「中正清純」的一面，而言此氣本身就是心之本體。是一種具有永恆運作義與不變義的本體，而此純淨之氣與天理本身相應而不離，故喬清舉認為湛若水之思路為理氣合一之思想，其中的天理具有定律義與不變義，代表本體的性質，而以氣為媒介物，而顯現於現象界，但是本身與此天理不離，此點喬清舉對於湛若水之理氣觀之理解，亦成為筆者於本論文寫作中，對於湛若水所言天理本體的解釋，亦有助於本文第二章之說明。

在此可以看出，喬清舉認為湛若水的主張，是認為「心」由「氣」所構成，「性」是氣運行的中正處，而「氣」概念本身，可分為「中正面」與「人心面」，中正處為天理之道心，而人心的一面則是有包含不受形氣所限之「天理」，而此天理就是人人本具的「良知」，而此天理就是最初的一點「真心」，包含了心的知覺作用，可以分為「良」與「知」的概念分析，「良」是指對於「知」的限制，而「知」概念則是指純粹的知覺，必須要被天理所限制。

由此點可知，喬清舉主張湛若水工夫論之所以強調「敬」之原因，便是因為在天理本體的限制下進行，故在此前提下，而完成無欲的心靈修養。但是又不落於佛老的缺點，以此進行「勿忘勿助」的工夫。而「勿忘」是指對於天理的體認工夫，而「勿助」則是指對於人事上的心靈無執之境界。但是都必須在天理的規範下進行，此點為其研究成果，雖然將甘泉的思想進行更為深入的處理，但是並沒有針對甘泉的工夫論進行次第化的解釋，故仍然沒有解決陽明對於湛若水的批評。

針對前面的疑慮，喬清舉雖然在工夫論的次第觀方面沒有進行深入的解釋，但是已經初步將若水所常用的概念進行分析，故在此基礎下，便於西元2000 年 11 月時，大陸學者張學智則於其著作《明代哲學史》一書中進行對於

〔註 2〕 喬清舉，《湛若水哲學思想研究》，全 1 冊，（臺北市：文津出版社，1993 年），
　　　　1 冊，頁 89~134。

湛若水思想的介紹。其貢獻在於將甘泉的教法進行簡介，與關鍵概念的界說。

首先是心性論方面，其看法表示湛若水主張心物合一的本體論，至於「物」的概念是指「氣」，認爲是天地萬物的本原，而在對於「性」概念的解釋上，則認爲是指「人性」與「生理」，亦是生生不息之「仁」，就是萬物中體現的生意。而反對理氣二分的論點，主張「理」是氣之中正者，而「性」是內容，由心一貫之。

張學智對於湛若水思想的理解，可從其對於「心」的解釋，來分爲「境界義」是從宇宙全體面來看，而「倫理義」方面則是就個別具體事物來看，故主張本體爲「中正合一」，就此情況下而說明「敬」的工夫之一貫性，就「始敬」而言則是「未發之中」是指固有之性的情況，就「情」的一面是「已發之和」，主要是「指四端之情」，至於「終敬」方面，則是就「境界論」來說明，是指天地萬物與我皆心物合一下的狀況，但是都不離開「天理」〔註3〕。

張學智認爲此「天理」就是中正之本體，並非是客觀之物理，而此「本體」是指心得中正的本來狀態，至於「物」則是指對於體現於萬物中的天理的形容詞，所以其看法非是程朱的即物窮理，亦非是陽明之正念頭，而是強調體認天理必需要涵養之功配合的工夫論，此點爲張學智從「敬」的一面來進行對於甘泉工夫論的解釋，有助於後世研究者對於湛若水基本概念的理解。

至於在臺灣方面，對於湛若水之相關研究，則於1988年9月由臺大中文所黃敏浩所撰之《湛甘泉的生平及其思想》碩士論文中，開始進行對於湛若水思想之研究，其看法認爲，湛若水對於天理的體認並非是求於「外」，亦非是流於對於知識的認知而已，其教法之精要在於從「生理」入手，而此「生理」在天爲「天理」，在人爲「人心」，於落實上則爲「道」，都是儒學價值意識一貫的體現，故對於此天理的體認，則必須從此心的不息處，進行「勿忘勿助」的工夫，方能把握，而其格物之宗旨，亦在於對那無內外之分，而生物不測的天理進行體會，從學宗自然的教法中，完成「內外合一」的工夫，便是湛若水思想之要點，而筆者亦於此研究成果之啓發下，開始進行對於湛若水內外一貫之工夫論的研究〔註4〕。

〔註 3〕 張學智，《明代哲學史》，全1冊，（北京：北京大學出版社，2000年），1冊，頁60~64。

〔註 4〕 黃敏浩，《湛甘泉的生平及其思想》，全1冊，（臺北：國立臺灣大學中國文學研究所碩士論文，1988年9月），1冊，頁38~126。

　　此外於 2003 年 12 月，中國文化大學哲學研究所李宇婷的碩士論文進行相關思想之研究。觀此論文的研究成果中可知，對於湛甘泉工夫論的處理，已經逐漸被重視，其研究成果指出湛若水的工夫論，有別於王陽明之處，就在於其教法為程朱與陸王的綜合者，同時也指出王陽明對於湛若水思想的批評重點在於「勿忘勿助」的工夫論，有流於佛老虛寂思想的風險，容易造成無一處可下手的疑慮，而湛若水亦批評王陽明的教法只追求「正念頭」，而有流於將聖賢經典規範視而不見之危機，於是二者便因此而有所爭論〔註5〕。

　　針對此點，李宇婷認為二者的差距，在於湛若水重視對於古訓的參證與體會，至於王陽明則重視對於佛老的包容，以及對於本心自信的體會。所以才形成二者思路之不同，但湛若水並非不知陽明之立教精神，而是對於其教法之缺點，進行批評，可以視為其思想是對於王學末流弊端的檢視者，但是湛若水教法亦非完全肯定程朱，因為湛若水亦反對程朱末流所產生的缺點，所以其工夫論可以看成為二家工夫論的調和者。

　　雖然李宇婷的論文亦有分析到湛若水思想與王陽明教法的差距，但是對於其「工夫論」的說明，以及詳細的次第之分析，則沒有說明清楚。只有提到「立志」、「知本」、「煎銷習心」、「體認天理」等四種簡易次第而已。並沒有說明如何於人事中去落實此類修行，以及實際的操作次第是如何運作？只有對於心法的要點，進行簡易的說明而已。所以仍然無法解釋湛若水之工夫論，是要如何針對各種根機的人士進行次第的工夫論之建立，如果沒有此工夫論。則勢必有陽明所批評之流於佛老「虛寂」境界的缺點，故就此點仍然未能夠完整說明湛若水的工夫論之體系。

　　在此之後，於 2004 年 6 月，由淡江大學中文所碩士張伯宇所撰寫之《湛甘泉心學思想研究》碩士論文一文中，便針對湛若水的工夫次第觀進行分析，看法認為湛若水的工夫次第是從學問入手進行對於天理之自覺，故其工夫次第之建立，一開始是從讀書做起，從聖賢之經典處入手的研究，可以喚醒對於天理之自覺，此時的效果為聰明日生，當有此程度後。便可以進入第二階段「明志」的運作，於此時建立起正確的修學目標，以此進行對於內心的自

〔註 5〕李宇婷，《湛甘泉哲學思想之研究》，全 1 冊，（臺北：中國文化大學哲學研究所碩士論文，2003 年 12 月），1 冊，頁 53~59。

省與對話，方能使內心的道德感湧現，當此境界出現之時，必須把握它，方能完成「主敬」工夫之初步成就〔註6〕。

　　此時要將「學問之功」與對於天理的自覺合一，即湛若水所說之「心」與「書」合一之境界，此時由於「學古訓」、「發聰明」、「養志」與「隨處體認天理」的工夫次第全部並進而成就，故能進入「學宗自然」之境界，而完成了理想人格，此點為張伯宇之研究成果，是目前筆者目前所參考的碩士論文中，對於湛若水工夫論及次第觀說明的較為完備者，而筆者亦在此研究成果下，進行對於工夫論之次第更為深入之解釋，而筆者也計劃於本論文寫作中，以此成果來進行對於湛若水從「學」到「覺」之工夫漸修觀的建立。

　　以上是有關湛若水思想，於碩士論文方面的研究成果。之後對於湛若水工夫論討論之文獻，便是學者潘振泰於西元 2009 年 3 月所著之〈湛若水與明代心學〉一文中可知其工夫論所可能產生的問題，就在於一方面講究自然的宗旨而提出「勿忘勿助」之工夫，同時於另一方面又反對徹底拋棄書冊而專求對於本心證悟之陽明心學風格，在一定程度上接受程朱之學「主敬」的規範，故講究「學宗自然」的而「學覺不二」的體現，所以就點而言，便有別於陽明心學的教法。

　　以潘振泰〔註7〕的研究成果指出，湛若水的教法引起程朱學者羅欽順的批評，而認為湛若水的教法是以知覺為天理的一種工夫，但是此類爭議，並不影響湛若水的立教之宗旨。亦強調雖然有主「敬」的規範，但是仍然是講求對於本心的自信為主，並將陳白沙的「主靜」與朱子之「主敬」教法進行相關之說明及調和，以回應當時學者之批評。

　　從上述可知，湛若水的工夫思想的取材，是可以從朱子與白沙處進行相關的融會與取捨，而形成獨立一套的「工夫論」思想。雖然也有提到對於靜坐之修行，但是只是將其當做是一種權變的方法，而不像白沙一般將當成是最重要的教法，所以在此點上，湛若水亦批評白沙在靜坐中所見之心體是「景氣虛見」，而不能完全認同陳白沙之觀點。

　　但是另一方面卻又肯定靜坐的優點，可以達到使人心保持靜定無事的虛

〔註6〕　張伯宇，《湛甘泉心學思想之研究》，全 1 冊，（臺北：淡江大學中國文學研究所碩士論文，2004 年 6 月），1 冊，頁 150~188。

〔註7〕　潘振泰，《胡居仁與陳獻章、湛若水與明代心學》，全 1 冊，（臺北：花木蘭，2009 年 3 月），1 冊，頁 63~79。

明狀態之效果，此點便成爲其思想上與白沙之不同處，亦因此而適度的修正白沙思想，而筆者亦打算針對此研究成果運用於對於湛甘泉本體工夫之分析，同時來說明湛若水對於天理的體會及自覺，並不只有從經論入手之工夫，亦包含從靜坐之中去進行對於天理的體認，而此種方式而完成自覺的工夫，便是屬於湛若水教法中從「覺」入手而成就的工夫，也就是從對於本體自覺而完成自我規範能力顯現的工夫論。而筆者亦針對此點計劃進行對於湛氏教法中從「覺」入手而成就之工夫論的分析，並以此說明湛若水的工夫亦能總攝陽明之工夫論。

從前面看法可知，針對求諸本心之體會，而輕視文字典籍的學者，湛若水皆是給予一定程度的批評，但並不完全否定此類工夫成就的可能性，所以其貢獻亦在於適度修正陳白沙心學，並同時成爲陽明心學思想的檢視者，故其思想在一定程度上，可以對於王學末流之弊端產生防範之效果，此點爲潘振泰之研究成果。

之後相關論文，對於湛若水相關議題的處理，則不外乎上述幾點之處理，但是其中集大成處理者，則是學者鍾彩鈞於《中國文哲研究集刊》第十九期所發表之《湛甘泉哲學思想研究》，對於湛若水工夫論的看法，鍾彩鈞表示：

> 勿忘勿助是自然的工夫，所以保任天機流行，使道德出於天而不出
> 於人〔註8〕。

亦指出其工夫重點，在於本心自淨能力的運作如下所示：

> 甘泉提出勿忘勿助，這是心地涵養的工夫，使四德在我者生化不已
> 〔註9〕。

從鍾彩鈞〔註10〕所言可知，若欲處理湛若水的工夫論的問題，則必須從對於本體的設定，以及對於本體的自我要求所生之工夫方向，來理解其本體工夫。而此工夫之重點，不外乎對於道德價值意識的體認，以及對於本體的自然體現處去參究，方能體會湛若水「學宗自然」的立教主旨。而筆者亦在鍾彩鈞的研究成果提點下，進行對於湛若水「本體」及「工夫」概念的處理，而筆者也因此得知，湛若水本體工夫中對於「覺」方面的運作，故於本文研究計

〔註8〕 鍾彩鈞，《中國文哲研究集刊第十九期：湛甘泉哲學思想研究》，全1冊，（臺北：中央研究院中國文哲研究所，2001年9月），1冊，頁363。

〔註9〕 同前註，頁363。

〔註10〕 同前註，頁256~388。

劃中，將運用此成果進行對於湛若水思想中對於「覺」之分析，此處研究將成為本論文研究中第三章的討論方向。

　　但是對此本體的自覺境界，湛王二家各有其究竟義的說明，何者較為徹底高明？以王陽明的立場而言，則認為自己之教義最為徹底，但是此點只是代表陽明自己的看法，並不代表事實就是如此，以湛若水的立場而言，亦強調天理的究竟義，究竟湛王二氏何者為高？以錢穆的看法則表示如下：

　　　其實此處所謂體認天理，也簡直和致良知學無大出入〔註11〕！

從以上看法可知，錢穆是主張湛王二氏之教法，本身是大同小異，對於本體的自覺，都是以儒家的價值意識為主，只是使用的術語不同而已，此為學者錢穆之看法，但是此看法似乎未能完全解決筆者之疑慮，但是亦從此處得到收獲，那就是王陽明與湛若水之差異處，就是在於對於「學」與「覺」的態度，是採取不同的看法，所以就其自覺而成就的「境界義」，去批評對方教法尚未能達到圓滿的境界，而因此產生相關的爭論。

　　若欲解決此類問題，就必須針對二者對於最高境界義之形容與運作來斷定，如果湛氏思想真流於對於知識之累積，而沒有對於本體天理之自覺義的顯現，就會真如陽明所批評一般會有流於「外」之風險，但是湛若水卻有對於天理本體之自覺義的顯現，故就此點批評來斷定湛氏之學，仍然是不夠徹底。筆者以為若欲解決這一類問題，就必須針對湛若水對於「學」「覺」以及「學覺不二」之工夫運作進行剖析，方能將此類問題解決，故筆者亦將於本文第四章中，進行對於湛王二家思想的工夫辨義，以處理此類尚未界定與解決的問題。

　　筆者綜合以上幾位學者及相關碩士論文的研究成果來看，可以得知湛若水教法之基本概念的運作模式，以及其「工夫論」與對於「靜坐」的看法，所可能產生的相關問題，雖然這些研究，有助於吾人對於湛若水思想的認識。但是由於對於其工夫次第方面的處理仍然不明顯，所以仍然無法使人得知對於湛若水工夫論的一套完整體系是如何去進行操作？同時也沒有完整說明出湛若水對於靜坐是針對那幾個部份持贊成之態度？而所否定的是那些部份？對於此點則處理不夠徹底，而解決此類問題的關鍵，就在於是否能從相關原典中，找出其對於「本體」、「工夫」等概念的設定，並將其相關的部份進行

〔註11〕　錢穆，《陽明學述要》，（北京：九州出版社，2010年），頁33。

聯結與說明，才能夠將一切對於湛若水教法的疑慮全面剖析，故筆者將使用此法，進行對於湛若水思想的研究。

此外，筆者亦注意到良知學的發展問題，那就是在王陽明之後，良知學的發展便開始產生兩種演變，首先是江右學派等人如鄒守益等人，在遵守王陽明的教法之時，亦試圖適度地與湛若水的本體工夫進行二家在共法上的會通，而湛若水亦對於此點表視贊同的態度，故對於鄒守益、錢緒山、聶雙江等亦指點其隨處體認天理的工夫實踐要點，而因此吾人亦可以從此三人對於湛若水本體工夫的說明之中，得知湛若水本體工夫的運作於「良知學」在「共法」上的相互融攝之處。

同時亦可以從陽明後學對於湛若水的工夫解讀之中，瞭解湛若水是如何在不失去自身的立教宗旨下，進行對於陽明學的理解與融會，同時亦可以從陽明後學的看法之中，進行對於湛若水本體工夫的補充說明，如此一來，便可以使湛若水的本體工夫之界定更為完備，此為第一種演變之中，此為筆者所預期之研究成果。

此外，從陽明後學的第二種演變來看，則勢必會進行三教會通之發展，而此類之行者最明顯者為王龍溪及其後學，其良知學的思想演變則是試圖以良知學為宗，進行對於佛老教法之融攝，以完成其三教歸儒之思想體系的建立〔註12〕，故基於此點態度則對於佛老之教法採取開放之態度，而有與佛老同流之風險，故常引起湛若水之批評，其反佛之看法如下：

> 所以惡之者，非惡佛也，惡其害道也，往往見陽明門弟，尊佛而卑
>
> 聖，自謂孔子為纏頭佛，佛乃上聖人，亦嘗痛之〔註13〕！

從以上的看法可知，湛若水對於佛教的批評，是從其可能會害道的觀點而反對，也就是可能會產生氣外求性的觀點出現，而障礙了儒學的價值意識之實踐，至於此道為何？湛若水云：

> 蓋氣與道為體者也，得其中正，即是性，即是理，便是道〔註14〕！

從以上的看法可知，所謂的道，便是那「中正之氣」的本體，便是天理，其

〔註12〕 黃泊凱，《良知統三教之研究》，全1冊，（中壢：國立中央大學哲學研究所碩士論文，2008年6月），頁199。於西元2010年榮獲臺灣哲學學會碩士論文佳作獎。

〔註13〕 明・湛若水撰，《四庫全書存目叢書集部第56冊:湛甘泉先生文集》，〈台南：莊嚴文化事業有限公司，1999清康熙二十年黃刊刻本〉，卷7頁574。

〔註14〕 同前註，卷7頁595。

本質爲生生之理，也就是「仁體」，其運作的範圍遍及一切處，故在此觀點下，便反對佛教「氣外求性」的觀點，也因此可知，湛若水對於本體運作範圍概念之設定中，是不允許和佛老同流情況產生，所以在此種看法下，便比王陽明的反佛立場更爲堅定，故陽明後學如王龍溪等人欲進行三教會通的觀點，在湛若水的本體工夫之中是不允許的。

　　但是王陽明本人於生前之時，由於其開放的心胸，故對於佛老之工夫有採取適度開放之態度，所以湛若水常就此點批評王陽明之教法，容易有產生氣外求性之觀點，以湛若水的觀點來看，此種看法就是指期望在「中正之氣」之外，另外別求一個不滅而永恆的眞實性體，對於此種看法，湛若水是給予否定的態度，認爲除了以仁體爲宗的「中正之氣」可以爲「性體」之外，皆非儒學之行者所應追求之本體及「性體」，故儒者所言之性體，必須以「仁心」爲中正之規範，以此爲天理自然之體，方爲儒學思想之正途。

　　故在此觀點上，可以看出王陽明與湛若水在對於良知本體的設定上之小異處，就在於湛若水對於佛老的態度，是採取完全排斥的觀點，而王陽明則是採取適度融攝的態度，故在此可知，以湛若水的觀點而言，由於其本體工夫，是不允許有佛老的境界產生，故對於佛老的經典是一律採取排他性的態度，故在此態度下，則可知其本體工夫的實踐，在本質上是很難產生與佛老同流的境界，所以筆者基於此點，故在本論文之寫作上，則不處理湛若水與佛老的會通問題，其處理之焦點主要放在對於本體工夫的「自覺義」、以及習心的「對治義」及本體顯現的「自由義」入手進行討論。

三、研究方法

　　本論文討論的主題爲湛若水的本體工夫，其研究目的在於分析湛若水本體工夫中的「學」與「覺」的問題，同時並討論「學」與「覺」之教法是否在本質是一定衝突？以及處理王陽明與湛若水對於本體工夫的內外之爭的議題，並以湛若水的立場，回應王陽明的相關批評，故研究領域的設定，便是以湛若水的工夫論爲焦點，至於在文獻取材上則以四庫全書第五十六冊《湛甘泉先生全集》爲主。

　　而在研究問題上的設定，則注重於處理三個部份的問題，首先是討論湛若水對於「學」與「覺」的說明，接下來便是討論王陽明對於湛若水的批評是否合理？而湛若水是否能圓滿地回應此類問題？而在此時，亦進行對於湛

若水與王陽明之工夫辨義之探究，並討論「學」與「覺」在湛王二家的教法之中是如何理解？而本文之寫作也是從以上的問題進行研究之設定和聚焦。

　　所以本文之寫作的研究設計，亦因上述之問題而發，而欲解決此類問題，則必須將湛若水的本體工夫進行剖析，這也就是筆者的研究方法，而對於原典的解釋所採用的方法，則是脫胎於杜保瑞教授所使用的四方架構的方式，進行處理，筆者則是以四種角度進行原典的分析，其要點之操作如下：

1. 世界觀

　　此處所談論的是對於世界的理解，以及解釋的角度，以湛若水的立場而言則涉及對於眞理的設定，和對於佛老的批評問題，故強調反對「氣外求性」的觀點，而因此不能同意王陽明對於佛老的寬容態度，而因此而對王陽明的論點有所批評，也因此而有所爭議，但是由於王陽明並沒有正面回答此類問題，故此類爭議筆者並不打算處理，只針對二者對於本體之設定進行討論。

　　至於涉及三教辯證的問題則不列入本文處理範圍內，由於湛甘泉的世界觀是以氣爲主的世界觀，所以對於本體的運作概念的設定，也不離開氣之外，而適度吸收朱子與張載的看法，例如對於習心的看法則是受到朱子之影響，認爲是受到形氣之私而產生習心，而對於張載則是吸收其反對氣外求性的態度，除此之外，便是以自身的領會，重新說明自己對於世界的看法，故仍然與張載與朱子的看法有所差異，而此類差異之比較，並非是筆者於本文所關心之主題，故在研究範圍的設定上是不予處理，純粹以湛甘泉本人的看法爲主，如此一來才能夠在論文的討論上，針對湛甘泉的本體工夫進行更爲詳細的討論，故筆者基於此點，則並不考慮處理湛若水之外的其它前期哲學家，對於湛甘泉思想的影響，故在取材的設定上，是以湛甘泉本人的看法爲本文討論之重點，除此之外，皆不處理。

2. 本體論

　　此處所討論的方向，主要是探究湛若水對於本體的設定角度，以及對於其它學派的批評，如佛老一類的思想，以及對於本體運作概念範圍之設定，而由此類的設定，便可以有助於解釋湛若水的天理觀，而由於有此類之理解，便可以知道工夫的成聖根據，便可以再依據此點，進行工夫之說明，而筆者於此則計劃以「虛」、「實」、「寂」、「感」、「中正」、「靈明」等六大概念，進行對於湛若水本體運作概念範圍之界定，此爲本論文對於湛若水本體運作概

念範圍之界定，而此六大概念也可以看成是對於「中正之氣」之形容，而所謂的工夫之修行也就是指如何使此心回到「中正之氣」的過程。

湛若水認為天理本體也就是「中正之氣」的別名，而此「中正之氣」便是心之生理，亦可名為「性」，當觸物而發時，便是「中正之情」，其本質皆為一體，以湛甘泉的設定而言，就是所謂的一團「仁意」，也就是所謂的「仁體」，故對於本體的設定，則是從此出發，故反對佛老氣外言性的態度，就此思路下的設定而言的本體，便是從理氣合一而顯現出中正之體的意義上去討論，而筆者亦在此進行對湛若水本體概念運作範圍之界定，並以「本體層」與「作用層」的術語進行對於湛若水本體概念之說明。

所謂的「本體層」是指「天理」以及「中正之氣」等純淨無雜的至善本體而言，代表著「真我」的境界，也是至善無惡的境界，為具恆常不變意義的境界，於此層次的境界，便有「天理」與「良知」的本體，在湛甘泉的心中，是以「天理」為最高層次的本體，可以總攝「良知」及「良能」，因為這兩者的本質皆是「仁體」，都是「中正之氣」，故在此設定下，湛若水亦認為自身之教法，與王陽明之間並無絕對的之衝突，甚至亦可以嘗試進行對於良知學的融攝。

故在此態度之下，雖然與王陽明在工夫上有內外之爭的問題，但是湛甘泉亦和王陽明皆承認對方工夫之長處，也承認所證的本體皆為「仁體」，故湛甘泉的思想在本體之設定出發點上，和王陽明對於本體之設定，並沒有很大衝突，故湛若水與王陽明，皆企圖以自身的教法，去進行對於彼此思想的理解與融會，而因此可以看出二家之教法的爭議問題，在於工夫常是流於境界上的了義問題之爭論，而此類問題之爭議，筆者則認為是在「作用層」上的爭論。

何謂「作用層」？在此筆者所給予的界定，便是指那落於人身上所產生的「天理」的自覺與「習心」的對治問題，而此作用層正是指那「天理」與「人欲」於吾人身心上的作用，以「天理」為「真」，以「習心」為「妄」，而在這真妄結合的情況下的身心，便是一般人之心，也就是筆者所稱的「作用層」之定義，而在此「作用層」之中，便會產生兩種作用，即源自於本體層的自淨能力及規範能力，以及受限於形氣之私的人欲之力，這兩種力量的作用便會決定一個人的身心是往聖賢或是凡夫之路邁進，而因此便會產生了對於本體之自覺與對於習心之對治的「工夫論」，不論是湛若水或是王陽明皆

是如此，只是偏重的角度不同而已，不過皆是以本體層次的純善境界爲宗去進行道德實踐。

所以筆者於本文的寫作中，爲了說明上的方便，故便以「本體層」與「作用層」的術語，進行對湛甘泉本體工夫之界定，而在筆者亦在對於原典的說明中，嘗試以此方式，以湛若水的立場進行本體與工夫之說明，首是是就本體層次的設定，以湛若水的角度來看，便是以天理爲最高層次的本體，其運作範圍可以總攝「良知」與「良能」兩種至善境界的道德法則與自淨能力，而在人身的顯現時，便會進入作用層次，而在此層次之中，便會有「天理」與「習心」的對立，故因此而產生了「工夫」，而工夫的運作亦因注重的角度不同，而產生了「學」與「覺」的工夫。

以湛若水的立場而言，其本體工夫的操作要點，便在於以「天理」爲主，發揮此心的虛靈應變的力量，從經驗與他律的境界中，也就是在「作用層」之中，利用文字及聖賢古訓，做爲修證上的客觀依據及參考，以證得與天理相應的境界，使一般人都能從「學」入「覺」，而破除「習心」的障礙，進入聖人的境界，也就是培養在作用層上的無執工夫，回歸到那至善的本體層次之境界，此爲湛若水本體工夫的基本思路。

此類思路所關心處，便是利用經論之所學，同時進行對於習心之對治，亦會開始從此去參究，此類從經論所體會的有限智心的根本是源自何處？當體會此智境之源頭爲那此心之生理所顯現，便會開始對於本體有所體證，此時再以「勿忘勿助」法，進行境界上的提升，便可以使吾人在作用層次上得以進入無執的境界，而不斷的提昇自己進入本體層的境界，此本體層，就是那充滿至善的無限智心的境界，當進入此境界時，便成就了通內外而合一之境界，此爲湛若水本體工夫思想的要點，而本論文的第二章與第三章，便是嘗試以湛甘泉的看法爲主，去進行對於湛若水對於「學」與「覺」之討論。

3. 工夫論

此處所指的主題，是工夫在操作上應該如何運行而成就的問題，而此類問題在儒者心中的理想情況不外乎是指兩大類的問題，即本體的自覺與習心的對治問題，而運作型態亦可分成兩大類爲主流，首先就本體的自我要求之能力的當下顯現而成就的「本體工夫」，此類工夫直接顯現出本體的自淨能力，而即體即用，同時亦不落次第相之高明簡易的教法，其特色在於直接顯現出本體的「自覺義」，屬於「悟」的教法。

　　而另外一種教法，則是從外在的「習心」的對治入手，此時由於每個人習心障礙的程度深淺不同，故在此點上，便會產生不同的次第相出現，但是亦承認是從本體的價值意識而發，是屬於「修」的教法，不論是「悟」或「修」皆是與本體不離，也可以說本體是一切工夫的來源，例如一條繩子打了六個結，不論從何處解開這個結，其本質都不會離開繩子的本體，所以「悟」與「修」的教法之差別就在於採取解結的角度不同而已。

　　所以一套完整的工夫論，必須包含「理上的頓悟」以及「事上的漸修」兩大部份，而此兩大系統的工夫也包含著本體的「自覺義」與習心的「對治義」，而能夠圓具這兩者於一身的工夫論便是成功的「工夫論」。而筆者亦是採取此種角度進行對於湛若水本體工夫之說明，而吾人亦可以在此說明中，看出湛若水對於真生命的嚮往，同時並比較湛若水與王陽明如何表現出最真實的生命？追求真實的本體是用什麼方式來探討？是「學」還是「覺」？是落入言說就還是不落入言說？湛若水與王陽明皆有一套其自家的生命哲學。

　　就儒學價值意識而言，皆可以說是一脈相承，皆是由真實的本體生命所呈現，不過由於個人的體會不同，所以證得的境界亦不同，但是此境界卻是真實而具體的存在，而吾人便是以此態度，進行對於湛若水對於本體工夫之界定，除了進行對於湛王二家教法之比較外，亦嘗試以湛若水為主，去分析湛甘泉如何在不失去自身立教宗旨的前提下，而去進行對於王陽明良知學的理解與融會，如此一來便可以使湛若水哲學的智慧光彩得以掌握，而筆者亦計劃於此部份，進行對於湛若水本體工夫之分析，並於本論文第四章，處理有關本體工夫所產生的辨義問題。

4. 境界論

　　此處是就工夫的運作中，所產生的境界進行說明，由於本體能產生一切的工夫，而工夫的運作能夠生起一切的境界，但是皆不能與本體的要求相違，所以都是以本體為工夫的出發點及根源，所以境界之產生必須與本體的要求相應，不然皆是給予否定的態度，而因此可以得到一個結論，本體能生出一切的工夫，而工夫的運作也能產生許多的境界，當得到境界的受用之際，也得知工夫的本身之根源，也是來自本體，故本體與工夫與境界三者相生而不離。

　　所以對於原典的解釋，也可以因此分成三大類之說明，而一個成功的本體工夫論者，不論是湛若水或是王陽明，皆是如此，故在境界現前時，皆會

以本體爲宗進行對於內心的檢視，而此時對於弟子的指點也會以總攝語的方式呈現其高明簡易的一面，如湛若水的「隨處體認天理」或是王陽明的「致良知」等，故此時之言行可以看成是本體與工夫合一時，所說的境界語，而境界語的高低通常是用於形容本體的自由義的顯現，而此類「自由義」的主旨通常是指遠離利害與欲念的境界，而非是佛老的境界，所以當佛老之境界出現時，便會給予排斥與否定的態度，此爲傳統宋明儒者的立場，對於此點，湛若水亦不例外。

但是王陽明的立場則較爲中立，也因此產生了湛王二家對於佛老態度之差異，而在此便會產生了開放型與保守型的工夫論，保守型的儒者，通常是採取杜絕佛老境界出現的態度，而開放型的儒者則是採取適度接收與轉化的態度，但是常會有流於和佛老同流的境界出現，故因此容易導致被批評之情況產生，而在明代亦不例外，而湛若水本身則是屬於保守型的儒者，所以對於佛老的境界是採取否定的態度，故本身無開放型儒者的缺點出現，故在原典的處理上，筆者亦是以湛若水的立場爲主而進行本文之寫作，至於三教會通一類的思想則不予處理。

而本文所關切處，便在於湛若水如何在境界的指點中，進行本體工夫的防弊問題，以及從湛若水對於境界之分析，從此分析中亦有助於吾人對於湛若水本體工夫的理解，而在說明境界的運作過程中，亦適度採取「本體層」以及「作用層」的術語進行說明上的輔助，何謂「本體層」？即泛指那道德法則的境界，也就是對於天理境界的形容，即康德所說的「物自身」的境界，此時的道德法則，爲至善的境界，爲究竟之實的「眞我」，不受經驗與他律的局限，是一種受自由所支配的境界，也就是本體的至善境界。

其次便是指「作用層」的境界，此處所說的「作用層」便是指至善的天理本體落於現象界之中，由於受限於人身，故會產生性命之正的「道心」與形氣之私的「人心」之鬥爭，以「道心」爲「眞」而以「人心」爲「妄」，在此眞妄和合之下的「心」，所產生的一切境界，便是筆者所說的「作用層」之定義，而在此作用層次上的運作及境界的提昇，便是屬於本體工夫運作的下手處，如何從作用層上進行境界的提升，以回歸到本體至善而純淨的層次，就是湛王二家工夫論所關心的重點。

故筆者打算在進行對於湛若水本體工夫的說明時，亦期望能將湛若水對於本體之自覺義的指點、對於習心對治的工夫操作要點，以及當前述二者合

一時，所呈現的那遠離利害與欲念之自由境界，進行思路上的分析及說明，在分類上，也就是將湛若水的本體工夫分成「自覺義」、「對治義」、「自由義」三大部份進行分類，以漸修的立場進行對於工夫之分析，進行從「學」到「覺」所可能產生的相關境界之說明。

　　吾人亦可以從此看出，湛甘泉工夫次第之操作，並在其工夫歷程的運作分析中，去進行對於陽明學之反思，同時說明湛甘泉是如何進行對於王陽明良知學的理解與融會，同時也可以看出湛甘泉對於光追求本體之自覺義與自由義的工夫行者，在實修上卻可能忽略了對於習心之對治，所進行之批評，而吾人也可以在此批評之中，看出湛甘泉是如何進行境界上的防弊，以及如何以其隨處體認天理之教法進行對於良知學的理解與融會。

　　以上為本文所採取的研究方法，即將湛甘泉的本體工夫分成「本體」、「工夫」、「境界」三個層次進行討論，並於相關原典進行聚焦整理，以本體生工夫、工夫生境界、境界與本體不離、本體與工夫不離之角度進行對於湛若水本體工夫之探究，至於本文研究章節之安排，則亦遵照上述的態度進行安排。

四、論文章節安排

　　首先是第一章緒論，即本論文之導論，針對本文的研究方法以及前人研究成果，進行對於本論文發展方向之說明，並總攝本文討論之重點，其研究方法乃是使用四方架構之研究法，也就是將湛若水的本體工夫，以世界觀、本體論、工夫論、境界論四個方向進行對於湛若水原意的探究，由於本文所關心的焦點在於湛若水的本體工夫，故在研究方向的設定上，則以本體、工夫、境界三個部份為本文討論焦點，於此無關者將不列入討論範圍，此為本文研究範圍之界定。

　　其次為第二章，主要討論湛若水對於天理概念之界定，本章所討論的重點在於對於湛若水對於天理本體概念的說明，由於天理本體是湛若水一切工夫與境界的根源，故就此處而開設的本體工夫，便成為了湛若水工夫的出發點，故本文於此處便進行對於湛若水對於本體運作範圍之界定，以湛甘泉的看法而言，所謂的天理本身就是遍一切處的中正之氣，以「虛」代表對於氣的形容，以「實」代表此天理本體的恆常義與真實義，故融合「虛」與「實」的概念以說明「大心」的概念。

　　而此大心的本質亦是「氣」，所以就此氣的中正處而言天理，而天理本身

是總攝「良知」與「良能」的究竟本體，因其無所安排，故名之爲「良」，因其不由於人，故稱爲「天」，故良知的概念是僅次於天理的本體概念，而此天理的概念的設定是就「中正之氣」而言「性」的概念，故落實於人身上去談，便會有心之生理的定義，以說明此中正之氣的生生不息之力量，當此力量觸物而發時，便可以稱之爲「情」，當一路貫徹而流暢的顯現時，就可以說是「眞情」。

以上爲「中正之氣」運作的理想情況，而此中正之氣的設定，也代表著聖人境界的覺，爲通天人而不二的究竟法，其本身總攝著「虛」、「實」、「寂」、「感」、「中」、「正」、「靈明」的境界，故在落實於人身時，亦有此八種境界的作用，只是因爲一般人的身心狀況受到「性命之正」與「形氣之私」的影響，故於在本體層次的境界，便會因此而被習心障礙而不能完全顯現，不過由於本體層次的天理具有自我要求的能力，故順此能力便可以進行對於習心之對治，而此能力，就湛若水的定義而言則是「良能」，爲神之精，爲氣之靈，代表著中正之氣的自我要求之力量，所以一切的工夫便是從如何發揮此力量而進行工夫上的設定，也因此而開設了「學」與「覺」的本體工夫論，至於對於「學」與「覺」之工夫是如何安立呢？筆者則計劃於本文第三章進行說明。

至於第三章則是湛若水的學與覺，本章主要是針對湛若水對於「學」與「覺」的看法進行說明，首先從湛若水的對於本體的設定而言，是以「天理」爲「眞」，以「習心」爲「妄」，而天理本身便成爲自覺的對象，而「習心」由於源自於「形氣之私」而與「天理」背離，故成爲了被對治的對象，而本體工夫也因此而形成了兩種型態之演變，即「存眞破妄」法的「覺」與「以妄除妄」法的「學」兩大類型之工夫運作模式。

首先就「覺」的工夫來看，此種修行方式是以發揮本體層次的力量入手，此類教法之特色在於利用本體的自覺與自淨能力來，進行對於習心之對治，是屬於上等層次之教法，只要能夠見到那人人本具的心之生理，便可以發會本體自我要求的力量，當天理挺立自覺之際，一切的習心便頓現其窮而自然瓦解，故此類教法的特色在於高明而簡易，是依悟而起修的教法。

其教法主要是利用靜坐的方式收攝身心的欲念，從靜生慧，而達到使此心之寂感的力量現前而成就之教法，此時由於那動亂之心已經被降伏，故在定力成就的情況下，達成使利欲之心不再生起的效果，是屬於「徒守其心」

而成就的本體工夫，但是其缺點，在於有流於佛老境界的情況產生，故湛若水認為必須加上學問之功的輔助，以進行工夫上的防弊，方能無弊，故因此而強調學問之功的重要性，就此而開設了「學」的工夫，而「學」的工夫便是從「以妄除妄」的角度進行工夫的運作。

何謂「妄」？就是泛指那經驗及他律的境界，以及習心的境界，此時的「妄」有兩種意義，第一種是指利用對於古訓的參究而得到的有限智境，此種智境亦具有對治習心的力量，故可以運作此心進行對於習心的對治，所以善用那有限的智境進行對於習心的對治法門，便是筆者所定義的「以妄除妄」法，藉此說明湛甘泉本體工夫運作中對於「學」的態度。

而此種教法之特色，在於同樣是以天理的價值意識為宗，不過卻是從古訓的經論入手，運作經論開示後學，而使未覺之人產生欲念的收攝之效果，可以產生合法性的實踐，此時若再給予靜坐的輔助進行對於本體之自覺，便可以達到於外收攝身心而完成對於習心之對治，從「合法性」的實踐，進入「道德性」的實踐，便可以在實修之中產生對於那本具的仁心之體會，而產生安祥之感。

同時在漸修用功之際，得知那從經論中所取得的一切境界，雖然不像「習心」一般虛妄而不實，但是若過份執著於有限智心之中，仍然會有求諸於「外」之缺點，同時若無學問之功的輔助，而只有徒守其心的靜坐，也會有偏於「內」之情況出現，若欲免於上述二者之缺點，則必須將「學」與「覺」進行並進之修習，方能在「學覺雙運」之修行下，成就那通天人而合一的聖人境界，此為湛若水本體工夫之特色，而筆者亦計劃於本章進行對於湛若水對於「學」與「覺」進行探究。

至於第四章則是處理湛若水與王陽明及其後學的工夫辨義，此章所討論的主題，為湛若水與王陽明及其後學在工夫上的辨義問題，由於湛若水與王陽明在工夫操作進路上的不同，故因此而有內外之爭，首先就湛若水的角度而言，工夫主要可以分為兩大類系統之運作，首先是就「學」的系統而言，其教法主要是利用博學、審問、慎思、明辨、篤行的方式利用古訓進行對於習心之對治，利用古訓收攝自己的心念，端正自己的行為舉止，使外在的感性欲求得以控制，而完成「外」的工夫要求，此時雖然尚未到究竟的境界，但是已經可以得到完成對於習心初步對治，所以此時便可以進行對於境界上的提升，為其本體工夫中「以妄除妄」法工夫的成就。

　　如何進行境界上的提升呢？便是除了對於「習心」的對治之外，也要開始進行對於本體之自覺，至於這自覺工夫爲何？以湛若水的看法而言，便是那「勿忘勿助」的工夫，以此進行對於本體之自覺與習心之對治並進的工作，而在此「勿忘勿助」法的要求下，便會開始進行以有限之文字境界，進行對於天理本體的自覺，也就是從有限的經論文字之中，進行從「學」入「覺」的工夫，將外在的「學」融入於內在的「覺」之中，便可以通內外而合一，使此心進入中正的境界。

　　此法之所以需要用「勿忘勿助」法來成就的原因，在於湛若水正視到一般人在習心障礙的情況下，其本體自淨能力的發揮並不如想像中的強大，假使沒有古訓及學問之功的輔助，光靠那本體的自淨能力之發揮，是難以成就聖賢的境界，即常流於「忘」的情況，也就是遠離了本體的自覺義而流於理欲不分，不然就是工夫操持過度而流於「助」的情形，而這兩種情況皆是湛甘泉所欲遠離的情形，故以「勿忘勿助」的工夫爲其求中之門，以此法使此心與天理本體相應，而以天理本體顯現，爲其最高的境界。

　　而所謂的「天理」便是「中正之氣」，也就是「仁體」，此點爲湛若水之設定，故在此思考下，識得仁體，也就是見到了中正之氣，而中正之氣於人心的顯現也就是心之生理，故謂之「性」，故因此而反對氣外言性的態度，認爲會有流於佛老的嫌疑，故在此思路下是杜絕了與佛老的會通之門，所以就此思路而言，則是反對王陽明對於佛老的融會與開放態度，認爲會有氣外求性的風險，所以就此點上而批評王陽明，此爲在本體的設定上所產生的疑慮。

　　至於在工夫上，則因爲王陽明過份強調徒守其心而成就的本體工夫，故雖然此類之教法可以直承本心而成就本體之自覺義，從體起用而完成工夫之實踐，但是由於對於學問之功及古訓的態度僅視爲是一種成聖的助緣，故因此認爲王陽明及其後學在工夫運作上便可以會產生有偏於「內」的情況，而認爲此種教法並不究竟，至於王陽明本人則認爲湛甘泉的教法，則由於過份注重經論及古訓的重要性，則因此而有可能受限於有限的文字境界之中，故在境界的顯現上則不及良知學究竟，故常就本體自覺義與自由義的一面發揮，去批評湛甘泉工夫的不究竟，故因此便會有偏於「外」的風險，而產生了工夫上的內外之爭。

　　不過這種工夫爭議常是流於境界上的高低比較，而並非是工夫的本質上有決定性的差異，因爲二者皆欲顧及對於本體的自覺與習心的對治之問題，

只是在實修出發點上，所切入的角度不同所致，王陽明常就本體的自覺義發揮其立教的主旨，而湛甘泉常就習心的對治上去下工夫，所以湛王二家的工夫之爭，常是淪於境界上的比較問題，以及看到對方教法在實修上所可能產生的流弊給予批評，故雙方教法之差異處在於對於成聖條件之設定。

首先以湛若水的立場而言，完美的本體工夫，必須是要將「學」與「覺」並進方能成就，偏重其中一端皆有流於「忘」或「助」之弊端，故湛若水是將本體之自覺義於習心的對治義，以「學」與「覺」兩大概念進行總攝，並以「勿忘勿助」為其指點後學提升自身境界的法門，故「學」、「覺」、「勿忘勿助」三者所結合而成就的本體工夫，就是所謂「隨處體認天理」的本體工夫。

就天理的呈現而言，則進入了中正之心的境界，而絕對呈現出天理本體的力量，故成就了「自由」義，此自由義便是遠離經驗與他律的境界，故甘泉之自由義是立足在本體之自覺義與習心之對治義的基礎之下，故因此而使「學」與「覺」成為了其成聖的必要條件也是充份條件，故因此而有別於王陽明僅將「學」視為一種成聖的助緣與充份條件之一，而非是成聖的必要條件，此為二者本體工夫之差異處，此為問題之根源。

故從此處可知，在王陽明的思路下，便會認為湛若水雖然是位用功的儒者，但是由於對於本心的自信程度不足，故常強調學問之功的重要性，雖然亦有一定之境界，但是這種境界是從那有限的文字所取得的見解，其本質仍然是受限於有限的智境之中，仍然是有限的見地，欲以這種方式而契入聖人的無限智境之中，在本質上是不可能，故因此而批評湛甘泉的修行為求諸於「外」的本體工夫，略遜於良知學，此點亦於《傳習錄》中常對於鄒守益提起，此為王陽明之見地。

不過也因此而引起湛若水與王陽明的工夫辨義問題，但是雙方對於對方本體工夫之長處亦給予肯定，故雖然有爭議，筆者以為可以視為是一種境界高低之比較，而非是在工夫本質上的嚴重爭議，其所爭議處，也只是針對「自覺義」與「自由義」之究竟發揮與否的問題，故筆者基於此態度之下，便嘗試於本章第一節進行對於湛若水與王陽明在本體工夫上內外之爭的討論。

筆者認為此類問題的解決之道在於必須將雙方對於本體之「自覺義」與「自由義」的設定，以及對於習心對治的方式進行比較，方能正確地指出湛若水與王陽明在本體工夫上的大同處及小異處，同時於本章第二節，筆者亦

計劃從錢緒山、鄒守益、聶雙江的看法之中去進行對於湛若水本體工夫之解釋與界定，以瞭解陽明後學與湛若水在本體工夫上的共法之處，同時亦從湛若水的角度去進行對於陽明後學之教法在實修上所可能產生的弊端及反思，此為本章第三節所討論的焦點處，至於本章第四節則計劃以進行對於湛王二家共法上之會通，同樣以錢緒山、鄒守益、聶雙江三位陽明後學為討論焦點，至於其他陽明後學則因與湛若水往來書信不多，故不予處理。

最後一章為本論文之結論，則是將湛若水本體工夫之要點進行論文全文之回顧與說明，而使湛若水的工夫思路得以做出正確的界定，首先從本體的設定來看，湛若水的本體是以天理為最高層次的概念可以總攝一切工夫修學的要點，故就此觀點下，便認為「良知」與「良能」亦是被天理本體所統攝的概念，但是此本體之設定是反對氣外求性的態度。

而此處所謂的「性」的概念其實也成為了「中正之氣」的別名，故在此設定上便完全隔離了佛老的境界，而在實修的境界上亦因此而免於與佛老同流之相關批評，而在此設定下而開始進行本體工夫之說明，而同時亦承認「良知」為體而「良能」為用的觀點，而提出從本體之自淨能力的發揮而成就之工夫，而此自淨能力在湛若水的觀點之中，便以「良能」來定義。

同時也強調此種能力是源自於本體的「良知」，但是亦以無所安排之謂「良」，不由於人之謂「天」的觀點，將良知本體的概念以天理的定義來收攝，也以此觀點進行對於良知學的理解與融會，同時也在本體的設定上質疑王陽明對於「良知」的設定有氣外求性的情況，而此種情況對於湛若水而言則是給予批評的態度，此為本體上的設定所產生的爭議。

其次，便是在工夫操作上產生的問題，湛若水因為重視學問之功的態度而引王陽明的批評有流於「外」的情況，而王陽明本人則因強調本體自覺義與自由義的高度發揮，而被湛甘泉認為認為有偏於「內」的缺點，故因此而產生了內外之爭，但是這種爭議是屬於境界上對於本體的契合程度的高低問題之比較，在實際上，湛若水與王陽明皆承認「良知」本體與「良能」的發揮為最上層次之教法，以良知本體為因而成就「覺」，而以學問之功為成聖的重要外緣，而成就「學」，此為王陽明良知學對於成聖條件之設定，故在實修上是將「學」視為是成聖的充份條件，但是並非是必要條件，故因此而和湛若水對於成聖條件的設定則有所差異。

所以就湛若水的要求而言，王陽明此種教法雖然高明簡易，但是由於不

將「學」視為是成聖的必要條件，故在強調高度自覺義與自由義的同時，便常會使其後學有流於重覺而不重學的風險，故對於此點則給予批評，而企圖以其「隨處體認天理」的教法進行對於陽明後學於工夫上的防弊，認為偏重於「學」或「覺」一端之教法皆非究竟，最理想的方式便是「學覺並進」之本體工夫，方能將本體的「自覺義」與習心之「對治義」全面顧及，同時又可以成就其本體境界上的「自由義」，也就是天理本體效力的完全呈現，而能圓具此三者於一身的本體工夫方為究竟的工夫，而湛若水便是以此進行本體工夫上的實踐，也因此而得到陽明後學之尊敬。

而筆者亦從湛若水本體工夫的要求之中，得到了在博士論文方面的寫作靈感，便是若欲解決本體工夫的相關爭議之問題，除了從本體概念範圍之界定進行區分之外，吾人亦可以從每一位儒者對於工夫的要求上去進行區分，而區分的方式便是可以將其相關之言行分成本體的自覺義的說明、習心之對治義之要求以及對於前述二者皆成就下而進入的自由義之境界說明三方面入手，將此三點以本體生工夫，工夫生境界的思考方式進行聯結，若能在本體與工夫與境界三方面能相通無礙而完美聯結的行者，方能在實修上免於嚴重的批評，而筆者亦在此態度下進行對於湛若水本體工夫之研究。

第二章　湛若水對於天理與心之概念的使用及界定

　　本章之焦點，主要是先從湛若水的「天理」概念進行說明，由於天理概念的運作，是湛若水思想層次中的最高層次概念，所以能夠總攝以及包含一切次級層次概念，所以若要解讀湛若水的「工夫論」，則必須對於其「天理觀」進行概念層次及與次第概念運作範圍之界定與說明，才能得知其本體論上的設定。

　　當對於本體論之概念運作層次的範圍，能進行效力層次的說明與分析時，就可以在此章中，去瞭解湛若水思想中對本體之運作方式和進行模式之理解，當有此點思路之說明時，亦可以同時得知湛若水對於天理的看法，以及其教法之最初設定的起源的設定，也就是「道德法則」，其本身內容之設定，必須使此法則具有動力，而此動力之來源，以鍾彩鈞的看法而言，則在於「神」的概念〔註1〕。

　　此概念可以做為事物的本體，亦可以代表心之功能及一切背後不可見之動力，既然是動力的話，亦可以代表此天理之動力，而此動力於工夫實踐上，亦應可以視為是一種本體的規範能力，而此種規範能力的發揮，便是湛若水對天理本體的體會而產生的本體工夫，所以方能強調「本體」與「工夫」不離之宗旨，因為此規範能力與本體同在，而能遍一切處作用，所以必須要用「隨處體認天理」的方式去發揮此種力量，就可以完成工夫的實踐，所以於此章將針對此動力的來源，也就是湛若水的天理本體概念進行討論。

〔註 1〕　鍾彩鈞，《中國文哲研究集刊第十九期：湛甘泉哲學思想研究》，全1冊，（臺北：中央研究院中國文哲研究所，2001年9月），1冊，頁349~357。

第一節　湛若水對於天理的說明

　　本節所欲處理的課題，便是針對湛若水對於天理的運作範圍進行明確的界定，由於湛若水思想的核心是從「天理」出發，故以此爲立教的根本，亦爲奉行的宗旨，所以在術語的界定上，便以天理爲其本體概念定義，以此爲根本故名爲「本」，以此天理的恆常義與永恆義之運作名爲「體」，故此天理的概念就是湛若水工夫論中的本體概念。而本體的概念與實體概念在其定義上亦是相同的，故針對此點，湛若水則定義如下：

> 所寂所感不同，而皆不離於吾心中正之本體。本體即實體也，天理也，至善也〔註2〕！

從以上的定義可知，以湛若水的立場而言，若欲說明其立教的最高宗旨，則必須給與此宗旨恆常義、不變義、至善義、本體義、眞實義、中正義的說明方能以此爲宗進行工夫的落實，就此天理的眞實面而言「實體」，就此天理本身是其立教的根本，所以是「本體」，就此天理的永恆不變義故給予「體」的定義，而因此天理遍一切處而運作無礙，所以吾人此身心亦被此天理影響而被含攝於其中，所以在人心亦與此天理相應而感通，所以亦兼具「寂」、「感」的意義。

　　但是不論有多少美妙的名相去說明此天理，皆不離開其「中正」的核心義，而此中正而恆常不變的本體，亦是人人所本具的善意志，所以因此而行事，便能因此而成就與天理相應的理想人格，而因此天理所具備的中正之核心義爲恆常而不變的本體，所以天理亦具有使人人完成道德實踐的力量，而此天理亦成爲一種成聖的保證，只要人人皆依此本體行事，就可以使自身在此本體的自我要求下行事，而呈現此體，所以此天理的本身亦因此保證而成爲了湛若水工夫論中的實踐起點，以此爲絕對眞實的道理及立教根本，也因此而成爲了其工夫論中所欲相應的對象。

　　而爲了與此天理相應而所做的努力，就成爲其工夫論的入手處，對此湛若水則表示：

> 調習此心，常合於中正，此便是隨處皆天理也〔註3〕！

從以上所言可知，湛若水雖然對於天理的概念有許多之界定，但是其立教之核心義，就在於中正義的呈現，亦以此爲工夫成就的根本，所以爲了成就此

〔註2〕黃宗羲，《明儒學案》，全 2 冊，(北京：中華書局，2008 年)，下冊，頁 887。
〔註3〕同前註，頁 896。

點，則必須將與此本體背離的對象進行對治，所以也因此而產生了「工夫」，而此對治的根源仍然是以「天理」爲宗，也就是依據天理的自我要求，而進行工夫的落實，對此湛若水則云：

> 體認天理，則眞主常在，而賊自退聽〔註4〕！

從上述所言可知，其工夫運作的成就關鍵處，仍然是要從天理眞主所發揮的規範能力入手，而此能力之運作核心，就在於此天理本體的中正義是否能彰顯？但是要如何使使心的中正義顯現，便必須有一套完整的工夫運作方式，而此工夫的根據就是來自於這人人本具的天理，故湛若水亦云：

> 天理二字，人人固有，非由外鑠，不爲堯存，不爲桀亡〔註5〕！

從上述的說明中可知，工夫的根源處是「天理」，而此「天理」本身是人人本具的本體，也具有自我要求的力量，所以從此入手，便可以把握湛若水的教法的起點，而此起點同時也是工夫所欲成就的終點，所以不論工夫運作到何種境界，皆是被此天理的概念所總攝，也因此而使此概念成爲湛若水思想中的核心概念，也是其工夫教法的起點，所以就湛若水的看法而言，若欲體認這人人本具的天理，就要從對於心的體會入手，對於此點則表示如下：

> 所謂天理者，體認於心，即心學也〔註6〕。

此時的說明，則是就天理的價值意識，貫注於人心中而顯現而言的「心」，而此心，於人身中的地位亦與「天理」不二，皆是指那來自本體自然而純淨的道德法則，此法則於湛若水的術語中，則是以天理二字來形容，除此之外，亦具有如下特性：

> 中乃人之生理，即命根也，即天理也〔註7〕。

從甘泉的看法中可知，天理貫徹於人心中，便因其創生義的流暢，而具有生意，而就此生意的顯現而稱此道德法則爲「生理」，而區分其與悟性界下的定義，此時的定義，是就於經驗下的世界的顯現而稱此「天理」爲「生理」，而由其中正的本質而因此而不二，皆是純善，所以也因此才能使吾人之身心具有自我要求回歸本體的自淨能力，而因此能力的要求而產生了工夫，而工夫成就的關鍵處爲何？就在於本體。

〔註4〕黃宗羲，《明儒學案》，全2冊，(北京：中華書局，2008年)，下冊，頁897。
〔註5〕同前註，頁890。
〔註6〕同前註，頁901。
〔註7〕同前註，頁901。

其本體工夫教法之落實，就是在經驗的世界中見到此生生之理的本來面目，而此生理與天理的本身皆具中正義而一貫，所以若欲在經驗及感性的世界中見到天理，就必須從此心的中正義入手，以誰為中正？以湛若水的觀點而言，就是以「仁」為其中正處，其本體的「自覺義」，以及習心的「對治義」與本體之「自由義」的追尋，皆不離開此本體之要求而發，故基於此點，筆者將於下一節，針對中正之心的界定進行討論。

第二節　湛若水對於心之界定

一、湛若水對於心的理解

從前一節的介紹可知，天理的概念，一開始的設定上，是從客觀的道德法則出發來設定，由於此法則遍及一切處皆能顯現其自身的力量，故此法則於人身上便會產生義務，而要求自我進行道德實踐，此時於人身中便因此天理而產生了善意志，而因此善意志的本身則在甘泉的術語中以「良知」及「心」的概念來界定，以代表於此人身中的善意志。

而此意志的本身，由於其根源是來自於本體境界的天理，本身並不受經驗及他律世界的影響，所以就此天理概念的使用而言，則代表了此意志的客觀法則，就落實於人身時而言，則代表了意志的主觀法則，但是不論是此法則是從主觀面或是客觀面來看，都是指那具有中正義的道德法則之顯現，所以若欲成就「隨處體認天理」的工夫，則必須將此「中正義」把握，方能成就那意志的主觀與客觀法則合一的理想人格之境界。

當有此點認識之時，便可以從中正義的價值意識中去進行對於湛若水心學的解讀，對此湛若水云：

> 中正之規，天理自然之體，不離乎勿忘勿助之間，握其幾者誰乎？
>
> 心也[註8]！

從此說明中可知，此心與天理的本身，皆是從此中正特性中得以連接與貫徹其本體的價值意識，而此處所言之本體就是指那不受經驗及他律所局限之天理境界，以康德的看法而言，則屬於「悟性界」，即湛若水所言的「本體」層

[註 8] 明・湛若水撰，《四庫全書存目叢書集部第 56 冊:湛甘泉先生文集》，〈台南：莊嚴文化事業有限公司〉，卷 17 頁 723。

次，而於工夫的落實上，則必須仰賴此心的自覺，所以湛若水此時就將天理的概念，落實於「心」概念上來說明，故開始進行對於此心於人身上運作的定義，對此則說明如下：

> 心具生理，故謂之性，性觸物而發，故謂之情，發而中正，故謂之
> 眞情，否則偏矣！道也者，中正之理也，其情發於人倫日用，不失
> 其中正焉，則道矣〔註9〕！

從此處的界定中可知，湛若水對於天理貫徹於人心中而顯現的善意志的說明，就此善意志的本身則給予「心」的定義，此本質中顯現了來自於天理的力量，而此力量本身具創生義，所以就於人身上的運作便可以稱為是「生理」，而此生理的本身亦於一切處顯現無礙，為人性的本質，所以就此本質而言「性」。

就此性與外物的感通之時，則稱為「情」，其情的本質仍然是中正之天理的顯現，故稱為「眞情」，所以就此處出發而得知，所謂的「道」，其實也就是指那中正的天理，只要能使此心進入中正的境界，就可以完成心、性、情的一貫，此點為其對於心運作概念範圍於感性及經驗世界中對於那天理的界定。

但是以湛若水的看法而言，其實這些術語的界定也只是一種方便的說明，當此心於人身中見道時，就可以知道，其實天理本身永恆運作而無礙，故本質上亦可看做是一理的顯現，而此理是一種生理，所以對此湛若水亦云：

> 太虛中都是實理充塞流行，只是虛實同原〔註10〕。

此時是就不分別說而言天理本身的特性，能夠遍及一切處顯現其自身的力量，一切人事物皆有天理流暢於其中，而以中正之意義貫徹一切，所以天理的概念除了代表來自本體的最高眞理外，其功能於人身中之顯現亦能夠使吾人之心自我立法而產生義務，同時給予一種自我要求道德實踐的強制力，而此強制力便成為了一種成聖的保證，對於此種力量則是以「中正」義來說明。

所以不論是分別說或是不分說，其實都是指這天理本體的顯現，當此本體界的力量貫徹於人身時，便可以在此處稱為「心」、「性」或「眞情」，當此體若進行分別說時，則可以因為此體本身的中正義，以及純善義而言此天理本身境界是最高的本體與實體，當有此理解就可以針對湛若水於工夫的落實上進行相應的說明。

〔註 9〕 黃宗羲，《明儒學案》，全 2 冊，(北京：中華書局，2008 年)，下冊，頁 882。
〔註 10〕 同前註，頁 906。

　　基於以上的理解後，就可以針對此心於人身上的特性進行相應的說明，對於此心的特色，甘泉云：

　　　　虛靈以察道之體，應變以幾道之用，兼虛靈應變而神之，天理得矣〔註11〕！

從以上的說明中可知，人心據有「虛靈」與「應變」的特色，可以對於道體進行體會與應用，首先就此心的「虛靈面」而言，可以視為是一種對於天理本體的直觀過程，此時是一種對於天理本體在無欲境界下的直觀，所以可以體會天理於本體界的恆常義，此點為其先驗的基礎。

　　其次就此本體於經驗世界中的顯示，而產生了許多不同的表象及名相，而經過湛若水理性的反思下，便因此而安立了許多的範疇，而此類的範疇之功能，就是在於將此天理於人身上的顯現，提供一個統一性的秩序及相應的名相，而將許多複雜的名相安置在一個「統覺」之下，而此統覺則因其適用的層次不同而產生許多概念的術語，但是其最高概念的名相，則以天理進行統攝，於實踐上則以「心」來總攝，此點為湛若水對於「天理」與「心」概念的理解。

　　當有以上的認識後，便可以得知其名相概念安立的來源，就是在於此心的虛靈與應變，所以只要能把握對於此心的虛靈與應變就可以正確的完成對於天理的自覺，而有此自覺之後，便可以運作對於此本體所顯現的規範能力而完成工夫的實踐，而此規範能力，則在湛若水的術語中則是以「神」概念稱之，對於「神」概念的定義，則表示如下：

　　　　神者，氣之精也，心之靈也，天地萬物之良能也〔註12〕！

從此處的說明可知湛若水對於「神」的概念之定義，視為是一種自我要求而回歸於本體的能力，而筆者稱此能力為規範能力，此種能力就是「良能」，這是一種來自於本體的力量，而此本體的概念就湛若水的理解則給予「良知」或「天理」的概念之界定，對於此點，湛若水則說明其「良」與「天」的定義如下：

　　　　無所安排之謂良，不由於人之謂天，故知之良者，天理也〔註13〕！

〔註11〕　明・湛若水撰，《四庫全書存目叢書集部第56冊:湛甘泉先生文集》，〈台南：莊嚴文化事業有限公司〉，卷17頁718。

〔註12〕　同前註，卷18頁57。

〔註13〕　同前註，卷17頁705。

對於「天理」與「良知」的關係亦說明如下：

> 理也者，吾之良知也，學之者，所以覺其良知也〔註14〕！

從上述的說明中可知，由於此源自於本體界的「天理」本身是不由於人，所以本身是不受經驗與他律所影響的自在運作的法則，而當此法則於人身上顯現時，則可以稱為此法則本身是「良知」，此良知本身是具有實踐能力的本體，就此能力的道德實踐義而稱為「良能」，就其於人身本體的顯現則稱為「良知」，就遍及一切處的顯現則稱為「天理」，其本質皆是此具有道德法則及創生義的本體的全面顯現，而以中正之義收攝其核心意義於其中。

而此中正義之核心是以「仁」為心之生理，亦以此生理之運作於天人之間，為其中正義的立教主旨，所此此心之中正其實就是指那以「仁心」為主而運作的生理，於氣上的顯現便是中正之氣。所以就此中正義的把握而完成良知與良能及天理的一貫，就成為湛若水工夫論中的理想情況，而此道德法則於氣中的顯現，便成為了所謂的「中正之氣」，而在此氣中亦說明了「良能」的力量，而此概念之地位便同於「神」的概念，由於此能力與天理本體本身不離，故在中正的意義上是為一體，故湛若水云：

> 氣也者，通宇宙而一者也，是故一體也〔註15〕！

所以從上述的看法可知，名相雖然不同，但是皆由此中正的本體所貫徹，在本體界為「天理」，於人身則為「良知」，而此本體的自淨能力則稱為「良能」，而於氣上的顯現則成為了「中正之氣」，所以如何以中正義進行全面的道德實踐，也就成為了湛若水工夫論的出發點。

由於其工夫的出發點是從心出發，所以如何運作此心的工夫，便成為了解湛若水工夫論的方式，通常理解的方向便是從對於此心的本質的體會入手，對於此點，首先可以從「虛」的概念之定義入手，對此湛若水云：

> 人心之虛也，生意存焉，生，仁也〔註16〕！

亦云：

> 虛也者，性之本體也〔註17〕。

從以上的定義中可知，「虛」的概念代表著性之本體，其內容為「仁」的生意，

〔註14〕 明‧湛若水撰，《四庫全書存目叢書集部第56冊:湛甘泉先生文集》，〈台南：
　　　　莊嚴文化事業有限公司〉，卷17頁694。

〔註15〕 同前註，卷17頁579。

〔註16〕 同前註，卷2頁530。

〔註17〕 同前註，卷3頁538。

也代表著那無欲意純淨善意志本身，所以就此點而言為性之本體，而對於性所包含的概念，湛若水亦云：

> 性也者，知覺之本體〔註18〕。

而從以上的看法中可知心的概念的界定而言，則因層次的高低而有不同的說明，而從虛的概念出發，分解為性的概念，再到知覺之本體，名相雖然不同，但是在本質上都具有生意的貫徹，而此生意便是仁之概念，此概念也代表著生理與生意，是人人本具而真實無妄的真理，故甘泉在說明時，亦給予「實」的界定，對此定義則表示：

> 誠者實心，有是實心，則盡是實理，而道我自行矣〔註19〕。

故從以上的概念的界定中可知，湛若水所定義的心之「虛」與「實」概念運作的界定，而得知此心的虛實面，而就其仁之生意，而得知其中正概念的核心義，此外，此心的運作概念之範圍亦包含了「寂」與「感」，故甘泉云：

> 寂與感皆心之全體〔註20〕。

亦云：

> 本體者，其寂然者也，應用者，乃其感通者也，寂有感，感有寂〔註21〕！

此處是就其本體的恆常義與不變義言給予「寂」的概念來形容，而就此本體的生意與中正義的顯現義而稱為「感」，但是不論是「寂感」或是「虛實」的一面皆是指向同一個本體，所以就天理的概念下可以總攝「寂感」與「虛實」的概念，亦含攝了中正之義，而此中正義的本質就是指「仁」之生理，而此生理落實於人心，便因此而成為了工夫實踐上的依據以及使人人得以因此而成聖的保證。

二、從心之生理而開展之本體工夫

由於湛若水對於本體的體證，是從那心之生理出發，故因此而在「心」上說明其工夫的運作要點，首先就湛若水看法對於心的理解如下所示：

〔註18〕 明・湛若水撰，《四庫全書存目叢書集部第 56 冊:湛甘泉先生文集》，〈台南：莊嚴文化事業有限公司〉，卷 3 頁 538。
〔註19〕 同前註，卷 4 頁 541。
〔註20〕 同前註，卷 7 頁 580。
〔註21〕 同前註，卷 11 頁 651。

知覺者，心之體，思率者，心之用也〔註22〕！

從此可以看出湛若水對於心之看法，由於此心具有仁之生理的運行，故有其至善的本性，而此本性就因此而成爲了被體證的對象，若能正確的體認此本體而行事，則可以成就其心中的理想人格，反之，若淪於功利之志的思慮計較，則因受限於經驗與它律的世界，反而使此心與天理的要求背離，所以湛若水才強調其工夫運作成就的關鍵處，就在於對於此心的自覺，故因此才能夠完成立大本與問學一起成就之工夫，而甘泉亦因此而強調其大本與問學並重的態度，對此則表示如下：

是故大本立而問學，則學有本，大本立而不問學，則不足以精義以

入神〔註23〕。

從甘泉的看法中可知，其教法雖然強調對於此本體自覺，但是也同樣尊重經論的重要性，故就運作此心之知覺以完成對於天理的體會，而在日常生活處，則將此心思慮的作用以用於對於聖人之心的參究，以此二者之並進而使身心變化氣質而進入其理想人格的成就，所以以工夫論也因此而產生了「學」與「覺」的概念，而成爲其工夫論的特色，對此甘泉說明如下：

學於古訓，古訓豈可不學？但古人學與今人別，學者，覺也，古訓

者，聖人之心也，學之所以覺，我之心也，我之心，即聖人之心，

學了便不須留心〔註24〕！

從上述的看法可知，雖然此心本具那自我要求的能力，而此能力與本體不離，但是由於一般初學者尚不能熟習那本具的天理，故因此而產生了「學」與「覺」兩種方式，首先就「學」的角度來看，則是從古訓入手，以進行對於本體的自覺，從現象經驗的世界中去進行對於「習心」的對治，而對治的依據爲何？則是從聖人修學的心得中去進行事上的磨練，而古訓的本身也代表著聖人對於此天理的體會，所以從此處入手，就可以有客觀的依據，而使吾人在實修上，能夠有效的對治「習心」。

當進行對治此「習心」到一定的程度時，便可以得知，其實不論是「學」上的道問學或是從「尊德性」入手而成就的「覺」，皆是爲了使此心進入中正

〔註22〕 明·湛若水撰，《四庫全書存目叢書集部第56冊:湛甘泉先生文集》，〈台南：
　　　　莊嚴文化事業有限公司〉，卷1頁523。
〔註23〕 同前註，卷1頁523。
〔註24〕 同前註，卷8頁605。

的情況下而施設安立的名稱，當自覺我心與聖人之心不二之時，就能進入體認天理的境界，而湛若水亦是從此處而進行其工夫論的運作，此點為其教法的特色。對此境界，湛若水則表示其學宗自然之宗旨，如下所示：

> 蓋安者，自然之工夫也，止者，自然之天理也，以自然工夫，乃可合自然道理〔註25〕。

此時由於本體與工夫的不離，故就其源自於本體的顯現其自我要求的能力之如實的運作而稱為「自然」，故其身心於此階段都安住於本體中，而此本體就是指「天理」的本身，順著此體之流暢而行中正之事，就是以自然之工夫，而合於自然之道理，而此自然定義在一定程度上便可以看成是於修持經驗中所體會的對象全體，而對此本體的形容就是其「自然」之定義。

　　而湛若水也從此指出工夫的運作中最理想的情況，就是從本體的自淨能力中去洞察本體，而得知本體為工夫之根源，本身為體用一源而不二，便能因此而回歸本體，進而成就其心中的理想人格，此點為其工夫論中的最佳情況，而在此圓融的思想中可知，其立教之最高層次的概念為「天理」，而此天理在理上則稱為生理，於氣上之說明則給予「中正之氣」的定義。

　　而此生理落實於人身上則稱「性」，此生理的本身亦包含了中正與生意的「仁」於其中，所以對此生理之態度，就陳郁夫的看法而言，則等於天理，亦等同於中正之氣，而此氣為天地萬物之本原，亦為中正之本體，落實於人身中時，則給予「心」的定義，而此心含攝了「虛」與「氣」及「性」與「中」等四大概念，而工夫的落實便必須針對其中的「性」與「中」來下手進行體認，便可以從此處見到天理〔註26〕，而此天理本身中正義，亦是天然生理，其本質是以仁之生意貫徹其中，故就此生理於人身的作用而給予「中」的概念來界定，對於此「中」的說明，湛若水云：

> 中乃人之生理，即命根也，即天理也〔註27〕。

亦表示：

> 故千古聖賢授受，只是一個中，不過全此天然生理耳〔註28〕。

縱觀上述可知，湛若水對於本體概念運作範圍的界定，是從此生理入手，而

〔註25〕 明・湛若水撰，《四庫全書存目叢書集部第56冊:湛甘泉先生文集》，〈台南：莊嚴文化事業有限公司〉，卷14頁659。
〔註26〕 陳郁夫，《陳白沙及湛甘泉研究》，(台灣：學生書局，1984年)，頁56~61。
〔註27〕 黃宗羲，《明儒學案》，全2冊，(北京：中華書局，2008年)，下冊，頁901。
〔註28〕 同前註。

此生理的本身是指仁之生意，此生意在天爲「天理」之概念，於人心上的顯現爲心之生理，故給予「性」，當觸物而發之時，就此生理的外顯而稱爲「眞情」，而就此生理爲其中正概念的核心義，其本身爲仁之生意與生理，故生生不息而於一切處皆能運作，所以甘泉對於中正之心的界定亦可以從此入手而掌握及發揮。

也因爲此生理之運作正是其中正之義的核心義，所以亦從此點而反對佛教的寂滅之理，對此湛若水云：

> 何謂種子？即吾此心中這一點生理，便是靈骨子也，今人動不動只說涵養，若不知此生理，徒涵養個甚物？釋氏爲不識此種子，故以理爲障，要空要滅，又焉得變化？人若不信聖可爲，且看無種子雞卵，如何抱得成雛子皮毛骨血形體全具出殼來，都是一團仁意。
> 〔註29〕。

從以上的說明中可知，湛若水對於生理的重視，而亦以此「生理」做爲儒佛之間的界限，以湛若水的看法而言，此生理本身爲人性的本質，亦是天理的中正義之顯現，其本質是「仁意」，而人人亦因此生意而有「中正之情」的運作，而此仁心之生理本身具恆常義及不變義，永恆運作於一切處，故爲人人本具之性，本身是無法斷除的。

但是佛教的教法卻是以出世爲宗，以此生理爲成聖的障礙，故對此生理之態度是採取無自性的觀照及視之爲如幻的態度，而此類之修行終將使生理之「仁意」無法運行，故其生生的活潑之生意有被斷絕之風險，所以甘泉給予反對的態度，此處是就其人性論的態度之設定不同而產生之批評，也可以看出此生理概念之重要性，而湛若水亦以此生理爲其「中正」概念之運作範圍，從此處進行對於其「天理」概念之設定。

而此天理本身之設定，亦不能離開氣而言之，不然會有離開氣而另外言性之風險，故甘泉亦意識到此點，而說明如下：

> 氣其器也，道其理也，天地之原也，器理一也，猶手足持行也，性則持之中正者也，故外氣言性者，鮮不流於釋〔註30〕！

從以上所言可知，就湛甘泉的看法而言，認爲天理與氣不離，故運作的範圍

〔註29〕 黃宗羲，《明儒學案》，全2冊，(北京：中華書局，2008年)，下冊，頁891。
〔註30〕 明·湛若水撰，《四庫全書存目叢書集部第56冊:湛甘泉先生文集》，〈台南：莊嚴文化事業有限公司〉，卷2頁532。

亦皆在一氣之中，所以不可能有超越氣運作範圍以外的天理本體，所以若欲見到那天理之本體，必須從氣之本體中去追尋，而中正之氣就是天理之所在處，故二者不離，所以在工夫的實修上亦依據此中正之氣爲本體，進行對於習心之氣的對治，以此變化氣質而成就，而眞我就在「中正之氣」中顯現，故對於氣的顯現之說明亦如下所示：

> 宇宙間一氣而已，自其一陰一陽謂之道，自其成形而大者謂之天地，自其主宰者謂之帝，自其生物而中者，謂之性，自其精而神，虛靈知覺者，謂之心，自其性之動應者，謂之情，自其至公至正者，謂之理，自理出於天之本然者，謂之天理，其實一也〔註31〕！

亦云：

> 性即氣也，其中正純粹精也，知覺靈也，感應，情也〔註32〕！

從以上所述可知，湛若水將天理的概念亦全部收攝於「氣」中來講，並以中正之氣代表「天理」本身，故因此而免於外「氣」而言「性」之缺點，並給予此中正之氣活動義與主宰義，而天理的運動亦在此氣之中展現出其本具的良能之力，所以對於本體的一切自覺也成爲了對於中正之氣的自覺，對於天理而言爲眞的事物，在中正之氣的面前亦可以同樣視爲是眞的事物，而湛若水對於天理亦有如下之界定：

> 天理，至善也，物也，乃吾良知良能也，不假外求，但人爲氣習所蔽，故生而蒙、長而不學則異，故學問思辨篤行諸訓，所以破其愚，去其弊，警發其良知良能耳，非有加也，故無所用其絲毫人力也〔註33〕！

從以上的看法可知，最上層的本體工夫是講求開發良知良能的力量而成就，並以此爲最佳情況，因爲天理本身包含著「良知」與「良能」，所以對於中正之氣言，也包含著良知與良能的力量，而此力量也就是中正之氣本身的自淨能力，這是一種可以淨化習心之氣的力量，故此中正之氣的本體在與天理的概念結合後，便因此而有自性義與創生義，而成爲「眞心」。

　　而此眞心之把握可以利用學問、思辨、篤行諸訓而得以啓發，故在此啓

〔註31〕明・湛若水撰，《四庫全書存目叢書集部第56冊:湛甘泉先生文集》，〈台南：莊嚴文化事業有限公司〉，卷2頁531。
〔註32〕同前註，卷2頁532。
〔註33〕同前註，卷7頁572。

發下，便會因此而發揮本體之自我要求的力量，而此力量源自於對那中正之氣的自覺，故因此而非是外加於此氣上的法門，故因此在本體的自覺力量開發之際，其實亦成就了本體工夫，此爲學宗自然的上層修法，屬於湛若水「覺」之系統，其次，便是利用古訓來破其愚、去其蔽，而此處所言的「愚」與「蔽」，亦不外乎是「習心」的障礙力量。

這些力量除了可以用本體的自淨能力破除外，亦可以利用學問之功進行對治與收攝，而因此而開設了「學」之法門，而此法門的成就關鍵亦在於如何善用古訓，故因此而使古訓成爲了湛若水工夫論中用來通達本體自覺與對於習心對治的鑰匙，也因此而使學問思辨篤行之功，亦成爲了其成聖的必要條件與充份條件，而結合了上述的「覺」之系統，而因此產生了「存真破妄」的本體工夫，以及以本體之價值意識爲宗，利用古訓進行對於習心對治之工夫，而這種工夫，筆者則稱爲「以妄除妄」之工夫。

之所以會有「真」與「妄」的區分，是以實修的中正程度來分，首先以第一種訴諸於對於本體之自覺而成就的工夫而言，所謂的「真」就是指天理本體及中正之氣，而「妄」便是指在與此真實之氣相違者，如「習心」，至於第二種「以妄除妄」的工夫，則是就有限心的層次而言，第一種「妄」是指因經論之學習而成就的有限智境之氣，此智境本身雖然不像中正之氣一般純粹，但是亦具有對治習心之效果，可以說是一種「準法則之氣」，屬於經驗與他律境界的氣，但是卻可以對治「習心」，故相對於於中正之氣而言，亦可以看成一種「妄」心之氣，故筆者因此而名之爲「以妄除妄」法。

而此種方法是屬於學問之功所成就的境界，是一種界於中正之氣與習心之氣中間的氣，而這種氣，則必須以「勿忘勿助」法以進行提升，使其境界提升到中正之氣的層次而與天理本體合一，而完成道德性的實踐，至於「存真破妄」法則屬於湛甘泉對於本體自覺的工夫，屬於「覺」之系統，是直顯真心而直入中正之氣的境界。

至於「以妄除妄」法則是湛若水對於「習心」的對治工夫，此法爲「學」之系統，而就程度而言，自然是第一種工夫爲上層次之教法，可以成就本體工夫中的「自覺義」及「自由義」，但是其缺點在於其高明簡易處所可能導致有悟而無修之情況，故必須以「勿忘勿助」的心法調節使其所覺證之境界不退轉。

至於第二種工夫，則可以有助一般行者在實修上，正確的利用古訓收攝

身心，而不失其工夫上的「對治義」，亦可以達到防弊之效果，不過此法之缺點在於若操持過度，則有流於「助」之風險，故亦需以「勿忘勿助」之心要以進行境界的提升，所以在工夫的落實上，湛甘泉便是採取圓修二者之態度爲究竟之教法，以此進行「學覺雙運」之本體工夫修行，並針對只重視「學」或「覺」一端之行者所可能產生的弊端進行批評，而因此而與王陽明產生了相關之工夫辨義問題。

其實此類問題也是針對「學」與「覺」而產生的內外之爭，其爭議之關鍵就在於湛甘泉是從「學覺雙運」的角度而言其本體工夫必須「學覺並進」之態度，故視「學」與「覺」爲成聖的必要條件及充分條件，而王陽明則以本體爲究竟之依據，而認爲「學」只是成就「覺」的助緣之一，只是成聖的充分條件之一，並非是必要條件，故因此而與湛若水產生了看法上的差異，至於此類問題，筆者將於之後的章節進行相關的說明及處理。

第三節　結論

本章所討論之對象爲湛若水之天理概念運作範圍之界定，從本章的討論中可知，天理的概念是其立教的最高層次的概念，而甘泉亦因此概念於各種情況中給予相關概念之界定，在落實於人身時，便以「心」的概念來明描述天理，就其人性論的說明時，則以此心之生理來界定其「性」的概念，而當此性受外物之影響而顯現時，便稱爲「情」。

但是在此「情」的概念之中又區分爲「眞情」與「僞情」兩種，而眞僞之差異就在於是否是源自於天理而發？而此天理之中正義便成爲判斷的標準，合乎此標準者便成爲「眞情」，而此中正義的本質爲何？就是指人之生理，而此生理的核心意義就是指那「仁心」本具之生意，不論是來自於天或人皆具有此人之生意，而此生意本身就是其中正義的界定標準，同時也代表其人性論及立教之宗旨，得知此點便可以得知湛若水對於天理本體於人身心中運作，不論是天或是人皆是從此生理出發，進行對此生意的參究，而此生意概念的核心就是「仁」。

而從此「仁心」的體會中，便可以掌握湛若水工夫論之關鍵，而一切對於本體概念的運作，亦是從此處出發而進行說明，而以天理的概念做爲其總攝的概念，而此天理的本身由於其恆常義及眞實義，故名爲「寂」，但此本體

又具有中正之生意的運行，而能與萬物相通，故因此活動義及感通義而稱為為「感」，落實於人心之時由於其本質是無條件的生意之運行，故就此無欲處而稱為「虛」，又因此生意處之生理，本身是永恆而真實運作的道德法則，故就此真實無妄之義而稱為「實理」或是「誠」，此真實義於其中正處顯示，而稱為「中」。

而就此中體本身是那具仁心生意的道德法則，所以本身亦因其本具之性質而說此法則為「天理」，就其無所安排處稱為「良」，就其本身是排除一切經驗及他律的特性而稱此法則為不由於人的「天」，故良知與天理本身皆是一體而無所分別，其本質都是指這「生理」，故就此生理本身的運作及遍一切處的運行而安立了不同的名稱，但是皆是同一生理之運行，而一切萬物也因此而得以運化，所就此生理於氣中的顯現便可以稱為「中正之氣」。

而此氣之中亦「虛靈」與「應變」，同時也是指心之靈，故針對這個能總攝「虛靈」與「應變」的概念，便可稱為「神」，而此神之概念，亦代表著那自我要求道德實踐的能力，針對此能力的本身便稱為「良能」，不論有多少名相之安立，就其根本的核心概念而言，都是一個天理的運作，此天理本身的中正處，就在於那遍及一切而自在運作的「生理」，而生理的本質就是「仁心」之生意，所以從此處出發就，可以把握湛若水工夫論的出發點，而此生理的主宰力與其生意，以甘泉的立場而言，皆由中正之氣本身所統攝，故湛甘泉所言的「天理」本體，便因此成為了「中正之氣」的別名，亦因此設定而免於和佛老同流之風險，即外氣而言性之風險。

第三章　湛若水從學與覺所談之工夫

　　本章所討論的主題為湛若水的「學」與「覺」之工夫實踐問題,「學」與「覺」此類術語常為湛若水工夫論的運作之核心,其思路的理解與操作上可以分為從無限心之自覺而成就的「覺」,以及利用經論及古訓入手,從有限心的教化入手,進行「以妄除妄」的工夫論,對於此類工夫則以「學」的概念統攝,所謂的「妄」通常是指有限心以內的境界,此類境界中的心為「習心」及一切受經驗及它律所局限的境界,對此境界中之習心的對治,便是成為湛若水工夫論所討論的焦點。

　　所謂的「覺」屬於「存真破妄」的工夫,即利運用本體真心的力量進行對於「人欲」及「習心」的對治,此類工夫是湛若水工夫論可以王陽明的致良知之工夫匹敵者,而湛若水則是以「隨處體認天理」及「勿忘勿助」的心法,來把握此本體的自淨之力,屬於「覺」之層次的工夫,至於「學」則是從對治的角度入手而成就的工夫,其教法通常是從經論及古訓等有限的文字經驗中入門。

　　由於此層次之特色是從有限心入手,利用「有限智心」以進行對於同層次的「人欲」和「習心」的對治,所以此法適合一般人使用,可以在以妄除妄的工夫運作下,使人進行去妄存真的工夫,就此點而言,則有別於「覺」之教法,故因此而與王陽明有內外之爭的討論,但是以湛若水的立場而言,這個部份的工夫卻是必須的,所以在實修上最理想的方式便是「學覺並進」,而就此處方能通內外為一,進而成就其教法中的最高境界,而本文便是針對此點分別進行對於「學」與「覺」的工夫運作之討論,同時在針對錢穆對於湛甘泉的批評,以湛若水的立場進行回應。

第一節　從學入覺之工夫歷程

一、從古訓之要求而成就習心對治義

「學」與「覺」，是湛若水工夫論思路中的出發點，故就此點而建立出一套「參證古訓」的本體工夫，但是也因此而被王陽明批評有偏於「外」之缺點，而從「覺」之角度，進行對於湛若水工夫論之批評，但是在事實上，此類批評對於湛若水則未必適用，何以故？因爲湛若水之工夫論不是只有對於知識之認知，而是利用此「認知心」出發，在參證古訓之中進行對於「天理」的自覺。

所以此工夫論在入手處，必須先從教化的角度出發，依據根器的不同，給予相應的參考標準，以進行對於本體的自覺，而此參考之標準從何而來？必須是從聖賢訴諸於文字的體驗記錄出發，而從此經驗之中，進行對於道德心本體的參究，於實修上，再從經論之「學」進入對於天理等價值意識之「覺」，進而完成一套由淺入深的工夫論，至於此種工夫論之建立，正有助於一般根器的人士對於儒學價值意識的正確體會。

而在「學」的基礎下，對於天理之體會，便能夠在前賢的經驗下，進行正確之認識，而免於「理欲不分」之風險，所以就此點而言，湛若水則有功而無過。而就教化之角度而言，從「學」入手，卻是可以有一套參考標準，而免於「理欲不分」的風險，亦可以產生一定的外在約束力，可以進行外在行爲之約束，以收攝身心，而使生活合於聖賢之規範，所以此種方式本身之目標，通常是先從聖賢之經論入手，以進入「學書合一」之境界，此法爲湛若水工夫論中最常見之型態，對於此點，湛若水則表示如下：

> 是故學之於書也，取其培養此心而已。誦讀之時，此心洞然，如鏡
>
> 找物，不引之書冊焉可矣。否，則習而不察，安能見道〔註1〕！

從以上引言可知，本節所主要討論的主題，就是湛若水從「學問之功」之角度切入而言之工夫論，至於此節所談之工夫，則是從「學」的角度入手，故特別重視從古訓的角度，以啓發對於天理的自覺，對於此點，湛若水表示如下：

> 諸生讀書務令精熟五經四書，又須旁通他經、性理、史記及五倫書，

〔註1〕 明・湛若水撰，《四庫全書存目叢書集部第56冊:湛甘泉先生文集》，〈台南：
莊嚴文化事業有限公司〉，卷5頁549。

以開發知見，此知見非由外來也，乃吾德性之知見，書但能警發之耳。須務以明道爲本而緒餘自成文章舉業。其仙佛莊列諸書不可泛濫以亂名教、壞心術、散精神〔註2〕！

亦云：

夫經者，徑也！所由以入聖人之徑也，或曰：「警也，以警覺乎我也〔註3〕」！

從上述可知，凡是一個工夫論的運作，除了對於最高本體與價值意識的設定外，必須針對實修部份進行說明，方能成爲一套完整的工夫。而完整的工夫論的運作也必須能夠提供完整的一套操作與實踐之進路，筆者以一個譬喻來說明，一個打結的繩索，不論打了多少結於繩索本身，繩子的本體永恆不變，而會變化的層次就在於那繩結本身，此繩結就像是那「習心」所造成的障礙一般，由於有了障礙便必須進行對治，方能使此眞生命呈現。

由於每條繩子的所打結的數目不同，所以解開此結的情況，亦隨之不同，而就針對此解結的角度，而說明解開繩結的方式，便成爲了「工夫論」的說明。也成爲了「漸修」的理論，而因此顯現了工夫的次第觀，但是不論次第觀有多少，其根本做工夫處，仍然是就針對此繩結本體而言之，並不能離開此繩子的本體，而另外進行解結的工夫，仍然是從此繩子的本體進行操作，故同理可證，儒學的工夫論亦是以此本體的運作，進行對於「人欲」與「習心」之對治，所以依據的對象便是那究竟的本體，以湛若水而言，此本體就是其思想術語中所說之「天理本體」，故從此出發而進行其工夫論之運作。

故從上述所言，可以知道湛若水工夫論所切入觀點之後，便可以得知其「工夫論」非常重視進行對於「習心」之對治，與對於天理之體認，所以工夫論的運作也必須與天理本體不離，方能使此「習心」得以對治，因爲天理是其教法的最高概念，所以必須從此出發，才能進入使此心得以中正的狀態而與本體合一，而此法就是湛若水對於心的解釋及入手之操作。

此法主要可以從「學」與「覺」兩個角度入手，故可以得知，其教法特別重視「學問之功」做爲客觀的依據，以此爲工夫論實際操作之標準與依據，並進行對與天理的認知與道德心之自覺，以儒學之價值意識爲宗進行日常生活之道德實踐，故就此點層次上可以說是「學覺不二」的工夫論。

〔註2〕　明·湛若水撰，《四庫全書存目叢書集部第56冊:湛甘泉先生文集》，〈台南：莊嚴文化事業有限公司〉，卷18頁575。
〔註3〕　同前註，卷6頁558。

雖然其教法之要點是強調「學覺並重」之宗旨，但是以實修的角度而言，由於一般人對於本體價值意識之自覺程度，並不能如聖賢一般能完全掌握，所以必須藉由「學問之功」為輔助，以前賢之實修經驗訴諸於文字上的說明，為其立論與實修之基礎，故此時之境界上的受用，通常是認知心上的「學」，多於對於天理的自覺，故湛若水於此階段，則是教導後學從「學」入「覺」進行指導，而此階段的教法便是從「學」出發，也就是從古訓入手進行對於天理的體會。

由於一般人雖然皆本具此心之生理的「仁體」，但是由於受到習心的障礙，所以對於本體的自覺未必皆能完全掌握，所以皆受到經驗與它律的影響而行事，所以在此情況下，要完美的運用那來自於本體的自覺之力以進行對於習心的對治，在實修上的情況而言，是不可能的，常見的情況是「理欲不分」的情形，所以針對此點而言，便必須先從習心的專門對治入手，對治的方法有二，最上層次的對治法是從本體的自覺入手，發揮本體的對治力行事，完成道德實踐，這是最完美的對治法，也是不容易掌握的工夫，所以對於一般人而言，則不一定皆能適用，所以對於一般人而言，便需要有一套客觀的參考標準來行事，而此標準便是古訓，故第二種方法便是從古訓入手而成就。

至於古訓本身的角色，在湛若水教法中亦占有一定程度的地位，除了藉由古訓進行生活的規範外，亦可以運用古訓所學進行對於習心的對治，同時從經論的教法中去體會那無限心的智境，並參究此智境源頭，實為此心之生理所發，其本質是「仁體」，並開始對此本體有所體悟，此種「去妄存真」的工夫便是「從學入覺」的工夫，至於「學」的部分則主要在於利用博學、審問、慎思、明辨、篤行的方式，進行對於古訓的參究。

至於古訓本身所伴演的角色，除了對於「習心」的對治之外，也同時是啟發對於天理的自覺的重要因素，也是湛若水工夫論中的成聖的必要條件之一，首先就有限心的層次而言，雖然一般人未必能直接顯現無限智心的力量，但是卻可以運作有限智心的力量進行對於習心的初步對治，這種對治方式，便是依據古訓進行工夫次第的實踐。

由於一般人皆受困於習心的境界太久，所以亦受限於有限的境界中，而在此有限境界中的一切事物，便都受到限的境界所局限，故在本質上都屬於一種「妄」的境界，而此「妄」的概念便是指那有限境界中的事物，所以在

此境界中，由於「習心」與訴諸於古訓的文字皆為同一個層次的事物，所以皆具有限的特性，故同一個層次的事物便可以相互影響對方，亦可以運作此影響力進行習心的對治。

所以就其教化的角度而言，雖然從文字義的古訓中，進行對於習心的對治，這種層次之工夫並不是究竟法，但是對於一個受限於習心層次太久的人士而言，卻是一個可以正確地進行對於習心對治的工具，所以湛若水便針對此類人士，開設了「以妄除妄」的工夫論，也就是從學入覺的工夫，利用同屬於有限層次的古訓，進行對於人欲的對治，至於人欲方面則因對於「學」的層次加深，而被對治的效果也跟著加深，故可以培養出對於人欲的對治力，此為甘泉教法於此階段的特色。

此時的對治力所呈現出的情況，是使那與本體相違的欲念，藉由古訓得到一定程度的收攝，故人欲障礙的力量開始減少，雖然在一開始的情況是運用外在的經論入手，從工夫次第的運作中，運用古訓等它律的力量而完成的工夫，故就以康德的看法而言，此層次仍然屬於合法性的行為，而非道德性的行為，故在實踐上的層次並不夠究竟，但是對於一般受限於經驗與它律的人士而言，這種工夫卻是修身的基礎。

對於此類人士而言，此時所關心的對象是對於習心的對治為主，所以如何進行對此境界上的對治工作，便成為了此階段所關心的重點，而此處便是湛甘泉所重視的地方，所以此階段在實修上而言，便是重視從經論入手，以證得對於習心的對治力，而此對治力的培養，便是運用那有限智心的境界證得，以此進行對於習心的破除，同時運用經論以開導門生，而產生安祥之感。

同時在漸修用功之際，得知那從經論之研習所取得的有限智境之心，雖然不像「習心」一般障礙著本體價值意識行事，但是若過份執著於此有限智境中，仍然是被局限於有限的境界中，尚與本體的體證有一段距離，故必須將此境界以「勿忘勿助」的心法進行升華，方能使此心從外在的有限智境中，與內在的無限智心融合為一，以成就其通內外而合一之工夫，此為本階段工夫的特色。

即運用有限智心進行對於「習心」的對治為主，之後再以「勿忘勿助」的工夫，將之前從經論所學融入於對於天理本體的自覺中，所以就實修上的效果來看，此時為「學多於覺」，是一種從學入覺而成就的工夫。

二、從讀書之道而成就此心之自覺義

當有以上的理解之後，便可以得知湛若水教法的特色，雖然是主張「學覺並進」的方式而成就，但是在對於後學的指點上，卻是從先學後覺的歷程進行指點，以進行對於「習心」的對治，首先第一步便是利用讀書以進行意念的收攝，對於此點則云：

> 黃生綸問：「合一之功何如？」甘泉子曰：「諸生於作文之時焉，即知於作文之間收斂焉，可也。於讀書之時，即知於讀書之間收斂焉，可也。收斂致一，不滯不放，是故能立敬矣〔註4〕。」

從以上的說明可知，湛若水對於初學者的指點，第一步便是主張將那繁雜的欲念，利用讀書的手段進行收攝，並利用聖賢的教育以使後學建立正確的知見，使欲念得到控制，同時進行意念的收攝與專一，當此欲念能對治到一定程度時，便可以初步成就「敬」的工夫，此時所謂的致一，就是指心念與書本中的價值意識一致的情況。

此外，在利用讀書進行對於「習心」的對治時，也必須說明習心之所以產生的原因使後學理解，故對於「利」與「欲」，則說明如下：

> 曰：「爾之云欲者，何如？」曰：「利。」曰：「匪直利欲之為欲焉耳，心有所偏滯焉，亦謂之欲也。今夫讀書非不為善事也，作文非不為善事也，過用其心，失其中正焉，皆欲而已〔註5〕。」

從此處說明可知，「欲」之所以成為對治的對象，其原因就在於與「中正之心」相違，最廣義的界定便是從此處入手，以進行對於「欲」概念之說明，也就是心失去中正的情況，便可以稱為廣義的「欲」，而此「欲」的概念亦涵攝了「利」的範圍，但是不論是「利」或「欲」，都是指與中正之心偏離的情況，此「利」與「欲」從廣義來界定則是指經驗與它律的境界，若與本體價值意識相違時，便成為對治的對象。

此時的習心，便可以運用讀書的方式進行欲念的收攝，將一切的欲念收攝為一念，此為初步對治的方法，其要點就在於「收斂」，接下來的要求便是要此心不流於放逸，在讀書與作文之中，合乎中正的主旨行事，而使此心收斂致一的程度加深的工夫，便是湛若水所言的「立敬」工夫，其要

〔註4〕 明・湛若水撰，鍾彩鈞彙編《泉翁大全集》，嘉靖十九年刻本，全85卷，（臺北：中央研究院漢籍電子文獻，2004年，卷4頁7。
〔註5〕 同前註，卷4頁16。

點就在於意念的收攝專一與不滯不放，以此點進行「立敬」工夫的運作。

當對於以上的「欲」之對治有一定程度時，便開始進行「勿忘勿助」心法的運行，以進行對於此心的自覺，將此心法運用於讀書之中，亦是其讀書之道下手的重點，甘泉對此則表示如下：

> 甘泉子語學子曰：「爾知讀書之道乎？」曰：「未也。」曰：「在調習此心而已矣。」或曰：「何居？」曰：「調習此心，在勿忘勿助之間而已。
>
> 「何謂忘？」曰：「面於書而心於他，是之謂忘。」曰：「何謂助？」曰：「溺於書而喪其本，是之謂助〔註6〕。

從以上的看法可知，此階段之讀書方式亦已開始與「勿忘勿助」的心法並行了，此時的「忘」是指意念放逸而不專一之情況，至於「助」則是指沉溺於文字等有限的經驗世界中，反而被書本所局限「學」而不「覺」的情況，這種情況反而是對於真我的背離，此真我即是那無限的天理本體，也是道德法則的本身。

所以湛若水在教導後學時，雖然是從學入門，以接引後學，但是同時也明白在教化時，亦不可使後學被書本文字等有限的境界所局限，故當心念有一定的收攝之際，便會開始以「勿忘勿助」的心要做為指導性的原則，將讀書的意義從有限經驗下的教導，開始轉變成對於無限天理的體會，而「勿忘勿助」之心法，便是將此心從有限導入無限的鑰匙，瞭解這一點，便能解釋甘泉以上所說的「讀書之道」。

至於「讀書之道」除了有以上的說明外，湛甘泉亦將讀書的過程分為「舉業」與「德業」兩種術語以進行說明，如下所示：

> 甘泉子謂湯子民悅曰：「良知、良能，人之同有也，彼後生豈無善念，以其沒於舉業焉，恐正學之妨之也，故未能舍彼而從此。噫！惑也甚矣。夫德業舉業，業二而致一者也，今夫修德業者從事於古訓也，為舉業者亦從事於古訓也，是其業一也。世之學者以為不同，非也。蓋係乎志，不係乎業也。故不易業而可以進於聖賢之道者，舉業是也；不易志而可以大助於舉業者，聖學是也。故志於德業，則讀書也精，涵養也熟，於義理也明；故其辭暢，其指達，其發於文，皆

〔註 6〕 明・湛若水撰，鍾彩鈞彙編《泉翁大全集》，嘉靖十九年刻本，全85卷，（臺北：中央研究院漢籍電子文獻，2004年，卷4頁14~15。

> 吾自得之實事，比之擬拾補綴而不由一本一氣者，大徑庭矣。故聖
> 學反有大助於舉業，何相妨之患？雖然，有助云者，猶二之也。舉
> 而措之耳，如身具手足，而使手持而足行耳。是故古之學者本乎一，
> 今之學者出乎二。二則離，離則支，支離之患興，而道之所以不明
> 不行也。故夫知與行二，即非真知行矣。才與德二，即非全人矣。
> 文與武二，世無全材矣。兵與農二，則世無善法矣。夫子之文章與
> 性道二，則世不知聖學矣。心與事物二，則聖學不明不行矣。良可
> 歎哉〔註7〕！」

同時對於「德業」與「舉業」的之功效說明如下：

> 黃生綸問甘泉子曰：「二業之功何如？」曰：「在存神。神也者，德
> 業之妙也，舉業之主也。是故存神而二業一矣。〔註8〕」

從以上的看法可知，湛若水認為一般的學者，都知道那本具的良知良能的無
限義，本身之境界，並非是那有限的文字或是功名利祿所局限，但是於此理
解之際，便會產生一種錯誤的見解，便是將讀書與追求功名利祿等有限的境
界，視為是一種成聖上的障礙，而因此產生了對立的念頭，而將屬於內心品
德涵養的工夫之「德業」與追求科舉而讀書的「舉業」，視為是兩種對立的概
念，湛若水認為這是一種誤解。

故針對上述二者，而進行調和之說明，說明屬於「學」的「舉業」與屬
於「覺」的「德業」本身之相通處，皆是源於古訓，所以就源頭處而言，皆
是從古訓所產生，所以首先就此點來看，則並不對立，之所以會產生對立的
情況是在於「志」的問題。

此處所談到的「業」的概念是指讀書的行為，由於所讀的書，是源自於
古訓之中，所以能決定對於古訓的運作的關鍵，便在於最初的發心，若最初
的發心是先從個人的利益入手，再進行對於無限心的體會，所成就的境界，
便會是「舉業」的層次，此時雖然表現合乎儒學規範的行為，但是這種程度
只有「合法性」的地位而無「道德性」的層次，故就此層次而言，則略遜於
「德業」的層次。

若發心的動機是從「德業」入手，則因為對於本體的自覺與對於習心的

〔註7〕 明・湛若水撰，鍾彩鈞彙編《泉翁大全集》，嘉靖十九年刻本，全85卷，（臺
　　　　北：中央研究院漢籍電子文獻，2004年，卷4頁3。
〔註8〕 同前註，卷4頁19。

對治，利用古訓得以進行明確的實踐，進行此層次的讀書便可以有限的經驗世界中，用古訓進行對於那無限天理的自覺，同時亦以古訓做爲行爲的規範，收攝那放縱的欲念，以古訓爲基礎，進行以「妄」除「妄」的工夫運作，將有限境界的欲念與習心，利用有聖賢訴諸於有限文字中的指點，以此進行在有限層次中的相互對治，如水滅火一般，當火滅盡之時，水同時也消失而昇華到無限的境界，這種「以妄除妄」的工夫，便是運用經論進行「德業」之修行時，所會產生的現象。

至於此種工夫成就的關鍵，就在於最初的「立志」，也是最初發心的動機，若與天理相應，則此時的讀書，便是可以同時成就「德業」與「舉業」，利用古訓的參究獲得本體之體證，而得以體會那無限心的天理，同時也利用古訓之參究而得到了功名利祿，完成了「舉業」的成就，而此時的「德業」反而有助於「舉業」的成就，就不會有相互對立的情形產生。

所以就湛若水的看法而言，就一套完整的實修工夫次第而言，雖然是從「學」到「覺」的歷程，但是在一開始的立志上，便必須建立出正確的見地，就是以天理爲修證的對象，以此進行「學覺雙運」的工夫，雖然在一開始可能是「學」多於「覺」的情況較爲明顯，但是已經可以得到將「德業」與「舉業」並進而無礙的受用，原因就在於最初的立志是從使此心合乎天理而行。

在實修上，便可以使此心從眾多雜念之中，藉由讀書的方式，將此等妄念收攝爲一念，先使身體外在的行爲規範，合乎古訓的規範，而完成合法性的要求，接下來便是從最初的「立志」入手，並以天理爲宗，將身心轉變並提升到與道德法則的天理本體相應的境界，而使身心的行爲都完成道德性的實踐，此時便會將「德業」與「舉業」的對立之念全部升華到「聖學」之中，使此心與事物都被融攝於一體，此時便可以見到天理的本體之廣大處，此爲湛若水之思路。

三、湛若水對於眞我之體證歷程

（一）從對治義的發揮而成就的眞我

從上述看法中可知，完整的聖學修行中必定包含著對於「舉業」層次的「學」與對於「德業」層次的「覺」之並進和圓修，此爲湛若水對於「學」和「覺」的理解。所以當有以上的正確見地進行工夫的運作時，便會開始面

臨的問題就是境界的受用之說明，此境界便是從「立敬」之工夫之成就而獲得，對此境界，湛若水則說明如下：

> 君子敬可以生仁，定可以生智，思可以生勇。夫能敬而後定，故定而不寂；能定而後思，故思而無邪。敬定思一也。仁不欲方，智不欲圓，勇不欲動。兼而有之，可與入道〔註9〕。

從以上的看法中可以知道，「敬」的工夫所產生的相應境界可以產生定力，而此定力之境界，可以使吾人依據聖賢的古訓進行正確的思考見地，在此正確的智境中便可以降伏那濁惡的欲念，所以就針對於習心欲念的對治而言，「敬」、「定」、「思」，三者是一體之三面，可以生出「智」、「仁」、「勇」三種境界，而此三種境界兼備，便可以進入對於那本具道體的正確體會，便可以開始進入湛若水所言的見「眞我」之境界。

至於此「眞我」為何物？以湛若水的看法而言，就是指那生生不息的道體，也就是心之生理，此為人人本具之「性」，其要點在於中正，對此則說明如下：

> 性也者，其天地之生生者乎！其於人心也，為生理。道也者，其生生之中正者乎！其於生理也，為中和。夫中正者，天之道也；中和者，人之道也〔註10〕。

從以上的說明，可知湛若水的所要見性的對象，是那本具的生理，也是那天人合一之道，其要義在於「中正」，於人身的顯現為「中和」，其本質皆為那生生不息之理，能見到此理，便可以見到眞我，而此眞我貫通天人，故不論於天或人，皆具此理之運行，皆被此理所融攝，當有此點認識，便可以正確的體認天理，也打下了工夫的基礎，而此時的「立志」也因為有以上的工夫做為根本，方能得以進行更為深層的工夫之運作，而此時所進行的工夫之要點如下所示：

> 潘子嘉問學。甘泉子曰：「在聞道。」問聞道。曰：「在立志。」問立志。曰：「必眞知而後志立。志也者，其聖學之基乎！」問道。曰：「道，天理也，心之本體也。子能知本體之自然，則知道矣。」問自然。曰：「心之本體不假人力，故知勿忘勿助之間無所用力者，斯

〔註9〕 明·湛若水撰，鍾彩鈞彙編《泉翁大全集》，嘉靖十九年刻本，全85卷，（臺北：中央研究院漢籍電子文獻，2004年，卷1頁5。

〔註10〕 同前註。

得之矣。」問忘助。曰：「忘助皆私心也。滯於物、勝於事，皆忘也；
矜持、欲速皆助也。」問勿忘勿助之間。曰：「無在不在也，中正而
不息，易所謂存乎〔註11〕！」

從上述所言可知，甘泉一開始的教法是從聞道入手，而聞道的要點，則必須
從立志入手，以建立眞知，以此爲工夫的基礎，在眞知成就之時，才能夠使
所立之志得以穩固不退轉，打下成就的基礎，而此基礎若以工夫運作的歷程
來看，便是進行對於習心對治的過程，在此階段，則必須仰賴古訓進行對於
身心及欲念的收攝與對治，而古訓於此時的地位，以湛若水的看法而言，便
是利用前賢對於天理的體會，而訴諸於文字的記錄，做爲修身的參考依據。

　　而此種文字的本身，除了提供對於無限心的天理境界的體認，亦是前賢
的實修記錄，亦可以提供一套實踐的程序，於有限的文字記載中，可以做爲
吾人行爲之準則，當一般人照此要求行事時，可以成就如康德所言之合法性
的行爲，屬於假言律令的層次，雖然在境界上尚未能直接進入究竟義，但是
對於受限於經驗及它律境界的人士而言，卻是可以有助於對於欲念的初步對
治，所以就實修過程而言，這種方式仍然是必須經歷的過程，也是從「學」
入「覺」的必要工夫。

　　但是湛若水也意識到，必須將此層次進行提升，如何提升？則必須從此
心入手，而第一步便是「立志」，由於之前從古訓的參究之中得到眞知，故能
使身心的行爲進入「準則」的實踐，若能再加上「立志」之力量，便可以將
吾人之身心從受到感官欲求所制約的病態意志中得到解脫，使此心之境界提
升到善意志的地位，而在此時，便可以將之前從古訓所獲得之眞知，與從「立
志」並進，便可以使吾人之身心進入道德行爲的實踐，甘泉便以此爲聖學之
基礎。

　　當有以上的程度時，便會開始進行對於境界的探討，也就開始進行對於
本體境界上的討論，以甘泉的看法而言，所見到的「道」或是「天理」的概
念，其實都是指那心之本體，也就是那「生生之理」，其本質爲道德法則，其
境界不受經驗與他律上的功名利祿所局限，是源自於理性的自我立法，而此
我便是那通天人而合一之「眞我」。

〔註11〕 明・湛若水撰，鍾彩鈞彙編《泉翁大全集》，嘉靖十九年刻本，全85卷，（臺
　　　　北：中央研究院漢籍電子文獻，2004年，卷6頁1。

（二）從自然義的發揮而見到的真我

此時的「真我」可以生出一切善法，而此善法會產生義務，具有行為上的必然性，同時也具有特種的因果性，故不受經驗與它律等一般因果性的束縛，故就此點而言，此善法具有「自由」，亦能使一切的理性存有者無條件的完成道德性的行為，而能見到此點，便可以見到心之本體的自然義，故甘泉便是從此方向進行對於「自然」概念之界定，故在回答後學時，便是從不假人力處去進行對於自然義的說明。

其實此處的不假人力，便是指本體的自淨能力之顯現，因為此體之本身不受他律境界的影響，本身永恆運作，故就此點而言不假人力，以說明這純粹而自律的境界，如何進入此境界？便需要以「勿忘勿助」的心法進行對於身心的提升，方能完成，而其要點便在於無所用力，使那本具的自淨之力顯現，此處的無所用力的境界是有別於之前在有限心層次的「勿忘勿助」，是屬於無限心層次的之工夫，主要是本體體證後所進行之工夫。

此時的層次所要進行的工作，是將之前從古訓所學到的意念收攝之工夫，進行於提升及融攝轉化的工作，也就是對於古訓背後那無限義之參究，而此時的「勿忘勿助」，便是從工夫及境界上的自然無執說起，以湛若水的看法則是指對於「私心」的放下，而此私心便從「忘」與「助」兩種概念說明，所謂的「忘」，是指由於過份的追求自然無執的心態下，反而會流於不做工夫而放逸身心，此時便會有滯於物，勝於事的缺點。也就是再度沉醉於經驗及他律的世界中，使此心停滯於外物中，而淪於在現象界中與人逞能爭勝的情況，此點為「忘」之情形。

此種放逸之情況，最常見於陽明後學，如龍溪學派與泰州學派之人士，由於此類人士常樂於頓悟，而流於不做工夫，故常流於有本體而無工夫之情況產生，而湛若水亦看到此點弊端，故強調後學必須以「勿忘」法進行對於此種心態之對治，以保持此心之清淨不退，也就是說當進入對於本體的體會時，仍然不可忘卻最初從經論入手而成就的「收斂」工夫，故就此處強調「勿忘」。

至於對於「助」的說明，則是指另一種極端，即指「矜持」與「欲速」兩大方面，此種情況是指對於工夫的運作執著的心態，由於此時急欲和本體的天理相應，故在利用古訓進行對於習心的對治時，對於那收斂身心的工夫次第操作過度之情況，即急於對治習心，卻產生了另一種虛妄的境界，使身

心過份沉淪於對治義而使身心不得平靜，也就是用功過度的情況，反而與無法使本體自然的顯現，這是另一種習心，即使身心受困於有限的文字境界之中，過份操持而不得自在的情況。

此時雖然欲完成「正心」、「滅欲」的修行，但是由於忽略了本體之生理，其實是法爾本具地充滿於天人之間，故在過份走向滅欲的修行時，由於工夫的操持過度，反而使那本具生理的生生之機無法顯現其本來面目，所以這也是工夫的錯用，反而使此心受困於「修」的情況，對於此點，則給予「勿助」之教法，以對治此類「習心」，使其對於工夫之執著放下，而使身心進入中正的境界，方能與這天理本體相應，而此時的「勿忘勿助」法之下手要點就是完成對於本體界層次的相應。

同時也能以工夫上的作用無執，使本體之生機能自在的於現象界顯現，使本體與本體的自淨能力之間運作能完整而一貫的顯現出自己的力量，此時便可以進入湛若水所言的「我立」及「不蔽於物」的情況，對此境界湛若水云：

> 「立我」二字最好，我立則我大而物小，我有餘而物不足，我無窮而物有盡。顏子博我以文、約我以禮，是我立也，他人博約都落空，與我不相關。勿助勿忘是要處，學、問、思、辯、篤行皆立我功夫。
> 虛無中有體，見得此體，則不落虛無而我立矣〔註12〕。

同時亦說明其教法之工夫歷程如下：

> 以書蔽志者，窮年不能明其理；以鑑掩面者，終日不能見其形。故
> 主敬然後我立，我立然後不蔽於物，物物窮格而天下之理得〔註13〕。

從以上的說明中可知，湛若水的工夫從學到覺的過程，有「主敬」、「我立」、「不蔽於物」及「天下之理得」等四個工夫過程，而在這四種過程中，都以「勿忘勿助」做爲指導性的原則，以進行從有限心到無限心的工夫實踐，而「勿忘勿助」之心要也因此成爲湛若水工夫論中的總攝心法。

首先此心法在讀書時，便以「敬」的方式呈現，以說明利用古訓進行對於欲念的收攝，以說明工夫的對治義，利當用古訓進行對於吾人此心之生理的體會時，便會開始見到於吾人心上的眞我，而此眞我之證得，便是「我立」

〔註12〕 明・湛若水撰，鍾彩鈞彙編《泉翁大全集》，嘉靖十九年刻本，全85卷，（臺北：中央研究院漢籍電子文獻，2004年，卷71頁21。
〔註13〕 同前註，卷2頁3。

階段之成就，同樣亦是利用古訓進行對於天理的自覺，所以此時便成就了對於習心之對治義，以及對於真我之自覺，當此兩種條件具備時，便可以在學問、思辨、篤行之中，使真我的體證得以穩固，而因此具備兩種力量。

第一種力量是指從古訓的有限文字面，得到具體的身心修養工夫，完成對於習心之初步對治，第二種力量是從對於古訓的義理，得到啟發，而完成對於無限心之自覺，而此時的「勿忘勿助」之心要所重視者，便是如何進行對於本體自由義的發揮，使天理之自覺義與自由義不離吾人之身心而實踐，而此時的對治義，便開始進行轉化，從一開始藉由古訓的輔助，所取得的工夫，進行境界之提升，轉變並內化為從吾人之本體所發。

此時將之前之「學」融入「覺」之層次，以完成本體與工夫不離之程度，便可以進入通內外而合一之境界，而此境界便是「隨處體認天理」的境界，此時之境界與「我立」之境界的不同處，在於作用層次上的提升，其差距在於「我立」之境界的受用，僅局限於吾人之身心的受用，僅體認到「性」之本身的至善，但是受用的範圍，必須在從吾人身心擴大到天人合一之境界。

當進入此境界，便可以將對於心之生理的體認，擴大到天理的層次，由於天理與此心之生理皆為一體，故見性的層次也從人通達於天而合一，對此境界湛若水云：

> 體認便見生生之理與天地一，不待安排也〔註14〕。

從此處所言可知，湛若水對於天理的體會，以及從「學」到「覺」的工夫歷程之運作，其要點便是先從對治的角度進入工夫的運作，接下來是在進行對於吾人此身之本性的自覺，而此本性其實就是指心之生理，也就是所謂的仁體之自覺，當有此自覺時，便是將此自覺的範圍從人擴張到天，也就是將心之生理的體會，擴大到天理的層次。

因為此「天理」與「心之生理」之本質皆具有中正之義，故皆為同一仁體的顯現，所以天理與此心生理不二，之所以會有名相上的差異，便在於作用範圍層次的不同，故才此因有所差異，但是在本質上，並沒有不同，所以當進入隨處體認天理的境界時，其實亦將一切的境界收攝於一個本體之中，而此本體便是天理，瞭解此點便可以得知其教法思路的運行。

〔註14〕 明・湛若水撰，鍾彩鈞彙編《泉翁大全集》，嘉靖十九年刻本，全 85 卷，（臺北：中央研究院漢籍電子文獻，2004 年，卷 67 頁 7。

（三）從真我而產生的主要工夫型態

縱觀以上所述，可以得知湛若水思考的出發點，是從實修的角度出發，所以特別注意對於「習心」的對治方式，對此湛若水則認為可以從古訓入手，至於古訓所提供的方法有兩種方式，第一種是利用古訓的規範，以進行對於身心的收攝，第二種則是從古訓中進行對於此心本體之自覺，當自覺那本具的生生之理時，便完成見性的工夫，也就是湛若水所言的「我立」，此為真我。

以此「真我」進行「存真破妄」的工夫，便是從「覺」入手而成就之路線，對於此等人士而言，經論與古訓只是提供一個對於本體自覺的機緣而已，所以大部份會有流於重覺不重學之情況產生，但是此種路線之工夫，確實是高明而簡易，故湛若水對於此點則亦給予肯定，但是對於此種教法所產生的缺點，也給予嚴重的批評，所以就湛若水的立場而言，則必須利用古訓的參究給予檢驗，方能確保對於此心之自覺不會流於對於習心的錯覺。

所以雖然湛若水的工夫運作中有此類之工夫，但是在實修上卻是主張從「學」入「覺」之工夫歷程是最為穩定的工夫，而此種工夫便是上述的第一種工夫型態之運作，與第二種工夫之不同處，在於此種方式是屬於以「妄」除「妄」的工夫，雖然同樣是運用古訓，但是卻是利用古訓中有限境界下進行對於習心的對治，當習心對治完畢之際，連同對於古訓中的文字之執著亦放下，而使以上兩種虛妄的境界相互對治而得以消滅，於此之際，「真我」便得以無所障礙而自在的顯現出本來面目。

即同時利用古訓進兩種修行方式，即進行對於「學」與「覺」兩種修行方式之圓修，同時進行對於「習心」之對治與對於天理的自覺，並以「學」與「覺」之教法以攝受各種根器之人士，並以古訓之參究為成聖的必要條件與充份條件，故在此點上則有別於王陽明之教法，但是卻能夠提供一套正確的對治習心的方式，也多了許多防弊方法，而此方法就在於除了與王陽明相同的「存真破妄」的本體工夫外，亦採取古訓經論進行「以妄除妄」的工夫，而此兩種類型之工夫之運作，便可以進行對於「習心」與「人欲」的雙重對治，同時亦可以進行對於本體之自覺。

所以就此點而言，若能將湛若水從「學」入「覺」的實修歷程，進行簡要的說明，吾人便可以得知一件事，那就是湛若水之工夫，之所以如此重視古訓的原因，那便是因為從學入覺的工夫歷程中，古訓可以提供兩種鑰匙，即在有限的文字義中，提供如何以有限心進行對於習心的對治，而在此古訓

背後的義理體會中，掌握那源自於本體之自我要求的力量，而此力量亦可以對治習心，所以對於習心的處理便有雙重之運作，而能完成有別於陽明心學的工夫論，而在習心之對治上，多了一層防範的工夫做為成聖的保障。

雖然湛若水對於習心的對治所考慮到的層面比王陽明詳細，但是以王陽明的立場而言，仍然是以「存眞破妄」的工夫爲究竟之工夫，只有訴諸於此心的自覺，依此自覺所產生的力量才能算是眞實不虛的工夫，當見到眞心顯現時，便能使一切的人欲與習心的境界全部自然瓦解，便可以將一切的工夫次第相全部昇華於一心之中，此時雖然有工夫運作但是卻無對於工夫次第相的執著，一切的次第融攝於一心，即本體即工夫，在一切工夫的運作中與本體不離，在對於本體之自覺中亦使此心的自我要求之力永恆運作，所以在此思路之下，自然認爲湛若水的工夫爲次級工夫，比致良知之工夫略遜一籌。

筆者以爲，王陽明之所以會如此判定的原因，便在於王陽明的工夫運作型態是以直見眞心爲主要的修行方式，屬於「存眞破妄」的工夫論，而此類工夫論者常以此法爲唯一入門的工夫，對於其它型態的工夫都給予劣義的批評，而因此而與其它型態的工夫論之討論，常流於境界上的高低之比較，而在對於習心的對治上則並不給予詳細之說明，也因此無法說服其它從對治義入手而成就的工夫論者。

至於湛若水本人亦看到此點，而進行對於王陽明工夫論之批評，而以其學覺雙運之工夫去融攝王陽明之良知學，並從對治義的角度出發，以進行與王陽明的工夫辨義，但是王陽明仍然是從本體之自覺義出發進行回應，故湛王二家常因其所見之角度不同而去批評對方工夫論在實修上的缺點，也因此常使人誤解湛若水與王陽明之工夫論上之操作有對立之情況產生。

但是在事實上，因爲一開始操作上的角度不同而引起之工夫爭議，也就是「以妄除妄」的工夫論與「存眞破妄」之工夫論的之工夫爭議，而這兩種工夫由於所證得的本體皆爲「仁體」，亦以此「仁心」爲見性之對象，故二者最終所見到的本體皆是此心之生生之理，故在本質上並不對立，只是採取的進路不同而已，至於湛若水本人的立場而言，雖然常與王陽明有工夫上的爭議，但是並不否定王陽明之工夫論，何以故？原因就在於湛若水的工夫論中，亦有同等級之工夫論，那便是「勿忘勿助」的本體工夫。

雖然有此工夫，但是在教化上的角度而言，最佳的方式便是先從古訓入手，從學入覺才能夠有一套接引各根器人士的完備工夫，所以就此點而言，

則必須先從「以妄除妄」的工夫入手，同時再進行對於「存眞破妄」之本體工夫的體證，才能夠進行「學覺雙運」而圓證圓修的工夫，方爲究竟，即使此種工夫未能完全把握，亦可以從經論入手進行「以妄除妄」的工夫，當妄心相互滅盡之際，吾人之眞心亦可以現前而成就。

　　故以湛若水的立場而言，此種工夫亦是成聖的必要條件，而王陽明卻認爲此種方式之工夫只是成聖的充份條件之一，並非是必要條件，也因爲此點見地之不同而引起了許多在工夫上的辨義問題，但是此類問題卻是常流於境界上的高低比較或是以自身之觀點爲究竟法而批評對方工夫的不究竟，王陽明常就本體的自由義與自覺義去批評湛若水，而湛若水常就對治義方面去批評王陽明工夫所可能產生的弊端，而因此爭論不休。

　　但是就問題的根本來看，其實二者的爭議的起源，便是對於本體的自覺與對於習心的對治方面，所採取的角度不同而產生的問題，就其所證的本體皆爲那心之生理的「性體」，亦是那永恆不變的天理，就此點爲二家之共法，就其爭論處而言，湛若水教導後學最常使用的工夫爲「以妄除妄」的工夫，而王陽明最常運用的方法是「存眞破妄」的工夫，此爲二家在教化上的差異處。

　　但是「存眞破妄」法的工夫，其實在湛若水的工夫論亦常提起，至於湛若水本人所採取的方式是將以上兩種類型的工夫進行圓修的方式，故就實修的立場而言，湛若水則認爲這種方式方爲究竟之方法，而有別於王陽明只使用「存眞破妄」法的工夫論，所以湛若水之工夫便是採取「學覺雙運」的方法進行操作，並認爲此種工夫之雙修圓證是最究竟的工夫，至於「學」的部份則歸屬於「以妄除妄」法的工夫系統，可對治習心。

　　另一方面，以「勿忘勿助」的心要進行對於本體之自覺，而成就其「存眞破妄」的工夫，而因此二者之圓修圓證，故湛若水在實修的立場上，便是以對於習心的「對治義」之發揮見長，而能夠避免陽明後學在實修上所可能產生的相關風險，故就此情況下所操作的工夫，湛若水則有自信能夠勝過陽明學之工夫，此點爲湛若水修行工夫歷程之特色。

第二節　湛若水對學與覺的說明

一、湛若水本體工夫中的眞與妄之見地

　　從上節所言可知，對於「習心」的對治，可以有「以妄除妄」的學之系

統，以及「存眞破妄」法的覺之系統等兩大類主要的路線，以及圓修上述二者而大成之方式，就此點而言，可以說有三種修行方式，端看根器的不同而採取不同的方式而成就，首先就湛若水的思路而言，由於亦是屬於眞心系統的設定，故在心的層次上的說明，便是以「習心」爲妄，以「天理」爲眞。

故從此角度出發，便會有「立志」、「煎銷習心」、「體認天理」等本體工夫之運行，以「天理」爲爲最高層次的大心，此爲「眞」的概念根源，其次便是將眞的層次落實於人心上的顯現，由於天理的眞實，故雖然在人身上的現受到「習心」的障礙，但是其本質上的「心之生理」卻是與「天理」本身不二，但是爲了在名稱上的溝通，故便以「性」或「心之生理」的名相來稱呼它，以表示其在人身上的特性，名相雖異，但是本質是一，故就此點來看，便可以說天理與人心之生理二者爲一，之所以會有名相上的不同，便是因爲就其運作的範圍之不同所致，而給予不同的名相。

（一）湛若水的求真之路

就天理的概念層次而言，則是指那貫通天人境界下的道德法則，至於心之生理的層次則是就人的層次是說此道德法則，亦名「性」，在境界上作用的範圍則局限於人身上說，故因此而產生兩種名相的說明，當有此點認識，便可以將「天理」「性」或是「心之生理」之概念進行層次上的區分，也就是對於眞的層次之範圍及境界大小之分別說明，此爲湛若水思想中對於「眞」的設定。

至於「妄」的設定則是屬於最下層次的境界，其本身不具眞實義，在湛若水的概念設定中則是以習心的概念來表示，雖然此心本身不具有自性義，但是卻具有能夠障礙本體的力量，常與本體的要求相違，故因此而成爲被本體對治的對象，所以能對治此習心者，則必須使用來自本體的力量方爲究竟，也才能使吾人能往成聖之路邁進。

如何運用此「眞」的力量？以湛若水的立場而言，則必須從對於天理的自覺做起，由於天理本身是廣大的本體，亦是最高層次的大心，故具有能於一切處顯，現無礙的力量，故因此而產生了「隨處體認天理」的本體工夫出現，此天理於人身的顯現便成爲了心之生理，亦名爲「性」，對於此生理能自覺而體證者，便是「聖人」，故聖人的之言行，便成爲了對於眞理追尋的對象。

最常見的線索，便是從古訓入手，此爲求眞之第一步，故湛若水相當注重古訓的教誨，並用來做爲體證自身修爲的根據，何以故？因爲古訓之中便

有聖人對於真理的體證經驗，此經驗雖然訴諸於有限的文字之中，但是卻有提供對於習心對治的具體方式，同時也提供了對於真理的自覺之路，使吾人亦可以從古訓之啓發中得到對於天理的自覺，而在不斷的體證及參究中，對於真理的體認之範圍亦不斷擴大，首先是在對於古訓的理解層次，提升到對於心之生理的體會，而完成存心養性的工夫，此心之生理的體證，便是見到了「性」，此爲吾人生生之理的本質，爲真我，故見到此點便進入「我立」之層次。

由於「真我」已立，便可以運作此心本具的自淨能力進行對於「習心」的對治，故能「不蔽於物」，接下來再進行對於天理與此心之生理的聯結與體認，使真我之心的層次擴大到天之層次，便能使真我的範圍之體證遍一切處，此時，由於天與人合一，便完成了「隨處體認天理」的工夫，此爲湛甘泉工夫論中對於「真」的體認過程，就此點而言，也可以說只要對於「真」的自覺與體證的範圍程度加深及擴大，便可以使此心對於習心對治的力量也不斷的增長，直到見到真我之境界現前，一切習心及利欲的妄心境界便會頓現其窮而自然瓦解，使吾人之身心便得以進入聖人之境界，而與天合一，此爲湛若水「存真破妄」法的特色。

上述之方法則屬於湛若水術語中「覺」的層次，屬於上層修法，而有別於前一節所說的從學入覺之方式，而能掌握此法之心要便是必須從「勿忘勿助」的工夫中下手，從對於本體之自覺做起，使吾人此心之生理的力量不斷的增長，直到與天合一之層次，此法亦利用古訓入手以啓發對於那本具的天理之自覺，並在習心的對治上，與第一節中所介紹的方式配合，以此進行「學覺雙運」之工夫，便成爲了湛若水的「學覺雙運」之道。

從「覺」的角度而言是指對於本體力量之增長，屬於對於本體能力生起的工夫，從此要求而言，是指天理的生生之力，故對於天理的體認與自覺便可以成就此生生之力，從「學」的角度而言，則主要是指對於習心的對治之力，此爲滅欲之力，但是這種力量之來源仍然是來自於本體的要求而發，故生之力與滅之力，皆是源於本體層次上的天理所自發，名相雖然不同，但是在本質上卻是同一種力量，故就此點而言「學覺不二」。

但是在對於初學層次的人士而言，「學」之層次的教法便可以成爲最容易入手的方式，而利用經論上的要求來進行對於習心之對治，雖然並非是究竟之教法，但是卻是可以使一般人藉由此種方式，進行對於習心的對治，此時

之層次是「以妄除妄」的教法，以文字表相的工夫進行對於習心之對治，當對治到一定程度時，便可以開示後學，如何進行對於本體之自覺，此層次便是「存眞破妄」的本體工夫之運作，端看根器的不同而採取不同的教化法，但是最後都將導入對於天理之體證之中，此爲湛若水工夫論之特色。

爲何湛若水要強調「學覺並重」之教法呢？原因就在湛若水正確地看出光偏重於「學」或「覺」一端，皆可能產生修行上的弊端，而引起無限之爭議，故主張「學覺並重」之教法，將二者圓修於一心之中方爲完美之教法。

（二）從勿忘勿助法而成就的學覺合一之道

當有以上的正確見地時，便可以在實修上進行正確地實踐，故對於「學」與「覺」，湛甘泉的看法如下：

> 潘子嘉問學。甘泉子曰：「在聞道。」問聞道。曰：「在立志。」問立志。曰：「必眞知而後志立。志也者，其聖學之基乎！」問道。曰：「道，天理也，心之本體也。子能知本體之自然，則知道矣。」問自然。曰：「心之本體不假人力，故知勿忘勿助之間無所用力者，斯得之矣。」問忘助。曰：「忘助皆私心也。滯於物、勝於事，皆忘也；矜持、欲速皆助也。」問勿忘勿助之間。曰：「無在不在也，中正而不息，易所謂存乎！」沈珠問：「天理何以見？」甘泉子曰：「其主一乎！天理者，吾心本體之中正也。一則存，二則亡，覺不覺而已。」施宗道問：「學當何先？」甘泉子曰：「先識仁，否則何的乎！能與我心性之圖者，其庶矣。」未達。曰：「知斯圖者，其天地萬物之同體矣。是故宇宙之內，一而已矣。夫然後能知性。」門人問：「見與體認何以別？」甘泉子曰：「見者，見此也；體認者，體認此也。必體認然後有所見，有所見然後體認益眞矣。」或慮間斷。甘泉子曰：「其覺乎！有所間者，無覺也。覺則不間矣。〔註15〕」

從上述所言可知，湛甘泉認爲聖學的基礎在於「立志」，而此「志」之所以能往正確的方向邁進的條件在於「眞知」，即對於本體價值意識的正確認識，所以爲了避免在修行上誤入岐途，不如直接從古訓入手，是最爲穩定的方法，同時也從此處進行對於道體的自覺，何謂道？以湛若水的看法而言，則是指

〔註15〕 明·湛若水撰，鍾彩鈞彙編《泉翁大全集》，嘉婧十九年刻本，全85卷，（臺北：中央研究院漢籍電子文獻，2004年，卷6頁1。

天理，此為心之本體，欲對於本體能完成正確的體證，則必須使用「勿忘勿助」的工夫。

何謂「忘」與「助」？以湛若水的立場而言，則是指「私心」，是一種與中正之心背離的境界，首先就「忘」的情況，是指此心沉迷於經驗及它律的境界中，針對此類境界，則給予「物」的定義，而此類人士由於沉醉於欲念的境界中，故會在現象界的事物中產生與人爭勝的心，而忘失了此心中正的本質，故名「忘」。

至於第二種情況，是指「助」，與前者的不同處，在於走向了另一種極端，而產生一種急欲體證本體的心態，而此種心態與前者的不同處在於此種心態的貪執是在於對於本體與工夫，所以此類人士會進行猛烈的修行，以進行對於習心的破除由於過分追求速效，所以反而產生了另一種私心的境界現前，針對此類習心故名之為「助」。

湛若水之所以會以「勿忘勿助」做為其本體工夫的操作心法，便是在於體證到心之生理的本來面目與上述二者的境界是相反的情況，沉醉於「忘」者，常流於不做工夫的放縱心態，而此種情況最常見於陽明後學之末流，即主張良知本體現成而不須修行即能成就的心態，故常流於追求本體之自覺義與自由義，而流於不做工夫的情況，甚至視對於習心之對治的工夫為不了義之教法，或是給予揚棄的態度，此種心態會產生有理欲不分或是放縱身心的情況出現，反而使工夫的運作失去了「對治義」。

故甘泉對於此種心態給予批評，能對治之法門為何？即以「勿忘」法進行調整，也就是在追求對於本體的自覺與自由的境界時，切勿忘失了對於本體自淨能力的把持，如果違背此點，將流於「有悟無修」或是「理欲不分」而同流的情況，此種情況亦是屬於一種私心，而與真我背離，故甘泉認為這種無法兼顧對於習心的對治義的工夫是有問題的，必須以「勿忘」法進行調整，才能避免行者誤入歧途。

至於「助」的心態是屬於另一種心態，即沉醉於修的心態，上述的情況相反，此類行者，通常注重對於習心的對治之法，雖然勤苦的修行，但是由於沒有把握到那源自於心之本體的生生之力，所以雖然能收攝身心而有一定程度的境界，但是由於過份追求速效之法，反而與天理本體的自覺義與自由義背離，也就是說過份強調對於習心的對治義之發揮，反而使此心對於天理的自覺不明，而不知一切的工夫皆由本體所生，若忘失了對於本體的自覺義

與自由義，並非是由外在的境界所成就，而是在此天理之中，就能夠具備自我對治的自淨能力，故對於此點之忘失而產生迷執的論者，湛若水則以「勿助」法給予指點。

從上述可知，「忘」與「助」皆是屬於在工夫的運作所必須避免的兩種極端，因為這兩種心態的本質與本體工夫的真實義背離，所以若就「存真破妄」的立場來看，最理想的工夫運作型態應該是以本體與工夫的不離為主，而工夫的根源必須訴諸於本體而發，在體的層次無工夫相，在用的層次顯現一切相，此為最佳情況，也就是與中正之心相應的情形。

而「勿忘勿助」的工夫便是強調這一點而進行對於天理的自覺，所以在回答後學時，便是以此回應如何存心的問題，此心即中正之心，也就是永恆運作而常在的「性」，為真我的本質，其本身中正而不息，當使此心進入中正情況時，便可以在心的中正處，進行對於那人人本具的天理之體會，故甘泉在回答後學沈珠時，便開始回答如何見到天理的問題，甘泉的回應方式便是從不分別說的方法進行回應，以「主一」的概念回應，此一就是天理，也就是貫徹天人境界的最高本體。

在此心與天合一時方能見得其全貌，此時所自我體證到的真相，便是那人人本具的「生生之理」與「天理」的不二，此時的真我由於與天不二，而「我立」的層次亦擴大到天人合一之層次來說，此時的境界，只能用總攝法的工夫心要來說明之，此時的中正之心亦可以稱為「大心」，從小我的層次擴大到大我的層次，不論是小我或是大我，其本質皆為一體，故就此點而言「一」之宗旨。

瞭解此點便可以見得天理，若忘失此要點之見地，便會在實修上沉淪於二分之境，而受困於有限的經驗及它律的境界之中而無法脫離，故「存心養性」的宗旨亦是從「一」來看，而表示「覺」的境界，是無一切相的差別，此刻的當下，只是天理的自覺而已，若流於二之層次，便是不覺，也就是沉淪於利欲之境的開始，故一與二的層次之差距便在於此，「一」代表「真」的層次，也就是本體界之覺，至於「二」則代表著「妄」的層次，即代表著不覺的境界。

二、勿忘勿助法與「存真」及「破妄」的關係

在說明上述的特點後，皆下來甘泉便從「存真破妄」的角度進行對於工

夫的說明，進而回答對於「學」的問題，此時的「學」其實與「覺」是同義語，何以故？因爲此時是就一切工夫的起源處去說明工夫運作的問題，從存眞破妄法的角度觀之，所謂的「二」，其本質是一種利害的計較與欲望的境界，其本質是一種虛妄的境界，是源自於本體分別的第一念，故層次在中正之心之下，是屬於習心的層次，是相對於眞心的另一種情況。

此「習心」其實是因爲與本體的對立之後，才能產生一切虛妄的諸法，如果能在最初的這一念進行無分別狀態的自覺，便可以使吾人在當下進入與本體相應的境界而不使一切的「習心」生起，由究竟義的眞我進行對於一切妄心的對治與對於天理之自覺，便可以使本體的自我淨化欲念的力量不斷的增長，以此處下手，便可以掌握湛若水教法的本質，就是以運作本體的自淨能力來進行對於「習心」的對治，在本體之用上顯現對治力，在體上顯現自覺力，以此進行體用不二而合一之工夫操作，便可以成就「存眞破妄」法的本體工夫，是湛若水工夫中的上層心法。

此種工夫是從對於本體自覺路線入手，至於此種工夫應該從何處入手？湛若水的看法是先從對於「仁心」的體會做起，故甘泉強調「識仁」，從對於仁心的體認下手，把握最初的眞，再以此「仁心」進行「存心養性」的工夫，當對於仁的自覺的程度加深之際，便可以開始進行對於此心的熟習，將「仁心」的體證的範圍擴大到吾人之身心，此時便會發覺到一件事，原來此「仁心」的本質就是那用恆運作的「生生之理」，而此生生之理於吾心的顯現，便就是「心之生理」，亦名爲「性」，當觸物而發時，便稱爲「情」，而此情發而中正時，便是中正之情。

之後在將自覺與體證的範圍，從「人」的範圍，再進一步擴大到「天」的層次，便可以成就其隨處體認天理的工夫與境界，此時的「學」其實就是學習如何把握本體的自淨能力以進行工夫的實踐，至於「覺」其實就是運作此心的自覺力量，將作用的範圍從不覺的利欲境界的消解，進行對於眞我的自覺，在從小我的層次提升到天理的層次，即本體自覺範圍的擴大到天人合一之境界，此爲湛若水教法中從「覺」的層次進行對於「學」的說明，此時的「學」是爲了如何啓發對於本體的自覺而設立，若就此點而言，則與王陽明的教法無多大差異，皆是屬於發揮本體自我要求能力的工夫論，而湛若水於此境界的教法亦可以得到如陽明心學行者一般之受用。

以上是「存眞破妄」的角度，進行對於湛若水工夫論的解釋，從「存眞」

的角度入手的工夫，則必須是將一切的「學」做為是一種對於本體自覺的手段，將一切的「學」融入於「覺」之中，而談論其「學覺不二」的宗旨，因為一切的「學」的目的都是為了求「真」，所以在這種思路下，自然是從「真」為焦點進行對於本體自覺義的說明，而此時的「學」便視同為對於「覺」的說明，而此時的「覺」便常用境界語去形容，將一切的工夫都總攝為一句簡易之教法，而湛若水最常使用「勿忘勿助」的術語總攝其教法的精華，對此則云：

> 全放下，即勿忘勿助，如此天理便見故〔註16〕！

以上說明工夫成就的要點，在於放下對於利欲境界的執著，便可以使吾人得見天理，反之則會有如下的情形，湛若水云：

> 或助或忘，則邪念生矣〔註17〕。

上述所說的情況是就「迷」的情況下說，主要是指與本心背離的情形，而能針對此點進行對治的工夫，即「勿忘勿助」，也就是仍然是以本體為主進行對於習心之對治，故對此工夫之要點表示如下：

> 勿忘勿助，便是主一，便是無私毫人力，便是自然，乃敬也〔註18〕！

亦云：

> 夫一者，天理也，敬者，勿忘勿助，以體認天理〔註19〕。

從上述所言可知，就對於本體的自覺而言，則只有一個工夫，那就是屬於總攝法層次的本體工夫，而對於此工夫的形容，大多不離開本體而言之，由於是總攝一切教法的工夫，故自然不離開發揮此本體的力量而去討論，故湛若水才會有主一、敬、勿忘勿助、等三種術語視為一體的說明出現，亦強調對於本體價值意識的遵守，方能成就此本體工夫，故對於「勿忘勿助」的解釋，也是針對此點而討論，對於「忘」與「助」的說明，則如下所示：

> 或忘之非本體也，或助之非自然也〔註20〕！

亦云：

〔註16〕 明・湛若水撰，《四庫全書存目叢書集部第56冊:湛甘泉先生文集》，〈台南：莊嚴文化事業有限公司，1999清康熙二十年黃刊刻本〉，卷7頁580。
〔註17〕 同前註，卷12頁56。
〔註18〕 同前註，卷20頁71。
〔註19〕 同前註，卷19頁44。
〔註20〕 同前註，卷17頁707。

　　　忘助便是壞性之端，勿忘勿助，便是定性之要〔註21〕。

從以上的看法可知，所謂的「忘」與「助」之概念，在湛若水的看法中，是指與本體背離的心態，也就是此心與中正的主旨相違之情形，對於「忘」的說明，則主要是針對過份追求本體自覺義與自由義的論者而言，由於此類論者常強調本體的現成面與具足面，故就本體層次而言，則無工夫之次第相可言，故在此思路下便容易失去了對於「習心」的對治工夫之把持，反而會流於理欲不分之情況。

　　在事實上，此類行者空有對於本體的自信，但是在實修上由於過份追求「自由義」的顯現，所以對於約束身心的工夫常給予不了義之評價，而在實修上便會產生對於工夫的輕視，再加上本身沉醉於自由義的發揮，便可能在此心態下產生對於本體的錯覺，卻以為自身已經掌握究竟義的工夫，針對此類行者之缺失，便給與「忘」的概念形容，主要便是指此類行者在實修上已經忘卻了對於那本具的生生之理的把握，所以便以「勿忘」進行指點。

　　至於「助」，則是指對於習心之對治而用功過猛的行者而言，由於此類行者深知習心的障礙，故急於下手對治，以求得與本體之心相應，但是在事實上缺忽略了一件事，一切對治習心的工夫源頭是來自於本體，所以能夠解決習心的關鍵也在於本體，若為了對治習心而於本體之外另尋對治的工夫，便會訴諸於「外」，而與本體自我要求之宗旨背離，此種情況便是「助」。

　　以湛若水的立場而言，一套本體工夫最理想的情況是以本體為宗，順著本體的自我要求行事，進而發揮本體的自淨能力行事，便可以成就那「自然」的工夫，所謂的「自然」便是指那完全訴諸於本體而流露的工夫，也就是發揮本體活動義的工夫，所以若欲成就此工夫，則必須給予「勿助」的指點，也因而使「勿忘勿助」法成為本體工夫之實修心要，此法的要點就在於覺的情況下發揮本體的存有義及活動義，此二者若能合一便可以見到那本具的生生之理，也就是所謂的「性」體。

　　對於「性」的定義，湛若水則表示如下：

　　　聖人言性，乃心之生理，故性之為字，從心所生〔註22〕。

對於心之生理的定義則如下：

〔註21〕明・湛若水撰，《四庫全書存目叢書集部第56冊:湛甘泉先生文集》，〈台南：莊嚴文化事業有限公司，1999清康熙二十年黃刊刻本〉，卷9頁616。
〔註22〕同前註，卷13頁652。

天理只是心之生理〔註23〕。

從以上的定義可知，「天理」與心之生理和「性」，在本質上爲同一物，只是因爲在作用範圍的不同下而給予不一樣的名相，而此三者皆爲一理的顯現，也代表著本體的運作範圍，所以若就從對於本體自覺而成就的方向而言，則必須強調從體起用的工夫，也因此會將一切的工夫次第相進行解消而融合爲一的說明，原因就在於要把握最爲究竟的「眞」，以進行對於「妄」的破除。

所以就此觀點而言，便會將一切的「學」視同爲對於「覺」的啓發之助緣，而對於本體之自覺，便可以從對於「眞」的體會做起，以湛若水的術語而言，其本體運作概念範圍最大者，便是「天理」，其次是「心之生理」，這是從「覺」的角度入手而成就的工夫，首先是從天理之自覺而成就的心要提點如下：

體認天理則眞主常在，而賊自退聽〔註24〕！

這是從最大範圍的定義下手，以進行對於其工夫論的總結，其主要意思是指對於本體自覺的力量若能擴大到天人合一之層次，則由於對於本體的自覺與對於本體的自淨能力發揮到最大極緻，在此情況下，習心的力量將永遠無法障礙，此爲最上層次的工夫，其次便是針對同一種工夫落實於物上說，其作用的範圍便是就人身上而討論，所以在此情況下進行對於此心之體會，便是以「勿忘勿助」之心要提點，如下所示：

勿忘勿助之間，與物同體之理見矣，至虛至實，須自見得〔註25〕。

這是就於吾人之身心所顯現的生生之理，其本質爲何？甘泉云：

在心爲仁，天理之全體也，在事爲義，天理之大用也〔註26〕。

從上述所言可知，這與物同體之理，便是天理，於人心上的顯現，便是「仁」，而此仁心的作用卻與天理不二，可以通達天人而無礙的顯現，也代著此心中正的本質，所以仁體的地位與天理相同，對於「仁」的定義，湛若水表示：

仁也者，天地萬物一體者也〔註27〕！

亦云：

〔註23〕 明·湛若水撰，《四庫全書存目叢書集部第 56 冊：湛甘泉先生文集》，〈台南：莊嚴文化事業有限公司，1999 清康熙二十年黃刊刻本〉，卷 11 頁 639。
〔註24〕 同前註，卷 8 頁 604。
〔註25〕 同前註，卷 8 頁 608。
〔註26〕 同前註，卷 20 頁 61。
〔註27〕 同前註，卷 3 頁 536。

隨處體認天理，即孔子求仁〔註28〕。

從此言可知，湛若水隨處體認天理的工夫其實就是對於「仁體」的自覺工夫，亦可以視爲是天理的別名，對此天理的體會，可以從對於「仁體」的體會中證得，不論於天或是人，皆是一理的顯現，而此眞理於一切處皆能不斷的運作而無礙，故對於使用「存眞破妄」法的行者而言，其工夫下手的方向便注重於對於「眞」的體證，其次才是對於「妄」的破除，只要能見到「眞」，所謂的「妄」便無法生起，如何見到眞實的本體呢？湛若水云：

虛靈以察道之體，應變以幾道之用，兼虛靈應變而神之，天理得矣〔註29〕！

以上所說的方式是運用此心的虛靈面以進行對於本體的覺察，進行對於那本具的生生之理的探究，也就是從本體的存有義及活動義之用，進行對於天理的體會，至於這個能體會天理的「心」又是如何定義呢？將於下一部份進行說明

三、圓具自覺義、自由義、與對治義於一身的眞心

（一）湛若水的悟境

湛甘泉從自身的體證，而表示其對於心的理解如下：

夫心也者，至虛靈應變而已者也〔註30〕。

亦云：

知覺者，心之體也，思慮者，心之用也〔註31〕。

從此處的定義可知，此心具有對於本體進行知覺與思慮的力量，其對象自然是那本具的生生之理，以此爲眞實之體，在吾人身心中永恆運作而不息，也代表著天理於人心的顯現，所以對於此天理的自覺，可以從吾人之身心中體證，有此此證便是見性，對於此點，湛若水則表示如下：

人心之虛也，生意存焉，生仁也〔註32〕！

此處的「虛」便是指那無欲的眞實之體，在此本體之中，只是仁體的生生不

〔註28〕 明・湛若水撰，《四庫全書存目叢書集部第56冊:湛甘泉先生文集》，〈台南：莊嚴文化事業有限公司，1999清康熙二十年黃刊刻本〉，卷7頁578。
〔註29〕 同前註，卷17頁723。
〔註30〕 同前註，卷17頁718。
〔註31〕 同前註，卷1頁523。
〔註32〕 同前註，卷2頁530。

息，若能對此仁體之生理有體會者，便可以見到所謂的「性」體，故「虛」
的概念除了代表無欲而自在的境界，亦代表著性體的本質，故因此而導出對
於「虛」的概念之定義如下：

> 虛也者，性之本體也〔註33〕。

這是就無欲的一面去進行對於「性體」的境界之形容語，至於對於「性」的
概念則定義如下：

> 性也者，知覺之本體〔註34〕。

從上述的看法可知，性的概念之界定，就無欲的一面去形容它可以用「虛」
來表示，同時也代表著心之生理，而對於此心之生理的本質之定義，則是以
那本具的仁心來表示，而此仁心既然是性體的核心義，故就此定義而言的知
覺之本體，就不可能是聞見之知層次的理解，而是對於此體之全貌的體證，
故此而言，此心與此理不二，皆是那本具的生生之理，是湛若水所體證到的
真理。

　　此真理於天便稱為「天理」，於吾人身心的顯現，便是心之生理，亦代表
著人之本質，故就本質處而言可以稱為「性」，當觸物而發時，便成為了「中
正之情」，所以無處不是此「生生之理」的顯現，所以對於真理的體會也可以
從一切處入手，而完成對於此心之自覺，所以湛若水才會對於自己工夫論的
總結，便是以一句「隨處體認天理」的教法來表示，便是指這遍及一切處而
無所不在的「生生之理」，以此為其立教之大本，以進行對於本體之自覺工夫，
便可以成就湛若水工夫論中的「覺」之工夫，故從「覺」入手而成就的工夫
便會有以下之看法出現，對此則云：

> 是故大本立而問學，則學有本，大本立而不問學，則不足以精義而
>
> 入神〔註35〕。

此處所言的大本便是對於心之生理的體證與自覺，當有此自覺之境界，便可
以在問學之中，有所依據，也就是對於「真」的把握，如此方能於「學」之
中進行對於本體自覺力量的增長，以此入手進行自覺的工夫，便自然可以使
「習心」的力量無法生起，反之，若沉醉於對於本體證悟的喜樂中，認為此

〔註33〕 明・湛若水撰，《四庫全書存目叢書集部第56冊:湛甘泉先生文集》，〈台南：
　　　　莊嚴文化事業有限公司，1999清康熙二十年黃刊刻本〉，卷3頁538。
〔註34〕 同前註，卷3頁538。
〔註35〕 同前註，卷1頁525。

體本身已經現成而不須問學，便會是本身的自覺境界無法增長，甚至有退轉的風險，若有這種心態產生，而流於重「覺」不重「學」情況，便無法進入對於本體究竟體證的境界，此為甘泉所擔心之處。

從以上的論點可以看出一件事，那就是湛若水認為不論是「天理」或是「心之生理」，在本質上皆是同一本體，但是在實修上而言，天理層次的覺悟境界卻是遠大於對於心之生理體證的覺悟境界，所以就運作上的層次及範圍來看，皆是以天理為最為究竟的依據，所以雖然本質相同，但是由於所覺悟的境界的作用範圍不同，所以仍然有高下之分。

故甘泉認為必須藉由「學」以擴大吾人身心之覺境，從人身的層次擴大到天的層次，再進入天人合一之境界，方可以完成究竟之工夫，故在這種思考下，便主張大本與問學必須並進之教法，也就是雖然可以於一切處進行對於那本具的生理之自覺，但是若欲進入最高層次的悟境，則必須有賴於學覺並進之工夫，方能進行通內外而合一之悟境。

（二）從習心的對治角度下而成就的學與覺

當有以上的理解，便可以知道，若從「覺」的角度來看，一切的「學」都是為了啟發對於此心更大的自覺而安立，在此種觀點下，便會對於「學」有如下之界定：

> 學者養心也，去其害心者爾，而生理不可息也〔註36〕！

從此處可知，「學」的目的在於去除習心障礙而完成對於生理的自覺，所以就此點要求來看，則是以不可以障礙對於本體自覺為其最低標準，這是「破妄」的角度說，其次便是要求對於有助於此心之自覺，是就「存真」的角度而言，對此湛若水則表示如下：

> 學其覺也，覺其心之神明也〔註37〕。

這是就對於本體之自覺而說明「學」的目的是為了成就「覺」，由於每個人的覺悟境界不同，故因此對於那本具的生理的體會層次也因此而不同，也就是對於「真」的體會不同，對於一般人而言，天理的層次廣大而難以直接體證，故便會從此心之生理入手進行體會，所以這是「存真破妄」法的第二中路線，可以使用「勿忘勿助」的方式進行對於此心之自覺，但是使用這種方法仍然

〔註36〕　明・湛若水撰，《四庫全書存目叢書集部第 56 冊:湛甘泉先生文集》，〈台南：莊嚴文化事業有限公司，1999 清康熙二十年黃刊刻本〉，卷 7 頁 527。

〔註37〕　同前註，卷 3 頁 536。

必須要有一套客觀的標準進行檢視，故必須以古訓做爲對於此心證悟的判斷標準，也就是對於吾人所證得的心體進行正確的檢視，故基於此點，湛若水則云：

> 學於古訓，古訓豈可不學，但古人學與今人別，學者，覺也，古訓者，聖人之心也，學之所以覺，我之心也，即聖人之心，學了便不須留心〔註38〕。

從此處所言可知，以湛若水的立場而言，雖然對於本體的自覺方式是以「勿忘勿助」的工夫以進行對於本體之自覺，是在實修上的最佳狀態，但是對於一般行者而言，要當下直入對於天理本體之自覺，是有許多障礙必須要解決的，也就是所謂的「習心」的對治問題，所以雖然在工夫的指點上常用「主一」、「勿忘勿助」、「全放下」等指點語進行對於工夫心要的說明。

但是在事實上，仍然是以「學覺並重」爲其主要的修行方法，原因便在於一般人對於本體自覺能力的掌握並不如聖人一般完備，所以雖然知道工夫的心要是源自於吾心之中，但是對於此心之把握，卻可能因爲自身的悟境的層次不如聖人一般高明廣大，所以在未達到聖人的境界時，仍然是依據經典的教誨，進行對於身心的檢驗，較爲安全無誤。

所以根據上述所言可知，一切的「學」都是爲了啓發對於本體之自覺而存在，所以對於此類行者而言，「學」的目的就是爲了啓發更高層次的「覺」而成立，就此點思路下，可知湛若水雖然承認人人皆具有對於本體自覺的力量，但是這種力量的發揮卻未必皆如聖人一般完備，也因此若爲了啓發對於更高層次的「覺」，則必須有賴於聖人的教誨，也因此而使「學」的工夫能得以安立。

所謂的「學」便是使人之身心提升到更高層次的「覺」之方便法，至於最高層次的「覺」者，除了聖人之外，別無它者，而所覺證的最高本體，便是「天理」，如何正確的體認此天理，便是從能掌握此本體究竟義的聖人教典中入手，也就是從古訓入手，因爲古訓的義理，是包含著聖人對於天理的體會在其中，所以對於古訓的參究，亦可有助於吾人對於心之生理的體證。

並且可以利用古訓的體會，使此心自覺的範圍擴大，從落實於人身上的生生之理之自覺，提昇到對於天理之體會，也就是將此心生生之理的運作範

〔註38〕 明・湛若水撰，《四庫全書存目叢書集部第 56 冊:湛甘泉先生文集》，〈台南：莊嚴文化事業有限公司，1999 清康熙二十年黃刊刻本〉，卷 8 頁 605。

圍擴大到天人合一之層次，當進入聖人的境界時，便會將之前一切的所學全部放下，而使此心與天理的本體相應，此時便可以進入所謂的「學覺不二」之境界，因為之前一切的「學」都融攝於對於天理的自覺中，而吾心之覺境既然已經提升，便可以將之前一切的所學全部放下，全部變成對於天理本體的自覺，當能進行對此最高本體的自覺時，也就不需要依賴古訓了，反之，當尚未進入此境界時，便必須依據古訓進行對於本體之自覺工夫，方能在實修上免於理欲不分的缺點。

而在上述的看法便會認為一切的經典皆是為了警發吾心之自覺而安立的法門，所以便會有如下之觀點：

> 夫經者，徑也，所由以入聖人之逕也，或曰：「警也，以警覺乎我也〔註39〕」！

這是強調若欲成聖，則必須從經典進行對於聖人之心的體會，當吾人之身心尚未進入到聖人的境界時，雖然有對於此心之自覺力量，但是由於習心的障礙，所以雖然與聖人皆同具此心，但是由於對於此本體自覺力量的大小及運作範圍的領域皆有一定程度的差距，所以仍然以經典的教誨做為求真的參考，以進行對於究竟的真實本體之覺證。

所以對於一般人而言，若欲對於本體自淨能力發揮大最大極限，就必須從經典的教誨入手，以開發對於吾心之自覺，由於此點原因，故自然不能認同有覺而無學的工夫論，故對於此類行者，便有如下之批評：

> 以其無學問之功，而不知其所謂正者，乃邪而不自知也〔註40〕！

由於以上論者於實修上缺客觀之依據，故其對於本體的自覺常流於錯覺，反而使自身有流於邪之風險，而此類行者之工夫便是因為缺少學問之功的情況下所可能產生的弊端，故湛若水給予批評。

此外，便是針對王陽明的良知學行者進行批評，雖然此類行者強調本體與工夫不離之宗旨，也正確的把握到工夫的起源是來自於本體所自發的力量，所以這種工夫論便常從究竟義入手，而喜歡強調對於本體之自覺義與自由義的發揮，所以常強調若能夠掌握那究義而本具的心體，便可以將此心的自淨能力發揮到最大，而完成工夫之實踐，故此類工夫相當重視對於此心的高度自覺，故強調徒守其心之教法究竟了義之道。

〔註39〕 明‧湛若水撰，《四庫全書存目叢書集部第 56 冊:湛甘泉先生文集》，〈台南：莊嚴文化事業有限公司，1999 清康熙二十年黃刊刻本〉，卷 18 頁 575。

〔註40〕 同前註，卷 7 頁 571。

對於此種觀點，湛若水亦給予批評之態度，何以故？因為人人雖然皆具對於本體的自覺之力，但是由於每個人習心的深淺不同，故對於本體自覺領域的大小及作用範圍的掌握亦不同，其所證的本質雖然是一，但是由於在作用範圍的層次及領域的不同，所以不可以一概而論，因為在事實上一般人與聖人的悟境確實是不同，所以湛若水認為本體的自我要求之力，在聖人上的作用與在一般人作用上的層次不同，所以不可以相提並論，所以若欲成就與聖人境界相同之悟境，若不經由學問之功入手，是無法無完全掌握的，故湛若水便對於陽明後學有如下之批評：

> 若徒守其心，而無學問思辨篤行之功，則恐無所警發，雖似正，實邪〔註41〕！

從此點批評可知，雖然湛若水與王陽明本人，皆有一套對於本體自我要求能力啟發之工夫，但是在對於本體之自信程度上，王陽明卻是主張對於本體之高度自覺便可以從體起用，成就自身的本體工夫，認為覺境無大小之分，因為人人皆具同一個本體，所以所擁有的自我要求能力亦同一而無別，但是湛若水雖然亦主張人人皆具天理本體，但是由於覺境在於作用層次上確實有大小之分。

所以雖然在天理的本體與心之生理在本質上可以說同一本體，但是在作用範圍層次上卻是完全不同，所以就實修的角度上而言，一般人對於本體的自我要求之力量的發揮，未必皆能完全與聖人相同，也因此而決定了聖凡之間悟境的深淺，所以為了成就與聖人相同之覺境，所以必須藉由學問之功以啟發對於此身更高層次之自覺，所以對於光是重「覺」而不重「學」之行者，便會給予一定程度之批評，因為此類行者之悟境未必能經得起古訓的考驗，反而常流於理欲不分之情況，即是對於此心之生理之體雖然會有正確的自覺，但是往往沉醉於此當下的境界，而不再追求更為廣大的境界，卻反而對於「隨處體認天理」的看法，產生了有求諸於「外」的風險之疑慮，故針對此類看法，筆者將於下一部份進行說明。

（三）在自覺義及自由義合一下所言之天理及良知

湛若水對於諸儒對於其教法之批評回應如下：

〔註41〕 明‧湛若水撰，《四庫全書存目叢書集部第 56 冊:湛甘泉先生文集》，〈台南：莊嚴文化事業有限公司，1999 清康熙二十年黃刊刻本〉，卷 7 頁 572。

　　心體其大矣，苟操存而不失其本體，擴充之術，豈外是也〔註42〕！
這是就此心的作用範圍通天人的況下而言的大心，由於此心之生理的範圍已
經藉由古訓提升到無限義的層次，所以此時的心而言，由於遍一切處皆是此
心之生理的顯現，又何來有求諸於外的問題呢？而湛甘泉亦是從此點出發以
回應相關的批評，同時亦云：

　　或疑隨處體認天理恐求之於外者，殊未見此者，蓋心與事應，然後
　　天理見焉，天理非在外也，特因事之來，故事物之來體之者，心也，
　　心得中正，則天理矣〔註43〕！

所以從以上所述可知，對於湛若水而言，最高層次的概念是天理，此爲遍及
天人而作用的道德法則本體，此本體具有最爲究竟的自淨能力，所以在覺悟
到此層次的本體時，便可以完全將本體的自我要求的力量發揮到最大極限，
而完成工夫的實踐，此爲最理想情況下的本體工夫，所以就此層次的本體工
夫而言，只有聖人能夠掌握此心法。

　　至於一般的行者，欲悟入此境界而成就的機會較低，所以此種完全訴諸
於本體的自覺之法，是可以不需要靠學而獨自成就的，此爲最上層次之教法，
此類教法只出現在湛若水對於其本體工夫的總結中，進行要點式的說明，至
於在實修上，則以當機指點語的方式出現，此點則與陽明的良知學有異曲同
工之妙，是屬於同層次的本體工夫之教法，所以湛若水亦用天理的概念以進
行對於良知學的融會，如下所示：

　　理也者，吾之良知也，學之者，所以覺其良知也〔註44〕！

從此處所言可知，湛若水認爲所謂的「良知」，其實亦是「心之生理」的別名，
而一切的「學」之目的，也是爲了成就對此本體之自覺，所以若就以究竟覺
的立場而言，良知與天理不二，皆是生生之理，皆有自覺與自我要求的能力，
所以若此心所自覺的程度已經進入究竟的層次而言，則只需要發揮本體的自
覺力量，便成究了究竟義之工夫，但是這種境界並不容易成就。

　　所以就湛若水的看法而言，則認爲只有聖人能完全掌握此法而無誤，並
不認爲人人皆能當下掌握這通天人而不二之天理，也因爲如此，對於一般人

〔註42〕　明・湛若水撰，《四庫全書存目叢書集部第 56 冊:湛甘泉先生文集》，〈台南：
　　　　　莊嚴文化事業有限公司，1999 清康熙二十年黃刊刻本〉，卷 3 頁 537。
〔註43〕　同前註，卷 7 頁 573。
〔註44〕　同前註，卷 17 頁 694。

而言，成聖之路最安全的方式則是以「學覺雙運」爲主流，故對此類上層次之教法，則是給予上根器之人士而設立的法門，故並不成爲其實修上單獨使用之教法，但是仍然承認此種工夫成就的可能性。

由於一般人士有「習心」干擾身心的問題，所以雖然對於此心之生理有所自覺，但是由於「習心」所產生的障礙不同，所以就一般人而言，常會面臨一種情況，就是本體的自淨能力與習心的障礙之力常相互制衡作用，所以常會有理欲不分的情況，對於此類人士而言，則必須以「學覺並進」的方式進行習心的對治，才能掌握此心之生理，進而通天人而不二，所以就此處而言，湛若水認爲一般對於本體的自覺的程度，並不如聖賢一般廣大。

所以對於此類人士而言，則有必須藉由古訓進行對於自覺力量的開發，所以在實修上，便可以將生生之理的體證，分爲最高層次的天理，其次是此心之性體，而此性體之中正處便是仁心，於氣的顯現便是中正之情，至於對於「良知」概念之解釋則界於「天理」與「心之生理」之間的概念，對於良知本體，則是以天理的概念去融說，此爲湛若水對於本體的自覺境界之分析。

從以上的看法可知，同樣皆是「存眞破妄」的工夫，皆是注重對於本體之自覺，但是湛若水則認爲一般人的自覺能力並不像聖人那麼強大，所以覺的境界也有大小之分，所以運用本體的自淨能力所成就的本體工夫，其成就的關鍵往往在於對於本體的自覺程度之深淺而決定，因此而使自淨能力亦因此而有大小之分。

所以在未到聖人的境界之前，其所體證的本體，皆必須以古訓做爲驗證之標準，是最安全的方式，何以故？因爲古訓的文字是訴諸於聖人的究竟體證而發，所以代表著聖人的覺悟境界，所以用古訓進行對於此心之參究及體會，是最爲適合的體驗方法，故就「存眞破妄」的目標而言，一切的「學」都是爲了引發更高的自覺領域之學，至於最高層次的自覺，就是體證那最高層次的天理。

所以就此種看法而言，便會導出一種結論，那就是若欲成就湛若水所言的本體工夫，則必須採用「學覺雙運」的教法，方能完全開發本體的力量，也因此可知，湛若水之工夫論，皆是以「學」與「覺」之並進圓修，爲其成聖的必要條件，所以就此點而言，其本體工夫之運作，則與王陽明強調當下直接與那究竟義的眞心相應的思路不同。

因爲二者對於一般人是否能直接進入究竟覺的看法，則有所不同，雖然

湛若水的本體工夫中最爲上層的教法，與王陽明的良知之教皆是同一種系統的本體工夫，但是通常這種直入究竟義的本體工夫，並非是每個人都可以當下掌握，故此類近似頓悟法的工夫，便成爲當機指點語的使用，而並不具一套完整的工夫說明，也因此在實修上雖然承認這種工夫的存在，但是在教化上，並不以此爲主流，而是以古訓做爲輔助，以促進一般學子對於此心之生理的自覺，以及對於自覺領域的擴大，從「人」的層次擴及於「天」，最後再進入通天人而不二的境界。

　　同時亦利用經論上的文字要求，以進行對於「習心」的對治，就有限心的層次進行「以妄破妄」的工夫，當「習心」被對治到一定程度時，在以「勿助」法提醒吾人，將對於工夫之執著放下，以本體之生理的力量進行對於習心的對治，而就其「自然」之工夫，在從自然之工夫中，體證本體的本來面目，從用見體，此時便再以「勿忘」法以保持對於此心之自覺而不退，最後當「勿忘勿助」的工夫發揮到極限時，便可以進入「隨處體認天理之境界」，至於湛若水本人對於自身本體工夫之說明則如下所示：

　　　後儒講爲學之工夫，皆不知此，蓋安者，自然之工夫也，止者，自

　　　然之天理也，以自然工夫，乃可合自然道理〔註45〕。

亦云：

　　　讀書要識得聖人之心〔註46〕。

從此處所言可知，湛若水對於工夫的要求在於喚醒那生生之理的自淨之力，其所言之「自然」本體便是「天理」，此本體之用便是「自然」之工夫，此時的悟境與本體不離，其作用的範圍遍及一切處，已經放下一切對於工夫的執著，由於習心已經無法障礙之本體之顯現，故成就了對於習心的對治，也因爲對於工夫的不執，而遠離了「助」的境界，而充分的發展本體的自淨能力，因此而成就了「勿助」之心要。

　　雖然有工夫之運作，但是卻無工夫次第相之執著，而純粹是本體所顯現的力量在作用，所以那遠離了人爲之刻意操作，故成就了「自然」之工夫，在用上見到自然之第一層意義，就在於「安」，之後在從本體之用中去證得本體之天理，使此心安住於這最高層次的道德法則之中，而遠離了利欲之境界，

〔註45〕　明・湛若水撰，《四庫全書存目叢書集部第56冊:湛甘泉先生文集》，〈台南：莊嚴文化事業有限公司，1999清康熙二十年黃刊刻本〉，卷14頁659。

〔註46〕　同前註，卷14頁663。

而對於此本體自覺之境界能夠不退轉，就可以進入「勿忘」的工夫之成就。

縱合以上之說明，吾人可以得知，不論是從「學」或「覺」入手，皆是以利用古訓做為成聖的參考依據，以及利用古訓進行對於身心的收攝，以此進行格物窮理以及存心立志的工夫，以湛若水的觀點而言，利用古訓進行格物窮理的工夫，則屬於「學」的路線，至於「存心立志」則是屬於「覺」的路線，所以因此可以將湛若水的工夫論分成這兩大類之系統進行解釋，便可以知道為什麼湛若水的工夫論必須強調「學覺並進」之宗旨。

首先是就「學」的系統入手之行者而言，便是先從古訓入手，以古訓的教導為「真」，以進行對於感性欲望的對治，當習心對治時，便再以「勿忘勿助」法的心要進行提點，使此類行者放下身心對於古訓的執著，並告知此類行者，此類執著的境界，其實也是另一種「妄心」的境界，若沉醉於此，則會有流於「助」的風險。

何以故？因為此心的本質為無限之智境，並非是那有限的文字所能局限，故必須以「勿助」法進行對於此種「妄心」境界的破除，所以對於這種因執著於經論之文字境界的心態，其實可以視為是一種對於「真」的執著，所以此時才需要以「勿助」法進行提點，而提昇到究竟義的「真」心層次，方能化解。

反之，若無此心法之幫助，則的確會有如王陽明所批評的情況發生，那就是有求諸於「外」的情況產生，所以運作此法之要訣，就在於利用古訓進行對於「習心」的對治，以對於於古訓的執著之心，進行「以妄除妄」的工夫，當妄心相互對治完畢之際，便是心之生理的境界得以無礙現前的一刻，所以這種修行的方式是先修「學」以完成習心之對治，再修「覺」，以「勿忘勿助」之心要以進行對於本體之自覺，將之前對於經論之執著所產生的虛妄境界除，而成就了本體之自覺義。

此時由於所重視的層次，在於對於「習心」之淨化，所以對於本體的「自由義」與「無限義」則暫時不顯，也因此而被王陽明認為是屬於較低層次的修行方法，但是對於受困於「習心」已久的人士而言，確是可以提供一套具體可行的實修方法，就此點之考慮，便可以明白，為何湛若水會將古訓，列為是成聖的必要條件，而並非只是助緣而已，也因此點而與王陽明之間的產生工夫辨義的相關問題。

原因就在於對於古訓的態度不同，而引起雙方之爭議，而吾人亦從此可

知，對於古訓的態度，便決定了湛若水與王陽明在本體工夫上的差異，原因就在於湛若水是以「學」與「覺」之並進爲成聖的必要條件也是充分之條件，而王陽明之態度是以「覺」爲主，而「學」爲輔之態度，故因此而產生了修學上的差異。

首先以王陽明的立場而言，其本體爲「良知」，其修學的工夫是以四句教爲宗，是從直現本體的自覺義做起，從內心之自省自覺下手，反對於過份的依賴外在的經論文字，所以對於湛若水的工夫之解讀，便認爲這種修法會有求諸於「外」的風險，故不以「學」爲成聖的必要條件，僅視爲是一種充分條件而已，所以在此點上便與湛甘泉產生工夫辨義的問題。

若以湛若水的立場而言，其本體之概念爲「天理」，其本體工夫爲「隨處體認天理」，在實修上則是以「勿忘勿助」法貫徹「學」與「覺」，以此進行對於「主敬」、「我立」、「不蔽於物」、「天下之理得」之本體工夫，除了強調本體的自覺義之外，亦重視學問之功之重要性，並以此爲其成聖的必要條件，同時也是充分條件，亦藉學問、思辨、篤行的方式以啓發對於天理的自覺，而以此成就其通內外而合一的工夫論，此爲湛若水與王陽明之不同處。

雖然湛若水亦承認本體是一切工夫及境界的本源，但是一般人由於受困於習心的境界，所以仍然需要學問之功的輔助，以進行對於習心的淨化，同時也可以啓發對於心之生理的自覺，並將此本體作用的領域從人擴大及天，進而通天人而不二，此爲湛若水的思路，也因此決定了工夫的出路，也因此而使湛若水與王陽明在本體工夫的操作上，產生了不同的　修行方式，但是二者皆承認一點，那就是一切的工夫皆是從本體所生之論點，此爲二者之相同處。

若從上述的論點出發，便可以得知，若「學問之功」是用來啓發對於本體之自覺，就此點而言，湛若水與土陽明的立場一致，則並沒有如王陽明所批評有流於「外」的缺點產生，而王陽明本身之教法也並無湛若水所批評一般有流於「內」的情況產生，而二家之爭議，亦可以因此而迎刃而解。

此立場是就將「學問之功」視爲「外」所可能產生的問題，不論是從湛若水或王陽明的立場來看，只是對於把握著一切的工夫皆是從本體所生之見地，便可以在實修上完成正確的本體工夫而無礙，而湛若水亦是從此處進行對於良知學的融攝，其看法如下所示：

無所安排之謂良，不由於人之謂天，故知之良者，天理也〔註47〕！

此處對於良知的解釋是從無所安排處去說明，也就是從遠離利益與欲望的境界來進行對於「良」的定義，而從此處可知，所謂的「良」亦是指那不受經驗及他律所局限的境界，此為真實的境界，可以從吾人的本性中得見，此本性為心之生理，而此生生之理之作用是就吾人之身心去談，雖然本質與天理不二，但是在作用的層次及範圍上尚局限於「人」的境界，故仍然必須擴大到天理之層次方為究竟，所以對於「天」的定義，便從不由於人說明。

在此種定義下，便可以知道，在湛若水的心中，是以「天理」為最高層次的概念，以此出發去進行對於良知本體的融攝，所以「良知」的概念尚低於「天理」，其原因就在於作用範圍層次的不同，雖然本質是一，都是那「生生之理」，但是因為作用的範圍不同，所以為了進行此點之區分，故以「天理」為心之生理的最高層次，而「良知」是屬於心之生理於人心中最高層次的究竟法，但這是就人身的層次而言，但是湛若水認為若就通天人而合一的層次而言，則是以「天理」的概念為總攝一切的最高本體最為妥當，所以在這種思路下，便會將「心之生理」的自覺等同於「良知」，而因此有以下之結論出現：

理也者，吾之良知也，學之者，所以覺其良知也〔註48〕！

在以上的看法中可知，生生之理與吾人身心中的顯現為「良知」，其本質與天理為同一本體，但是就作用的層級上而言，天理是貫通天人而不二的究竟法，如大海一般，可以總攝一切諸法，但是與一切真實之法不離，而良知是就人身心的作用層次而言的真實之法，如百川一般，雖然與大海不離，但是作用的層次畢竟與大海不同，所以在這種思路之下，便會以天理為最高概念，去進行對於良知學的統攝，此為湛甘泉對於良知概念之界定，以此進行對於良知學的融會，故就修學的標準來看，便自然是以天理為最理想的境界，而此境界只有聖人能夠完美把握，故對於「學」與「覺」的態度而言，則以證得聖人之心為主，故湛甘泉云：

讀書要識得聖人之心〔註49〕！

〔註47〕 明·湛若水撰，《四庫全書存目叢書集部第 56 冊：湛甘泉先生文集》，〈台南：莊嚴文化事業有限公司，1999 清康熙二十年黃刊刻本〉，卷 17 頁 705。

〔註48〕 同前註，卷 17 頁 694。

〔註49〕 同前註，卷 14 頁 659。

如何把握此聖人之心呢？湛若水云：

> 中正之規，天理自然之體，不離乎勿忘勿助之間，握其幾者誰乎？
>
> 心也〔註50〕！

從此處可知，湛若水雖然與陽明皆承認那最初的無欲真心本身，具有自我要求的能力，但是對於受困於習心已久的人士而言，對於本體的把握並不完全，所以所發揮的自覺能力並不如聖人一般強大，所以就此而言，則與陽明有所差距，也因此見地而決定了湛甘泉工夫論的出路，便是必須以「學覺並進」的方式來成就，原因就在於對於那本體的自信程度不同，因為能夠把握本體全貌的成就者，在湛若水的心中，則只有聖人可以達到這個境界。

　　所以就一般人的程度而言，則尚未到此境界，就使用聖人層次的修行方法，則會有流於「理欲不分」的風險，但是湛若水仍然保留此層面之修行工夫，故當形容此類工夫時，便是以總攝心法的方式進行說明，如「全放下」、「勿忘勿助」、「主一」、「敬」等概念來說明，不過這種說明皆是以當機指點語的形式出現，所以不一定適合每個人使用，所以對此層次的工夫之形容，常是針對上根器的人士說明，或是與王陽明進行境界上的比較時使用，從廣義的層次去說本質的天理只有一個，而總攝的心法亦只有一個，也就是「隨處體認天理」一個教法，但是這是就究竟義的最高本體而言的廣義說法。

四、湛若水在實修上的指點

　　至於在實修上，由於湛若水認為在習心障礙的情況下，由於本體的自淨功能與習心的染汙力量常混雜在一起於吾人身心上作用，所以在此情況下，由於一般人的自我要求能力並不夠強大，所以對於本體自覺的把握亦不同，而因此使「覺」的境界便有大小之分，也因此在未達到聖人境界時，所體證及自覺的一切境界，皆必須以古訓做為檢驗吾人身心之客觀標準，為什麼？因為古訓的文字是從聖人的究竟體證而發，所以代表著究竟覺的境界，故從此處進行對於吾人身心的檢視，是最為恰當的方法，也因此而使一切的「學」都是為了引發更大領域的自覺，而逐步提升，最為究竟者，便是天理的本體。

　　所以湛若水本體工夫，相當注重利用古訓以進行「覺」之層次的提昇，即對於那真實本體作用範圍的提高，以此開發「存真」之本體，並利用古訓

〔註50〕　明‧湛若水撰，《四庫全書存目叢書集部第 56 冊:湛甘泉先生文集》，〈台南：莊嚴文化事業有限公司，1999 清康熙二十年黃刊刻本〉，卷 17 頁 723。

訴諸於文字的要求，以進行「習心」的對治，於理欲混雜的情況中，進行以「妄」破「妄」的工夫，第一個「妄」是指對於工夫的執著之心，雖然不究竟，但是卻可以有助於提升自己而進行對於欲念的收攝，當然，此種工夫所產生的「妄」會有流於「助」的情況產生，所以當習心對治到一定程度時，便需要用「勿助」法進行對此境界的昇華。

至於第二個「妄」的概念，則是指「習心」等感性層次的欲念，其本身是被對治的對象，亦可以使用心之生理的力量去對治它，若使用此層次的力量，便是使用「存真」之法以破除妄心之境界，此真心為何物？即是那本具的生生之理，利用此本具的力量進行對治的工夫就是本體工夫之上層次修行方法，王陽明較常用此法進行工夫的實踐，較偏重於「覺」。

（一）弘儒反佛之立場

湛甘泉本人則是採取「學覺並進」的方式，故因此而產生湛王二家工夫之小異處，原因就在於湛若水是利用古訓同時進行「存真破妄」法及「以妄破妄」法的工夫，而不同於王陽明只以「存真破妄」法為唯一的修證方式，但是湛若水認為，二家所證之本體，皆不離開天理概念的範圍，皆被天理所融會於一體之中，所以湛若水認為天理的概念可以如大海一般融攝百川之教法，即使是良知亦不例外，因為天理是最大範圍的心，亦名「大心」，而在道德實踐中最重要的地方便在於對於此心之中正義的發揮，對於此心之中正，於吾人身的層次來看，便是從此心之生理的體會做起，在這生生之理的力量中，最重要的概念便是「寂」與「感」，對於此點，湛若水表示其意見如下：

> 本體者，其寂然者也，應用者，乃其感通者也，寂有感，感有寂，
> 安得就其一路，而遂各執以為言，豈通論也〔註51〕！

此為中正義的核心概念，就此本體的恆常義而言「寂」，代表其永恆存有而活動的情況，就此本體的活動義而言「感」，由於此本體的本身具有恆常義與活動義，所以方能稱為本體，所以對於此心之生理的體會，便成為了對於本體自覺的起點，也成為了儒佛之間對於「性」的概念之不同解釋，也就是心之生理下的「寂感」之義與空性之理的「寂滅」義之差距。

由於儒學是以「入世法」為主要的真心之所在處，而佛教則是以「出世法」為主要的體證處，所以因此而產生對於究竟真理之定義的不同，以湛若

〔註51〕 明‧湛若水撰，《四庫全書存目叢書集部第 56 冊:湛甘泉先生文集》，〈台南：莊嚴文化事業有限公司，1999 清康熙二十年黃刊刻本〉，卷 11 頁 651。

水的看法而言，佛教的空性見的看法，容易造成對於心之生理的滅絕之看法出現，而這種看法容易導致視生生之理爲世間法之貶抑，會有滅絕人倫的風險，故因此而反對佛教，對此，湛若水則說明如下：

> 釋氏以此生理爲障，是以滅絕倫理，去聖人之道遠矣〔註52〕！

以上是湛若水對於佛教之批評，至於對於儒學本體之生理，湛若水云：

> 聖人言性，乃心之生理，故爲性字，從心所生〔註53〕！

亦云：

> 天理只是心之生理〔註54〕。

從以上的說明可知，湛若水認爲天理與心之生理爲同一物，所以不論是「天理」或是「心之生理」，皆是湛若水所體會與自覺的對象，也是眞心體證的起點與終點，所以一切的工夫皆是從此本體所生，而此本體之體證的標準是以寂感之生理爲宗，而天理與心之生理的差異，就在於作用的範圍層次，是以天理爲最爲廣大之本體，其作用的範圍包含了「虛」、「實」、「寂」、「感」、「中」、「正」、「靈」、「明」等八大境界，在本質上以「仁」爲中正之核心義，所以其作用的範圍是最爲廣大之本體，其本質亦與吾心不離，所以就天理的層次而言，亦可以別名「大心」，而以上的境界便成爲了對於本體自覺的之入手處，能體證以上之境界，便可以見到天理的本體。

對於此天理的運作範圍之界定，首先是就此心的「虛」與「靈」進行定義，如下所示：

> 人心蔽於物，非無虛與靈〔註55〕。

此處所言的「物」，主要是指利害與欲念的境界，此種境界是與本體相違的境界雖然於吾人身心顯現，但是由於其本身無自性義，所以可以對治，至於對治力量的起源之依據，便是來自那天理本體的「虛」與「靈」，以形容本體的自然無欲的對治力，「虛」是就無欲及無礙面來形容天理的本身，至於「靈」則是就本體作用之神妙一面而言，主要是指本體的自我要求能力，就此一面而稱爲「神」，對此湛若水亦云：

> 虛者，心之所以生也，靈者，心之所以神也〔註56〕！

〔註52〕 明・湛若水撰，《四庫全書存目叢書集部第56冊:湛甘泉先生文集》，〈台南：莊嚴文化事業有限公司，1999清康熙二十年黃刊刻本〉，卷13頁652。

〔註53〕 同前註，卷13頁639。

〔註54〕 同前註，卷13頁652。

〔註55〕 黃宗羲，《明儒學案》，(北京：中華書局，2008年)，上冊，頁876。

以上是就本體運作中的無礙面去形容，由於此本體無礙的運作，所以自我要求的能力亦因此而不斷的生起，而此生生不息的天理，雖然無形無相，卻是吾人的身心中不斷的運行，故爲眞實而具自性之創生義，決非是緣生而如幻的假相，故湛若水便從此點理解中，以「虛」與「實」的概念去進行對於儒佛「不共法」之說明，如下所示：

> 虛實同體也，佛氏歧而二之，已不識性，且求去根塵，非得眞虛也〔註57〕！

以上是就「虛」與「實」的一面去進行對於此心之生理的界定，由於心之生理的本身與天理不離，所以對於天理概念爲眞之事物，對於心之生理來說亦同樣是眞，「虛」爲此生生作用的無礙面與無欲面，至於實則是指此生生之理的眞實義，是不容抹殺的眞實本體，故就此處而言吾人之「性」的概念之本身，決非是緣生而如幻的空性之體，而是具「自性義」的眞實本體。

所以佛教在此由於對於本體的無自性義的解釋，便已經與儒學對於「性」概念之界定相違，所以在對於「眞」的界定之出發點上，已經不同，故湛若水認爲佛家並不識所謂的眞實之「性」，由於佛家過份追求出世法，故雖然本身亦可以成就無欲之境界，但是由於已經將本體自性之生理視之爲如幻，故無法保持本體的眞實義，所以在這種情況下所見的「虛」，並不是眞正的「虛」，因爲佛家失去了對於「實」的保持，此「實」之概念便是天理的本體義。

（二）對於本體真實義之自覺

湛若水對於「實」概念之界定與運作，說明如下：

> 誠者實心，有是實心，則盡是實理〔註58〕！

此實理是那具寂感之生理，故寂與感也代表著此生生之理的眞實義，故湛若水認爲對於本體之自覺，亦不能離開寂與感來討論，對此則云：

> 寂與感皆心之全體〔註59〕。

從以上的說明可知，對於湛若水而言，「寂」與「感」代表著此生生之理的本

〔註56〕 黃宗羲，《明儒學案》，(北京：中華書局，2008 年)，上冊，頁 876。
〔註57〕 同前註，頁 883。
〔註58〕 明‧湛若水撰，《四庫全書存目叢書集部第 56 冊:湛甘泉先生文集》，〈台南：莊嚴文化事業有限公司，1999 清康熙二十年黃刊刻本〉，卷 4 頁 541。
〔註59〕 同前註，卷 7 頁 580。

體之存有義與活動義，由於此理之眞實，所以自然反對佛教對於體的否定態度，湛若水亦因此點而進行對於佛教的批評如下：

> 故以理爲障，空寂而已，卒歸於無，無體故無用〔註60〕。

由於對於「眞」的界定不同，故湛若水便對於佛教對於世間法的態度給予批評，認爲這種看法是將此生生之理視爲是一種緣生而如幻的假相，所以便會認爲這生生之理是一種成聖的障礙，而這種看法本身便與儒學之本體觀有差異，故湛若水便因此批評佛教的修行是錯誤的開始，故會有無體無用之風險，故對於佛教的典籍亦採取否定之態度，原因便在於此，所以就此點而言則有別於王陽明對於佛老的態度，是較爲保守的良知學，不過也因此而使自身之修學能免於和佛老同流所產生的情況。

　　以上是就本體的「寂感面」與「虛實面」去進行對於此心運作概念之界定，對於「虛」概念之定義，湛若水仍然是不離開此生生之理而論，所以對於虛的概念除了針對本體的無礙面及無欲面去定義，亦說明在此「虛」概念之中，其核心之要點如下：

> 人心之虛也，生意存焉，生仁也〔註61〕！

亦云：

> 虛也者，性之本體也，性也者，知覺之本體〔註62〕。

從以上的定義中可知，就湛若水的悟境而言，「虛」概念之運作不可離開「仁」體去談，所以才能保持住一切眞實義的根本，所以就此點而言，對於此心的中正義之界定，亦是從此仁心而發，才能使吾心保持著作用層次上的無執，以成就「虛」之境界，在本體層次上仍然是以「仁」爲中正義的本質，所以對於「中」的定義如下：

> 中乃人之生理也，即命根也，即天理也〔註63〕！

此處所言的「中」，是究吾人此心之生理而言，其本質與天理爲一，並以此進行對於「中正」義與「寂感」義之融攝，以天理爲最高以統攝中正及寂感的概念，對此則云：

〔註60〕明・湛若水撰，《四庫全書存目叢書集部第 56 冊:湛甘泉先生文集》，〈台南：莊嚴文化事業有限公司，1999 清康熙二十年黃刊刻本〉，卷 3 頁 533。

〔註61〕同前註，卷 2 頁 530。

〔註62〕同前註，卷 3 頁 538。

〔註63〕黃宗羲，《明儒學案》，(北京：中華書局，2008 年)，上冊，頁 901。

> 所寂所感不同，而皆不離於吾心中正之本體，本體即實體也，天理
> 也〔註64〕！

以上是就本體的存有義而言「寂」，就本體的活動義而言「感」，就寂感之體的本質而言「中正」，此本質爲天理之本體，也就究竟眞實的本體，其中正的意義是以「仁」爲宗，就此仁體無礙而無欲的顯現可以言「虛」，就此仁體的眞實義而言「實」，故天理之體的本身便因此而具有「虛」、「實」、「寂」、「感」、「中」、「正」的意義，此爲心之生理的内容，也是湛若水的悟境，此爲無欲之眞體，本身無欲無礙卻又光明遍在，故又具備如下之特色，對此，甘泉說明如下：

> 則自然見此心虛明之本體〔註65〕。

從以上的看法可知，湛若水對於本體概念運作的範圍之界定，可以從「虛」、「實」、「寂」、「感」、「中」、「正」、「靈」、「明」等八個主要概念去總攝其本體的悟境，此八大概念之境界皆被大心所融攝於一個天理概念之中，此爲眞心的境界，也就天理本體所總攝的境界，而「勿忘勿助」的工夫所欲成就的境界，就在於使吾人身心從對於此心之眞實本體的自覺之中，進行「存眞破妄」的本體工夫。

當吾人此心之生理之體會與自覺的領域不斷的擴大及「天」的層次中，便會將以上的境界完全掌握與發揮到最大的境界，此爲湛若水的悟境，亦是其「存眞」之工夫，只要眞心顯現，妄心自然便頓現其窮而自然瓦解。所以對於本體自覺義之發揮，也可以同時進行對於「習心」的對治，而「勿忘勿助」的本體工夫，正是利用這先天而本具的知能入手而成就，故屬於「覺」的工夫。

至於對於古訓的強調則屬於「學」之工夫，若對於這二者有偏重於其中之一的情況，則便會有如湛若水所擔心的情況產生，即流於「忘」之非本體而「助」之非自然的情況產生，此爲湛若水所憂心之處，流於「忘」者則會有理欲不分之風險，因爲對於本體的自覺義已經退轉，流於「助」者，常因爲過份注重對治欲念，則失去了本體工夫自然之宗旨，其工夫之實踐常流於「外」。

此處所說之「外」，主要是指本體以外的情況，以湛若水的觀點而言，則主要是指「習心」或是「佛老」的境界，以上兩種境界，皆屬於被否定的對

〔註64〕 黃宗羲，《明儒學案》，(北京：中華書局，2008 年)，上冊，頁 887。
〔註65〕 同前註，頁 908。

象，首先是由於追求速效的心態下，所以這種急於速見本體的心，便會產生對於工夫的執著，甚至可能會選擇使用佛老的工夫，而和佛老有同流之風險，以上這兩種情況是湛若水所不能允許的情況，故必須給予批評。

　　所以就此點而言，湛若水和王陽明對於佛老的態度則有所不同，湛若水並不關心三教會通的問題，所以在本體的設定上，自然是以維持儒家的本體為宗，而對於佛老是採取排斥的態度，至於王陽明則是因為欲攝受佛老的信眾回歸於儒學之中，故對於佛老是採取較為開放的態度，所以相對於王陽明而言，湛若水的良知學系統是採取較為封閉的態度來面對佛老，不過也因此而免於和佛老教義同流之風險。

　　由於湛若水對於真心的設定是以「天理」為最高之本體，並以此做為對於本體自覺的最高境界，但是又必須顧及本體的自覺義與自由義，以及對於「習心」的對治義，所以對於工夫論的運作之要求，便是必須以「勿忘勿助」法進行對於本體之自覺，同時以古訓之教導來警發吾人之身心，使其在「學覺雙運」之下，見到那最高的天理本體。

　　也因此使得「勿忘勿助」之工夫便成為其成聖工夫中的重要關鍵，從勿忘中成就自覺義之不退轉，從勿助法之中發揮本體自然顯現的自淨能力，使對於習心的對治義不失，當見到天理本體時，也成就了那高明而廣大的本體，此本體就是「天理」，也是「大心」，更是那遍及一切而無所不在的「真我」，此時也成就了本體之「自由義」，而融會此三種要義於一身的本體工夫，便是那總攝一切諸法的本體工夫，也就是那「隨處體認天理」的本體工夫。

（三）勿忘勿助法之操作

　　從上述的觀點可知，這種工夫的成就關鍵處就在於以「勿忘勿助」法來進行對於本體之自覺及習心的對治，故方能在學宗自然的情況下見到天理的本體，故對於「勿忘勿助」的工夫，則一再強調此法為入中之門，對此工夫之要點，湛若水提點如下：

　　　或忘之非本體也，或助之非自然也〔註66〕！

亦云：

　　　聖人之學，心學也，夫學，學心而已〔註67〕！

〔註66〕明‧湛若水撰，《四庫全書存目叢書集部第 56 冊:湛甘泉先生文集》，〈台南：莊嚴文化事業有限公司，1999 清康熙二十年黃刊刻本〉，卷 17 頁 705。
〔註67〕同前註，卷 17 頁 718。

從以上所言可知，就實修的歷程而言，由於一般人士的根器皆不同，所以在實修上常會有流於「忘」與「助」的情形，而這兩種情況都是成聖的障礙，所以皆需要工夫的對治，通常流於「忘」的情況是在實修上產生一種看法，便是認為此心之生理為真實體，與天理的本質為一，故本身永恆運作而本來滿足，既然本來滿足，所以天理的本體並非是從「修」中得來，所以只要能自覺此本體即可，並不需要修行，而因此種見地的影響下，便開始產生對於本體的自覺義及自由義之追求，而輕視對於「習心」的對治工夫。

由於在過分追求自由義的心態下，便可能會使此心被習心影響，而忘卻了對於本體的自覺，而流於不做工夫而自滿的心態，並使此心流於粗淺層次的自覺中，而不知天理的廣大高明境界的本身，才是真實而究竟的真我，而此種情況下的行者，輕則退轉那已經自覺的境界，重則不做工夫，而與人欲等感性的欲念同流，故因此，則必須在實修上用「勿忘」法進行對於本體自覺義之提點。

至於「勿助」法，則是針對於「助」之情況而設立，此類情形通常是貪求對於本體的快速自覺與對於習心的強力對治，而使身心沉醉於對於對治義的發揮，而有此有求諸於「外」的風險，反而失去了對於本體自覺義的發揮，也因此違反了本體工夫中自然之宗旨，故湛若水亦以「勿忘」法進行提點，以使此類之行者，能放下對於工夫的貪執之心，使此心能完全發揮本體自我要求的力量。

而在「勿忘勿助」法的幫助下，從此「心之生理」之體會，擴及於天理之層次，以「勿忘」法成就了本體之自覺義，以「勿助」法完成對於本體自我要求能力的把握，而因此而免於求諸於「外」之風險，而成就了對於習心之對治義，卻又能不失去本體自然之宗旨，而在此「勿忘勿助」法之運作中把握了本體的自覺義、自由義、自然義，以及對於習心之對治義之情況下，完成對於天理的自覺，而進入聖人之境界，而吾人亦可以得知湛若水對於「學」與「覺」之看法，其實可以分為三種修行方法去分析，依照湛若水所定義的真心為心之生理出發，可知依此為「真」，進行對於「妄」的破除。

（四）對於依悟起修工夫的反思

首先是依悟起修的方式，從徒守其心的法門入手，利用靜坐的方法輔助，使吾人可以藉此對治散亂之心，使一般層次的感性欲念得以不生，此時覺知

在那妄動的習心之外，另外有一個「寂感」而不滅之「生生之理」的存在，此時便可以成就對於本體之體會，而完成「覺」之修行。

　　但是這種法門雖然奧妙，卻可能會有流與佛老之缺點，所以對於湛若水而言，則需要學問之功的幫助，若無此法之輔助，便會有重覺而不重學之缺點產生，而此類工夫之成就者爲王陽明，其工夫弊端則出現於陽明後學如王龍溪等，所以就湛若水的觀點而言，雖然不否定此法之殊勝，但是卻不以此爲徹上徹下之道。

　　故也因此與王陽明有內外之爭議，但是湛若水的教法中亦有同層次之本體工夫，那就是「隨處體認天理」的頓悟法，以「勿忘勿助」的心要做爲工夫之指點，所以湛若水亦認爲自己的工夫論並不遜於陽明的良知學，但是由於爲了避免在實修上產生理欲不分之情況產生，所以除了做爲指點語鼓勵後學之外，並不主張單修本體自覺之教法，而是以「學覺並重」爲主。

（五）對於從學入覺之工夫的分析

　　其次之修法，是以此生生之理的「仁心」爲本，發揮此心的智照之功用，利用後天的學慮知能做爲修學的起點，從經論入手而證得學慮的智境，以此破除習心之障礙，進行「以妄除妄」的工夫，這種方法的特色在於利用古訓之要求產生他律的習心對治力，以調伏一般層次的「習心」，使吾人身心完成如康德所言的合法性之行爲。

　　此時，由於「學慮之知能」所成就者爲第一種「妄心」，也就是對於工夫執著的心，便可能產生「助」的情況，會有違背本體自然之宗旨，故以「勿助」法進行對於此境界之消滅或提升，在利用此心本具的生理，以「勿忘」法的方式完成對於此心之自覺，將之前的一切虛妄的境界全部消滅，以破除對於學慮之智境的依賴，而提升到那不學不慮的智境，也就是將有限智心轉成無限智心之層次。

　　此時，能觀者是「眞」心，所破者爲「妄」心及有限之智心，也完成了從學入覺的本體工夫，成就了對於本體的「自覺義」與習心的「對治義」，但是這種工夫卻可能使人受限於經論文字的智境之中，所以對於喜歡採取究竟義的良知學行者而言，便會給予較低之評價。

　　但是湛若水卻認爲此法可以免於理欲不分之情形，故亦以此法進行對於後學之教導，其用心之良苦，爲錢緒山所知，故於明儒學案中，亦讚嘆湛甘泉工夫之奧妙，此爲本體工夫中的第二種型態，即從「學」入「覺」的本體

工夫，與第一種工夫不一樣之處，在於前者只修「覺」不重「學」，後者是先修「學」再修「覺」此為二者之差異，但是皆是本體工夫，只是型態不同而已，此為第二型態的本體工夫。

（六）圓修學與覺而成就之本體工夫

接下來，便是圓修「學」與「覺」，而進行學覺雙運的本體工夫，此類工夫由於湛若水體會到上述兩種工夫之弊端，故在實修上最常使用之教法，同時發揮「學慮知能」與那「不學不慮」之本體的自淨能力同時入手而成就，一樣以天理之真心為本去修行，除了利用古訓的經論以開導後學對於本體之自覺外，亦使吾人之身心在「勿忘勿助」的幫助下，而產生對於仁體的安祥之感受。

此時在漸修用功之際，同時也進行對於此生生之理的頓悟與自覺，此時便會得知一件事，那就是從聖賢經論中所取得的一切智境，雖然不像「習心」一般虛妄不實，但是執著於那有限的智心中，便會受限於那有限而不究竟的境界中，所以必須以「勿忘勿助」法保持對於本體之「自覺」義與「習心」之對治義的不失，對於經論亦採取不執不離的態度，對於虛妄的人欲境界亦能遠離而無執。

此時所進行的「學覺雙運」的本體工夫，將會使吾人之身心所作的的層次得以無限的提昇，此時便可以不依一切他律的力量而完成使此心自由的境界，對於天理的「虛實」、「寂感」、「中正」、「靈明」之運作範圍皆能完全把握而進入體會天理本體的最高境界，此為湛若水最理想的工夫型態，而吾人亦可以從此得知湛若水對於「學」與「覺」的看法。

縱觀以上所述，便可以得知，湛若水對於「學」與「覺」的看法，其實就是對於本體的「自覺義」、「自由義」、以及習心的對治義三種問題為聚焦的討論，對於本體的自覺義與自由義之討論便是對於「存真」工夫方面的討論，對於「習心」的對治義的討論則是屬於「破妄」方面的討論，不論是「存真」或是「破妄」皆必須以本體為宗，利用「勿忘勿助」的心要進行對於此心之生理的自覺，並於作用層次上將此心擴大到天理的層次，此時便能成就「自由義」與「自然義」，在此情況下便進入了理想的工夫運作型態。

首先是證得本體的恆常義與自淨能力，使其永恆運作而不退轉，同時亦得知本體為工夫的根源，所以本體與工夫不二，所以工夫與本體不離，所以回歸本體，而使此心之生理的層次通達於「天」，便可以成就那通天人而不二

的理想境界，此爲湛若水本體工夫思路之要點，以學宗自然的方式總攝一切之教法，以見到那遍及一切處的「大心」與「眞我」。

當見到此「眞我」時，便會知道那道德性的實踐根源，就是「天理」的本身，也就是那理性的眞我，由此眞我之立法，便可以支配意志，此時便會產生義務之要求，而使吾人遠離利害與欲望的境界，也因此而不受經驗與它律的支配，就此點而言則成就了本體的「自由義」，就對於本體的天理之體會而成就了「自覺義」，此時由於無所安排，故稱爲「良」，亦因其不由於人之謂「天」，能夠圓攝這兩種於一身者，便是「天理」。

由此本體爲宗，便可以絕對呈現出道德法則的效力，此時吾人那本具的「良知」與「良能」一貫而不斷的顯現，在體而言則無相，在用而論則可以顯現一切工夫成就相，而此法之成就者，便會通過意志的自律而顯現其自身的「自由義」，而將此本體的自由義、自覺義、工夫的對治義等境界收納於一個天理本體之中，便會使此天理的本身成爲被究竟體證的對象。

而針對此對象之全體境界的形容，便就是湛若水所言之「自然」，所以對於「自然」之定義便可等同於對於天理本體境界之形容，此爲湛若水對於本體「自然義」的形容及體會，而吾人亦可以得知，此處所言的「自然」等於對於天理的形容，而天理的本質是那永恆運作的生生之理，其本身爲至善的道德法則，所以亦以此做爲對於人性本質的理解，是從至善義來說明此「性體」的自然，仍然不離開人性本善的宗旨，所以並不同於道家對於人性的解釋。

因爲對於道家而言，人性的本質是「素」與「樸」，就此處而言「性」的定義，所以並不同於儒學對於人「性」的解釋，所以同樣是使用自然的概念，但是由於對於「性」的定義不同，所以也因此導致對於所謂的「自然」的概念之界定也不同，以湛若水而言所謂的自然是針對此天理的本身是遠離人爲的造作的自律境界，本質是純善而至淨的「仁體」，所以並不是道家所言的「無爲道體」。

原因就在於儒家以「仁」爲性，而道家是以「素樸」爲「道性」，而決定了對於性之概念的定義，也因此而使「存心養性」與「修心煉性」之本體工夫的不同，所以對於本體境界的形容而使用的「自然」之概念亦不同，也在此可以看出由於對於眞理的設定點不同，也決定了對於本體運作概念設定的不同，也因此而決定了儒家與佛老之間的不共法。

　　因爲對於本體的觀點在最初的認定已經不同，所以湛若水對於佛老便從一開始就採取否定的態度，以此來維護其儒學本質的純淨，就此點而言，則有別於王陽明及其後學對於佛老的態度，也因此決定了湛若水的本體工夫之運作的範圍是不與佛老的思想相應，所以在對於古訓的取材上，自然是排斥佛老的經典，而在對於本體的自覺方面，是以儒家的本體爲宗。

　　所以在對於「眞」的設定中是以天理爲宗，而因此開設了學覺雙運的本體工夫，以「勿忘勿助」做爲心要，用來端正心念，在「勿忘」法中保持對於本體的自覺，在「勿助」法之中以維持習心的對治，在「勿忘勿助」的操作之中，成就了對於天理的體認，同時也能此此心無礙的運作於天人之間，此時便成就了「自由」，此爲湛若水對於「學」與「覺」的理解，也在這種思路下，而運用古訓來成就對於本體的體證。

　　其實就此思路而言，其實亦與康德的思路相近，首先在對於道德法則的理解，康德是從理性的自我立法一路進行對於道德法則之根源性的說明，以康德的思路而言，則是將根源設定在理性的自我，以湛若水的看法而言，此理性的自我其實就是那「生生之理」，故對於「眞我」的概念之出發點是從此處進行設定，以此「眞我」爲成聖的保證，此爲悟性界層次的道德法則，屬於「覺」之境界的法則，本身爲至善的存在，亦爲人之的本質，對於本質之形容則稱爲「性」。

　　此境界不受經驗與他律的限制，故是「自由」的法則，由「眞我」所立，而此「眞我」便是那天理的本體，一切的眞實之法的起源皆從此處而生，而此眞實之法會在現象界之中產生義務的要求，此要求即爲倫常之法則，此法則本身具行爲的必然性，故不受經驗與它律的局限，是具有「寂感」特性的道德法則之顯現。

　　此法則本身具有強制力，於本體方面，就湛甘泉原來的定義而言，則因爲其無所安排，故爲「良」，因其不由於「人」，故稱之爲「天」，所以落實於人身時便會產生「良知」，以代表著那本具的心之生理，又因爲此體本身於現象界所顯現的力量，又稱爲「良能」，此爲眞我的自淨能力，順此能力之要求行事，便可以以絕對呈現出天理的效力，而完成道德實踐，而成就的關鍵在於那對於本體的正確之自覺，方能成就，爲修心之理論，對此法之入手而成就的行者有王陽明之致良知工夫，以及湛若水的隨處體認天理之教法。

　　此二者皆強調本體與其身自淨能力之不離，即體即用而完成工夫的實踐，此為最佳之工夫型態，即照見究竟的真實本體，而完成了道德之實踐，此處也是「存真破妄」法之所以能成就的原因所在，只要真心顯現，妄心便頓現其窮而自然瓦解，而湛甘泉與王陽明皆是見到此點而成就的行者，所以就此點而言，皆是屬於同一種本體工夫，其本體皆是心之生理，皆是「仁體」，皆具有寂感之特性，故湛若水認為自身之教法與王陽明並無多大差異，這是就其對於所謂的「真」之設定是相同的情況下而得到的結論。

　　但是湛若水之所以會跟王陽明產生工夫上的爭議，便在於湛若水同時亦考慮到對於「妄心」的破除之問題，所以因此才強調「學」的重要性，而以「學」與「覺」之並進為成聖的必要條件，所以就此處而和王陽明產生了爭議，以王陽明良知學的立場而言，是將「學」視為助緣之一，但是並不列為是成聖的重要關心處，只要「真心」顯現，「妄心」便可以破除。

　　至於湛若水雖然同意此點，但是仍然亦開設對於習心的對治法門，何以故？因為就一般人士的層次而言，「存真破妄」的修法雖然殊勝，但是由於並非人人都可以完全掌握本體界的真實法而不退，所以在實修上常有退轉或理欲不分的情況產生，故湛甘泉認為這種情況的行者，由於受困於後天的經驗與它律的境界中，所以此時的境界是受困於「習心」及「人欲」之中，故對於天理的自覺並不能夠正確的掌握，所以亦因此而開設了「學」之法門。

　　此法門之重點在於從對治的角度入手，故因此而採取「以妄除妄」的方式進行對於「習心」的對治，第一個「妄」是指從學慮的知能而成就的「有限智心」，第二者「妄」是指「習心」等感性欲念的境界，以有限智心進行對於「習心」之對治的行者，自然便需要使用古訓做為修行的參加標準，以進行工夫之實踐，此為湛若水對於一般人士之教法，也因有此開設，而強調其「學覺雙運」的工夫是最為穩定之工夫，不過卻也因為此點之強調而被王陽明給予較低層次的評價，何以故？因為只要涉及於「學」，便容易受困於有限智心中，而因此常流於合法性的實踐，而非是道德性的實踐，故常就此義而批評湛若水的修法有求諸於「外」的風險。

　　但是這種批評並不能使湛甘泉心服，因為湛若水並非不知此點，而是在教化的立場下，先利用學慮之知能以進行對於「習心」之破除，再以「勿助」法提升此心，從對於工夫的執著之中放下，以進入對於本體之自覺，再發揮

本體自我要求的能力，同時保持此體之不退轉，而成就「勿忘」法，在「勿忘勿助」法的導引下，圓修學與覺之本體工夫，進行對於天理的體證，其本質為「存真破妄法」與「以妄除妄」法之並進而成就的法門。

這種修行方式是完美的本體工夫，可使吾人從「合法性」的行為中，利用學問、思辨、篤行之功，以收攝身心，完成如康德所言的合法性之行為，再以勿忘勿助法將之前的「學」融入於「覺」之中，此時那本具而不學不率的知能便得以自在而無礙的運轉，以進而提升自心進入無條件的道德實踐中，故此種本體工夫本身兼顧了自覺義、自由義、無限義，以及習心的對治義，亦是一種徹上徹下的教法。

此法之本質並不遜於王陽明的良知學，反而由於顧及了習心之對治義的落實而免於在實修上有理欲不分之風險，而湛若水於此處之考慮則勝過王陽明，而王陽明則是在本體工夫之「自覺義」與「自由義」的發展勝過湛若水，而湛若水與王陽明則皆是以自身教法之長處去批評對於教法之缺點，故因此而產生了許多工夫爭議的問題。

但是二者都意識到本體工夫若欲成就的必要條件，就在於本體「自覺義」與習心「對治義」之不失，所以就此點而言而「四句教」或「勿忘勿助」之教法出現，若就本體的自覺義與自由義的發揮，則會出現如王龍溪的四無或是湛若水的「隨處體認天理」的教法出現，而湛若水與王陽明在論辯之中，同時也影響了對方對於本體工夫的看法。

但是若就對於「習心」之對治義所考慮的層面而言，湛若水之本體工夫則較能完成全面顧及之工夫，因為湛若水的本體工夫運用到學慮之知能以及那本具而不學不慮的生理之力量，以此進行「學覺雙運」的本體工夫，同時亦使用「勿忘勿助」的心法以對治偏於「學」或「覺」一端所可能產生的缺點，在實修上便可以開設能夠渡化一切根器的人士之法門，有悟亦有修，故不論是採取「存真破妄」或是採取「以妄除妄」的行者，皆可以在湛若水的教法之中完成對於本體之自覺與習心的對治，此為湛若水對於「學」與「覺」的說明。

從以上的看法可知，湛若水是採取「學覺並進」的方式為其主要之教法，雖然可以攝受一切根器的人士，不過卻也因此而引起許多之爭議，直到現今亦然，故筆者將於下一節以錢穆的看法為主進行對於湛若水工夫之反思，同時並以湛甘泉的立場進行對於相關質疑的回應。

第三節　錢穆對於湛若水學與覺的質疑

一、錢穆的質疑

錢穆先生對於湛若水之教法，認爲本身看似與王陽明相近，其實仍然有些許不同處，故於其著作《陽明學述要》一文中，將自己對於湛若水的看法表示如下：

> 其實此處所謂體認天理，也簡直和致良知無多大出入，如此則湛王兩家的畛域，似乎盡可泯化，而甘泉定要提出體認天理的話頭與王學樹異，這或者也是當時學者好立宗旨爭門户的習氣吧？但是甘泉學說的本身内部説來，究竟是體認天理應該是從格物窮理下手呢？還是應該從存心立志入門，這卻是一個絕大的問題，這一個問題是從二程、程朱、以來所沒有解決的，甘泉算是談到此問題，但是也沒有解決的方案〔註68〕。

從錢穆先生的看法中可知，由於湛若水是採取「學覺並進」之工夫操作，所以就對於本體的自覺義之發揮所成就的境界，就錢穆的看法而言則是不二而無多大差別，所以在針對本體的自覺義的發揮而成就的工夫歷程而言，湛若水與王陽明之本體工夫的境界相似，所以就此點而言，錢穆認爲二者的只是術語的使用方式不同而已，其他地方則一致，所以就此點而言，錢穆沒有疑問。

不過對於湛甘泉的從「學」入「覺」方面的工夫則有所疑問，那便是工夫的起點應該是先從何處入手？是從體認天理入手？還是從格物窮理入手？「學」與「覺」之間究竟是以誰爲宗？錢穆認爲湛若水沒有正面回答這個問題，所以認爲湛若水的「學」與「覺」本身是無法同時並進之教法，故因此產生此類之疑慮，究竟從湛若水的立場而言，是以何爲宗？以何種工夫爲出發點呢？此爲錢穆先生的問題。

二、湛若水對相關疑慮之回應

對於上述的疑慮，筆者認爲以湛若水的立場可以有如下之回應，湛若水云：

〔註68〕錢穆，《陽明學述要》，（北京：九州出版社，2010 年），頁 33。

　　讀書之善者也，必由心而體會之，立其本焉，本體立，則事皆天理
〔註69〕！

　　從此處所言可知，對於湛若水而言，一切的工夫是源自於本體而發，所以
本體是工夫的起點，也是其境界成就的終點，此為湛若水對於真理的設定，
故以此為「真」，便從此處而開設出「存真破妄」的本體工夫，也就是「覺」
的工夫，所以對於「真」之概念設定，便是以「天理」的概念為最高之本
體，而天理於吾人之身心的顯現便是此心之生理，亦別名為「性」，當觸物
而發時，便稱為「情」，發而中正，便可以稱為「真情」，此為湛水思考的
出發點。

　　由於對於本體之設定，故便自然依此本體而開設工夫之門，即從此心之
生理處而開設，所以就此點而言，自然是以「存心立志」為宗，方能存此真
心，見真實之本體，以破除習心之障礙，所以就此立場而言，一切的學都是
為了啓發對於本體的自覺而設之法門，所以此時的「學」，便成為了「覺」之
同義語，以用來進行對於此心之生理的體證，所以在此時，便是以「存心立
志」為宗，以成就本體之自覺之路線，便成為了其本體工夫的必要條件，也
就是對於那本具之生理有正確的認識。

　　而在此時，便可以把握本體的自我要求而完成道德性之實踐，此為最理
想的情況，故在教化之初，便會先要求門生對此有所體認，若能完成正確之
自覺者，便可以先成就「覺」，但是此時「立志」情況下所成就的「覺」，其
本身為那受習心障礙已久的「生生之理」，雖然本質與天理不二，但是由於自
淨能力之作用範圍並不像天理一般強大，所以仍然需要利用古訓以進行對於
「習心」之對治，故仍然需要「學」之工夫的配合。

　　所以此時的行者，便先從把握那本具的自淨能力做起，但是由於此時的
自淨能力並不夠強大，所以只是完成一半的工夫而已，而此種工夫卻是成聖
的必要條件之一，從「存心立志」做起，先對那生生之理有初步之自覺及掌
握，在進行對此真心之自覺程度的擴大，此為「存心立志」之工夫的重要性，
此「真」若不立，又如何得以破除虛妄的「習心」？所以此時在對於「真」
的要求上是講求初覺而非是究竟覺，當有此初步自覺時，便用「勿忘」法以
保持此自覺之心的不退，所不「忘」者為那本具的生理，而「勿忘」法也此

〔註69〕 明・湛若水撰，《四庫全書存目叢書集部第 56 冊:湛甘泉先生文集》，〈台南:
　　　　莊嚴文化事業有限公司，1999 清康熙二十年黃刊刻本〉，卷 5 頁 549。

因而保持住此心自淨及自我要求的能力，以此進行對於本體之自覺程度的加深，最後進入與聖人同等的覺悟之境界。

其次，便是針對「習心」的對治進行考慮，故因此而有「格物窮理」的工夫之要求出現，故因此強調「學」的工夫，此時會用到那學慮之知能的力量，去進行對於「天理」的認識，使吾人之身心遵守古訓的教誨行事，而完成習心的對治，以成就習心之對治義，但是這種對治的方式容易造成一個問題，那便是會有求諸於「外」的問題，若將天理做為是一種認識的對象，以認知心去遵守天理的要求行事，雖然可以產生合乎古訓的行動，但是這種行動容易造成具「合法性」而非「道德性」的行為出現，故對於強調心即理的行者而言，便常會給予劣義的評價，認爲這種格物的方式是格「外物」，而非是對於本心自覺的工夫。

所以在上述的思考下，便可能認爲對於古訓的強調之行者，容易使此心受限於經驗與他律的境界中，所以就他律的層次而言「妄」，既然如此，在此妄心中所做的一切努力，仍然是「妄心」的境界，又如何能進入真心的境界呢？所以在此種思考影響下，便自然會以道德性的行為爲「真心」，以受限於它律境界爲「妄心」的境界，至於工夫運作中的最佳情況，便是以「真心」爲上層次之修法，而以「妄心」層次之修法爲下層修法的見解出現，並認爲「真」與「妄」的兩種修行方式是不能共存的，故因此而有「學」與「覺」之對立，故也因此而認爲程朱與陸王之教法，便因此而不能共存於一心之中，而也因此而認爲這兩種教法有所對立。

故在此種情況下，便會將那學慮之知能與那不學不慮之知能進行二分，雖然因此而開設出了對於本體自覺的「頓悟法」這是從那不學不慮的「生生之理」中進行體證的工夫，而此類行者認認爲只有能夠見到那真實的本體，便可以在保持真心的立場下行事，故認爲此法爲高明簡易的本體工夫，其特色在於強調證得本體義之自覺之力量爲主要的修行方法，於是便形成了以此法爲工夫之主流的風氣，此法即本體自覺之法。

而湛若水也強調此類工夫成就之關鍵在於所體證的本體是否是真實體？如何保證此體之真實義？故因此而強調必須以古訓做爲客觀標準，以聖人的標準來進行對於本體工夫之檢視，方可完成對於本體的正確體證，同時也必須以「勿忘」法以保持悟境之不退轉，所以在此時，便同時需要用到學慮之知能以進行對於古訓的參究，從聖賢經典的教化中，進行對於自身悟境的檢

視，同時並擴大自身所覺悟的境界，所以古訓在此時，便扮演了提供對於本體的驗證標準外，亦可以進行對於「習心」之對治，可以同時成就「自覺義」與「對治義」。

至於對於「習心」的對治方法則以本體的自淨能力為宗，其次再以那本具的學慮知能為輔助，從此二處進行對於習心的雙重對治，此時便可以使「習心」被兩種力量剋制，第一種力量是本體之力，第二種力量，則是學慮之知能所產生的端正身心之力量，至於把握這兩種力量之運作的智慧，便是湛若水本體工夫之特色，於是便因此而產生了「存真破妄」法與「以妄除妄」法的工夫。

三、湛若水基於本體自覺義、自由義以及習心的對治義而產生的工夫

第一種是屬於「覺」之工夫，第二種則是巧妙的運作聖賢之經論而成就的工夫，從「學慮之知能」而成就之工夫，屬於「學」的工夫，首先就第一種工夫而言，此種「存真破妄」法所可能產生的缺點，就在於容易產生退轉的情況或是對於本體之錯覺，所以仍然必須要依據經典的指點，在正確的把握所覺悟的境界時，再以「勿忘」法進行調整，使其所覺悟的境界不退。

至於第二種「以妄除妄」法之缺點，則在於容易行成它律道德之行為，原因在於容易產生受限於有限智心的境界，故湛甘泉對於此點，則強調以「勿助」法進行轉化，使其提升到道德實踐的地位，所以不論是從「存真」入手而成就之的自覺工夫，或是從「以妄除妄」法的方式而成就之工夫，其實都可以完成對於「習心」之對治。

至於偏向第一種方式而成就的行者，則是以陽明後學為主，至於第二種方式而成就的行者，則大致可以歸屬於程朱的路線，故因此而產生了「學」與「覺」之對立，原因就在於各自皆偏重一端而成就，亦從自身所成就的殊勝境界去批評對方工夫之不究竟，而湛若水正是看到此一弊端，故強調「學覺雙運」的工夫方為究竟，而以「勿忘勿助」法調和上述偏向一端所可能產生的缺點。

故也因此而產生第三種本體工夫，就是圓修上述兩類而大成之工夫論，所以就工夫的分類而言，則可以分為以上所說的三種類型，而這三種之行者，皆是以證得那本具的生生之理為宗，由於湛若水是屬於第三類型之行者，故

因此是屬於融攝了程朱與陸王修法之行者，雖然在境界上承認從本體自覺而成就的工夫爲上層次修法，但是也不輕視從學慮之知能而成就的工夫。

因爲這種工夫雖然可能導致有求諸於「外」之風險，但是卻是在修學上必須之工夫，只是必須以「勿忘勿助」法的工夫來配合，才能將合法性的實踐轉化成道德性的實踐，此爲湛若水思路之特色，也因此而決定了其本體工夫運作之出路，所以在湛若水自身的教法中，其實並不存在著錢穆先生所擔心的問題，因爲湛若水本人便是圓修「學覺雙運」而成就的工夫行者，「存心立志」是屬於「覺」之教法，爲「存眞破妄」的工夫路線，至於「格物窮理」則是屬於「學」之教法，二者在工夫的運作中，皆必須以「勿忘勿助」的心法進行境界的轉換與提昇，此爲湛若水的解決方案。

所以就此種觀點來看，湛若水雖然是屬於圓修「學」與「覺」之行者，但是對於「存眞破妄」法與「以妄除妄」的修行方式皆是給予尊重的態度，但是在修行之初，仍然是強調要先從本體的自覺做起，但是並不認爲一般人對於本體之自我要求能力可以和聖賢的程度一樣，就此點而言則有別於王陽明之態度，所以在這種思路下，便認爲古訓是成聖不可缺的必要條件，而吾人之身心，既然本具那生生之理的自覺力與學慮之知能的認知力，與其將這兩種力量淪於無謂的爭論，而導致對立之情況出現，何不同時並進而完成對於習心之對治與本體之自覺呢？所以便因此而強調其「學覺並進」之教法，以用來解決程朱與陸王之間的工夫問題。

但是此法則必須以「勿忘勿助」之法進行調節，方能使「學」與「覺」融合爲一心之中，而此一心之本質，便是那兼具「虛實」、「寂感」、「靈明」、「中正」於一身的「天理」本體，而因洞察到此點，故湛若水便以「天理」爲其立教宗旨，而有別於陽明學的「良知」，便是因爲天理所包含的概念之層次與範圍，就湛若水的思想中，是比「良知」的概念更爲高級的本體概念，而「良知」的概念在湛若水的心中，是指心之生理發揮到高層次的境界，但是尚未到如天理一般廣大的層次，所以提出「天理」的概念與「良知」做爲區分，亦是正常的情況，所以不一定如錢穆先生所言一般，湛若水本人會存有互爭門戶之心態出現。

由於修行方式的不同，但是皆承認那本具的心之生裡爲「仁體」，故以此體爲「眞」的情況下，不論是程朱、陸王或是湛若水，其修行所欲證得的本體便是以此爲宗，所以就此點而言，便會產生對於本體的自覺工夫，如陸王，

或是關心習之對治而進行「破妄」的對治工夫，如程朱，此爲工夫之兩大源流，不外乎是「存眞」及「破妄」兩種思考，而這兩種方式皆是成聖的必要條件。

故皆在工夫的實修中皆要顧及本體的自覺與習心的對治，所以便產生如湛若水一般的第三種工夫論，那就是「學覺雙運」的本體工夫，這三種工夫不論是單修一種或是圓修皆可以成就對於本體之自覺之力與對於習心之對治力，所以因此而使這三種本體工夫皆由其存在的必要性，端看各根器的人士之需求而決定相應的法門而成就。

之所以會有爭議的原因，便在於各家之後學在修行上走向了一端，而以自身爲最究竟之教法，而輕視其他學派之教法，故因此而爭論不休，強調心即理的行者，常因重視本體之「自覺義」與「自由義」，而忽略了對於習心的對治問題，故其弊端便是理欲不分而退轉了當初之悟境，如王學末流等，此類情況即湛若水所言的「忘」之情況。

至於程朱學派之行者，雖然注意到「習心」之對治問題，而從古訓的教導之中進行對於身心之檢視，但是往往在成就了對於習心的對治之力時，而對於本體自覺義的把握不明，而使此心受困於學慮知能之中，而流於湛若水所言的「助」之情況，針對此點，湛若水則以「勿助」法的方式以鼓勵此類的行者完成對於本體自覺的力量，使其自覺義與對治義皆一起成就，以發揮「心之生理」的力量，從合法性的實踐，提升到道德性的實踐。

由於湛若水正視到以上的兩種修行方式之不究竟，所以強調要將「學」與「覺」融合爲一之教法，故因此而產生了第三型態的本體工夫，而此種圓修「學」與「覺」之本體工夫，其成就的關鍵就在於如何善用那「勿忘勿助」的心法以進行對於天理的自覺，至於對此工夫之研究成果，可以有如下幾點之主要解釋：

1. 以陳郁夫的說明而言，所謂的「忘」與「助」是指用功的心態，若太鬆則會使閒思雜慮流入，太緊則會使此心用功太緊，而本體工夫的要點在於對於靜定之用心之法的指點〔註70〕。

2. 以黃敏浩的觀點而言，所謂的「助」是指欲求速效，而「忘」是指間

〔註70〕陳郁夫，《江門學記：陳白沙及湛甘泉研究》，全 1 冊，（臺北：學生書局印行，1984 年），1 冊，頁 59。

斷而不做工夫的情況，而「勿忘勿助」法就是對於這兩端的遠離〔註71〕。

3. 就喬清舉的觀點來看，「勿忘」法是指體認天理爲宗的收攝工夫，而「勿助」是指不滯於事的境界。

4. 以張學智的看法而言，「勿忘」是指不忘失天理，而「勿助」是反對補捉此心太緊〔註72〕。

5. 以鍾彩鈞的界定而言，所謂的「勿」就是指事前知「幾」以存養的工夫〔註73〕。

以上幾點爲目前對於「勿忘勿助」法的主要解釋方向，其實皆指出一件事，也就是本體工夫論者之下手重點在於如何發揮本體的自我要求能力，使本體與工夫合一而實踐，其要點便在於使本體之自覺義與對於習心之對治義並進全部成就，故對於此點之說明，湛若水亦指點如下，首先是對於「忘」與「助」之說明，對此則云：

> 或忘之非本體也，或助之非自然也〔註74〕！

從此處可知，其工夫之宗旨爲「自然」，故亦云：

> 後儒講爲學之工夫，皆不知此，蓋安者，自然之工夫也，止者，自
> 然之天理也，以自然工夫，乃可合自然道理〔註75〕。

此處說明自然工夫之下手重點在於「安」與「止」，以本體爲身心安頓之處，故以本體爲「自然」，於此本體之自然處成就之工夫，便可以完成對於自覺義之要求，以及習心之對治，而此本體爲何物？湛若水云：

> 無覺無事者，自然也，天理也〔註76〕！

亦云：

> 中正之規，天理自然之體，不離乎勿忘勿助之間，握其幾者誰乎？
> 心也〔註77〕！

〔註71〕 黃敏浩，《湛甘泉的生平及其思想》，全 1 冊，（臺北：國立臺灣大學中國文學研究所碩士論文，1988 年 9 月），1 冊，頁 93。

〔註72〕 張學智，《明代哲學史》，全 1 冊，（北京：北京大學出版社，2000 年），1 冊，頁 65。

〔註73〕 鍾彩鈞，《中國文哲研究集刊第十九期：湛甘泉哲學思想研究》，全 1 冊，（臺北：中央研究院中國文哲研究所，2001 年 9 月），1 冊，頁 389。

〔註74〕 明・湛若水撰，《四庫全書存目叢書集部第 56 冊:湛甘泉先生文集》，〈台南：莊嚴文化事業有限公司，1999 清康熙二十年黃刊刻本〉，卷 17 頁 705。

〔註75〕 同前註，卷 14 頁 659。

〔註76〕 同前註，卷 11 頁 638。

〔註77〕 同前註，卷 17 頁 723。

從以上的看法可知，自然工夫的重點在於對此心之安止，故從此點來看，那安頓的對象便是「天理」本體，於本體之中，順本體的要求而行事，而成就了對於本體之自覺工夫，再從本體之要求而行事，亦成就了對於習心之對治，所以就此學宗自然的工夫本身來看，所謂的「自然」是指本體之境界，亦是遠離「忘」與「助」的兩端的他律境界，是一種安止於道德法則的自律境界。

而此境界便是那人人本具的心之生理，其最高的顯現便是「天理」，皆在此「自然」之境界中被融合為一，故決定不是將天理的本體視為是一種他律之對象，故無王陽明所擔心的問題產生，而這種工夫亦可以合乎心即理之本體工夫的要求，所以這種工夫本身就覺的層次可以攝受陽明之「良知學」，也可以成就道德性的實踐，而此工夫由於其「勿助」的宗旨，所以可以將一切的「學」轉換成對於本體的「覺」，故因此而強調對於古訓的參究，認為此法可以有助於對於自覺領域的提升，對於此點，湛若水則表示如下：

> 格物者，即造道也，博學審問慎思明辨篤行，皆所以造道也，讀書、酬應時，皆體認天理而涵養之，無非造道之功，意、身、心一齊俱造，皆一段工夫，更無二事！

吾人可從湛甘泉的看法知道一點，那就是「學」與「覺」在湛甘泉的眼中並非是對立的教法，所以在其本體工的運作中，雖然在價值取向上是以天理為宗，但是在實修上並不輕視古訓的重要性，而以「勿忘」法保持本體之自覺而不退轉，以「勿助」法將對於古訓的參究而成就的「學」，都轉換成對於天理本體之自覺，使此心之生理的領域不斷擴大到天理的層次，故對此進行學覺圓修而成就的工夫便是其所言的「造道之功」。

而在這種觀點下，便會認為一切的「學」都是幫助對於此心之自覺的工夫，而因此有學覺不二的結論出現，對於此點，湛甘泉云：

> 學其覺也，覺其心之神明也〔註78〕！

所以就湛若水的立教主旨來看，一切的「學」都是為了成就對於本體之自覺，故「學」的本身並不與「覺」之概念有相違之風險，只要對於「學」能採取「勿忘勿助」的方式進行指點，便可以使此心能夠發會那本具的生生之理的力量，以上虛靈知覺的力量進行學覺雙運的工夫，利用對於古訓的參究，以成就「學」，在以「勿助」將此學融入於於「覺」，使此心之生理的力量與作

〔註78〕 明・湛若水撰，《四庫全書存目叢書集部第 56 冊:湛甘泉先生文集》，〈台南：莊嚴文化事業有限公司，1999 清康熙二十年黃刊刻本〉，卷 3 頁 536。

用的境界不斷的擴充與提升，最後進對於天理本體之究竟義的體證，便是湛甘泉「學覺雙運」之法的立教主旨，對此擴充之本體工夫，其要點說明如下：

　　心體其大矣，苟操存而不失其本體，擴充之術，豈外是也〔註79〕！

從以上的看法可知，天理本體本身具有客觀的恆常義，也兼具本體之自覺義，是一種具自性義而創生的實體，而天理本身與此心之生理是是一體所顯，故無內外之分，只是在作用層次上的不同，而於人身的顯現上便成為了心之生理的「性」體，就其「寂」與「感」之處而言此心之中正，而此生生之理亦具有自覺的能力，故可以體認天理，故可以成就對於本體的「覺」，而此心亦具有思慮之功能，故可以成就「學」。

　　所以就此「寂感」之理的自覺處而言，則可以歸屬於「存心立志」的本體工夫，皆是具有本體之自覺與發揮此心之自淨能力的工夫論，故就此點而言，則皆可歸屬於同一類的本體工夫，不過湛若水與王陽明的不同處，在於雖然承認此心之自覺力量，但是湛若水並不認為這種力量是人人皆能如同聖人一般強大，所以才需要擴充之術的修持工夫，故因此而主張「學覺並進」的工夫論。

　　從「學覺雙運」之中進行對於此心之自覺力量的增長，此為湛若水的擴充之術，其特殊之處就在於將「格物窮理」的「學」與「存心立志」的「覺」進行並進而圓修的工夫，故在實踐上並不偏重任何一方，而是並進而成就，此為湛若水之工夫特色，以其「學覺並進」而歸於「一」為其體認天理的教法，即是將本體之自覺力，習心之對治力，以其「勿忘勿助」的工夫進行「學覺雙運」而成的法門。

　　當對於此心的自覺若到「天理」的究竟義之層次時，便能夠究竟遠離那利害與欲念等經驗及他律的境界，便能當下進入使此道德法則無限的顯現之境界，而此境界是由真我的天理所發，故為自由義的境界，而此時將那自由義、自覺義、對治義三者圓具於吾身心中，便可以成就那理想的人格境界。

　　而湛若水便是在這種立場，說明其對於學與覺的本體工夫，從此心之學慮處進行格物窮理之工夫，以進行對於欲念的對治，故此時利用古訓以成就的學問之功，便可以有對治感性欲念的力量，同時並利用古訓以啟發此心之自我要求的力量，以成就「覺」，而此本體之自覺，便必須從「存心立志」做

〔註79〕明・湛若水撰，《四庫全書存目叢書集部第56冊:湛甘泉先生文集》，〈台南：莊嚴文化事業有限公司，1999清康熙二十年黃刊刻本〉，卷3頁537。

爲出發點以進行自覺之力的培養，而此自覺而生的力量亦可以對治那感性的欲念。

故此時的「人欲」便被此「學覺雙運」之法進行雙重之對治，以湛若水的立場而言，既然此法具有雙重之功效，所以主張「學覺並進」的工夫，也是必然之結果，所以不論是「格物窮理」的方式或是「存心立志」的方法，在湛若水的看法中，皆可歸於一心之中，也就是此心所本具的生生之理的自覺力與那學慮之心的認知力，皆是吾人之身心中所本具的力量，故對於這兩種力量進行雙重之運作，便成爲了湛若水思路之起點。

而此法的成就關鍵處，就在於如何運作那「勿忘勿助」的心法，將對於古訓之所學，全部融入於本體的自覺中，故對於程朱與陸王的爭議，其解決之道就在於「學覺並進」，以此來總攝二家之修法，便可以成就其理想的聖人之道，此爲湛若水之對策，而筆者亦基於此點，以湛甘泉的立場進行對於錢穆先生之質疑的回應。

第四節 結論

在本章的討論之中，吾人可以得知，湛若水對於「學」與「覺」的看法，皆是從本體所發，而此本體便是以「天理」爲宗，而天理於吾人身心的顯現，便是「心之生理」，此爲具寂感義的「生生之理」，爲人心至善之本質，故可以稱爲「性」，於現象界的顯現便是「中正之氣」，代表著那至善的本質，而此至善之生理，便是「眞心」，故從此眞心的體證與追尋，便成爲了湛若水本體工夫的出發點。

故因此而有「學」與「覺」之工夫，以進行對於那至善之「性體」的追尋，而使心通達於天人而不二，故因此而產生了對於眞理的設定，便是以「天理」與「心之生理」爲「眞」，除此之外爲「妄」之設定，而開設了「存眞破妄」的本體工夫，至於對於「妄」的設定，在湛甘泉的術語中則是以「習心」表示，而筆者在此爲了說明上的方便，故以「眞」與「妄」的術語進行對於湛若水工夫論的解釋，此處所言的「眞」是指「天理」及「心之生理」等本體的概念，至於「妄」則是描述「習心」等概念，以此進行對於湛若水工夫論的分析。

在湛若水的思路中，由於承認本體之生理具有自我要求的能力，故對此

能力之說明，則以「良能」的概念以界定，至於此良能之根源處，則是以「良知」表示，而「良知」之上的概念，便是「天理」，故就此能力之發揮而成就的工夫，便是「本體工夫」，此種工夫成就的方式是以真心為本，從悟起修，利用靜坐等方式收攝身心，從那本具生理的寂感之力入手，「寂」是對於本體的存有義之形容，因其無所安排故可稱此生生之理為「良知」，「感」是此生理的活動義，代表「良能」，也代表著本體的自我要求與自淨之能力，於現象界的顯現，便是「中正之氣」。

故在「存心立志」之修行方式中由於發揮此體本具的自淨能力，而因此對治感性的欲念而成就其本體工夫，此為訴諸於「真心」而成就的工夫，故可以稱為「存真破妄」法，此法之成就關鍵在於發揮本體的自淨能力，所以是依於「覺」而成就之法門，如王陽明的「致良知」，或是陽明後學如鄒守益、錢緒山等，皆是此種工夫之成就者。

但是在湛若水的工夫論中，此類行者之自覺工夫雖然可以從對於本體之自覺中完成對於習心之對治，充份發揮了本體之自覺義。但是由於此類的行者，對於學問之功的態度，僅視為是一種成聖的助緣而非必要的條件，所以對於此點，湛若水認為容易產生有理欲不分之缺點，故對於此種工夫，認會由徒守其心而流於「內」之缺點，而王陽明則認為湛若水過份強調學問之功，則可能有偏於「外」之風險，故因此而有工夫爭議之情況出現。

但是以湛甘泉的看法而言，王陽明良知學之特色容導致其後學，光強調對於本體自覺而發揮了本體之自由義與自覺義，卻容易在實修上，產生對治義不足的問題，故認為這種教法本身容易有重「覺」而不重「學」的缺點，故不以此為究竟義之教法，但是對於發揮本體自淨能力的本體工夫此點，卻是承認，因為隨處體認天理的教法即包含此種工夫，此為「存真破妄」法之本體工夫。

由於上述之工夫成就的關鍵在於能夠必須正確的認識本心的力量，所以看似高明而簡易，實際上卻是必須要正確的體認本體方能成就，而此時若無古訓的輔助，則勢必面臨理欲不分之風險，或是自覺之心退轉的情況，即有流於「忘」的風險，為避免此風險，故湛若水便因此而開設了從「認知心」入手的工夫，以進行對於「習心」之對治。

由於此種工夫是從認知心出發，但是卻能成就對於習心之對治，故因此而開設了「以妄除妄」的工夫，此法之特色在於利用有限之智心入手，利用

古訓所產生之智境，從經論之所學中，進行對於「習心」之對治，在習心的對治之中，而產生自然無欲的安祥之感，在漸修用功之際，證知那從經論中所取得的一切有限之智境，雖然不像「習心」一般障礙著本體行事，但是若執著於此有限智境之中，仍然會受限於那有限的境界中，反而失去了本體自然之宗旨。

故於此時，便可能會產生流於「助」的情況，故必須進行境界上的提升，對此則以「勿忘勿助」法以進行作用層上的提升，也就是將之前從經論中的所成就的「學」，全部融入於對於本體之自覺中，將之前的有限智心與人欲等虛妄的境界，全部放下，使此心與那本具的生生之理相應，以「勿忘」法保持本心所證得的境界之不退轉而成就「覺」，以「勿助」法提升此心之作用境界，而不受有限智心之局限。

同時在「學覺雙運」的過程中，不斷的提升本體之自淨能力與作用能力，而此使心之生理的作用層次能達到與天理相通而不二之無限境界，既能保持本心的「自覺義」與對於習心之「對治義」，亦可以使此心充分的發揮其智照之功用，而成就其無限智心的自由義，此處的「自由」是指那不受經驗與它律所限制的境界，也就是湛若水所說的遠離利害與欲求的境界，也就是絕對成呈現出「道德法則」效力的境界，而此法則便是「天理」本體。

其中正之核心便是以「仁」為宗，而此「仁體」的顯現，就是那與萬物渾然一體之生理，此理是寂感之「生理」，而非是寂滅之「空理」，故因此而決定了儒佛之不共法，也因此成為了湛若水弘儒反佛的論點，也因此而與王陽明欲融攝佛老的態度不同，所以雖然都是以生生之理為本體而成就的本體工夫，但是湛若水卻是對於佛老採取排斥之態度，故在湛若水的本體工夫之中，是無法進行三教會通的工夫比較，此為湛王二家之差異。

但是二者皆承認本體具有自我要求的能力，也皆具有從此本體之自我要求而成就的工夫，所以就此點而言，皆是採取一致的立場，此為二者對於本體之自覺的立場，此為就心即理的立場而言，但是在實修上雖然承認此法之存在，但是湛若水與王陽明的差異在於對於此本體之自淨能力之態度則有所不同，以湛甘泉的立場而言，由於一般人有「習心」之障礙，所以對於本體自覺及自淨能力的發揮，未必如陽明所說的一般強大，所以仍然需要學問之功的配合，方能免於「理欲不分」的情況出現。

故在「存真破妄」法的工夫之中，再開設從「學」入手而成就「覺」的

工夫，筆者稱此工夫為「以妄除妄」法，第一個「妄」是指「有限智心」，第二個「妄」是指「習心」，其特色在於利用古訓所產生的智慧境界進行對於「習心」的對治，即運作此心的虛靈知覺，以進行對於天理的認識，從古訓的要求之中去收攝感性的欲念，使吾人之身心得以進行合乎「天理」的要求行事，而完成合法性的實踐。

之後再以「勿助」法將第一層的所產生之有限「智境」，提升而融入於本體的自覺境界中，再以「勿忘」法以保持所覺之境界的不退，在「勿忘勿助」法的幫助之下，使此心本具的生理之力量不斷增長，此時在人身的顯現是「中正之氣」，於體的顯現是「心之生理」的層次逐漸提升到天理的無限境界，此時便可以成就道德性的實踐，此為湛若水從「學」入「覺」的工夫，而此法亦被湛若水「隨處體認天理」之教法所統攝與融會。

所以同樣是「隨處體認天理」的工夫，可以從「學」或「覺」之中擇一成就，或是圓修這兩種工夫而成就皆可，當然，以湛若水的立場而言，則是屬於圓修「學」與「覺」之工夫論者，而運作此法成就的重點就在於正確的操作那「勿忘勿助」的心法，至於古訓之功能除了提供認知心對於「習心」的對治方法之外，亦提供了對於本心自覺領域提升的線索，亦可以使本體之自覺能力更為強大。

故因此而使湛若水的本體工夫必定不離開古訓而成就，也因此而能通內外而合一，故就此點而言，湛若水的本體工夫必須要「學覺並進」，才能夠完全成就，而不論是「學」或是「覺」，皆必須配合「勿忘勿助」的心要來進行對於本體的自覺以及習心的對治，在自覺義與對治義高度結合後，所證得的自由義便能完美無缺，究竟的遠離利害欲望等經驗與他律的虛妄境界，究竟證得聖人之真實境界。

此境界為為純粹意志自律之境界，亦是天理等道德法則絕對呈現出效力的情況，以此為究竟自覺義，方能避免在實修上流於「理欲不分」的情況，但是同時又能證得本體的「自覺義」與「自由義」，同時又能夠不失去本體工夫對於習心的對治義，而能圓具於一心之中而成就，便可以成就如湛若水所說的「全放下」之境界。

此時身心完全與天理相應，一切的習心皆頓現其窮而自然瓦解，如其本然的顯現出天理的力量，此為至善之力，亦是無欲之力，亦是光明之力，也是中正之力，而能圓具「虛」、「實」、「寂」、「感」、「中」、「正」、「靈」、「明」

於一身之成就者，便是湛若水所言之聖人，對於此種力量能自在顯現而無礙的心態，便可稱為「自然」。

而湛若水便是從此入手以說明其本體工夫之運作，故亦從此點出發，進行對於「學」與「覺」的高度融攝，此為湛甘泉教法之特色，亦因此教法而能夠在「心即理」與「性即理」的教法中取得平衡，而採取「學覺雙運」的法門而圓修成就，其平衡之道就在於善用「勿忘勿助」的心法進行工夫的修行，利用古訓做為通達無限的「覺」與有限的「學」之鑰匙，以此產生關鍵性的作用。

除了以本體的自覺與自淨能力進行對於「習心」的對治外，亦利用認知心對於古訓所成就的有限智境，進行對於習心的對治，同時並以「勿忘勿助」法調節與昇華此心，從心之生理的層次，擴及於天理的層次，完成通內外而合一之境界，將對於習心的雙重對治力，全部昇華到本體之自覺之力，而使二者合而為一，而成就其心中的究竟之大覺境界，此為湛甘泉教法之殊勝處，也因此解決了在實修上偏於「學」或「覺」，所可能產生的缺點，故也因此而可以「存心立志」與「格物窮理」的工夫並進而成就，也因為有此並進及雙運之法，而能夠將「學」與「覺」融合為一，故在此便能以湛甘泉立場出發，以回應錢穆先生對於湛若水之本體工夫之質疑。

第四章　湛若水與王陽明及其後學之工夫辨義

　　本章主要是針對王陽明與湛若水對於彼此「工夫」與「本體」之討論為主，由於湛若水強調「學覺並重」之思想，其特色在於支持「學宗自然」與「參證古訓」，所以陽明認為其思想有流於「外」之風險，因為對於經論的認知與學習，與道德心之自覺未必相關，故認為與其如此，則不如直接就進行對於那本身「不學不慮」的良知本體自覺即可，此點為王陽明之思路，即從本心自覺之路線進行對於湛若水工夫論之批評，也就是認為「學問之功」在陽明心學中並非是成聖的必要條件，此點與湛若水強調「學問之功」的態度不同。

　　但是以湛若水之看法而言，陽明之教法雖然高明簡易，但是由於過份自信本心，而缺乏對於客觀標準之檢視，故常有「理欲不分」的風險，故湛若水認為陽明之教法過份偏於「內」，故陽明之教法亦可能產生諸多之流弊，而亦因此點去批評陽明之教法，此為湛若水與王陽明思路中的內外之爭之起點。

　　而此類爭議，則於上海古籍出版社《王陽明全集》中的卷四〈答甘泉〉、卷五〈答甘泉〉之中有所記載，但是王陽明亦非完全否定湛若水之教法，故於卷七〈別甘泉序〉中，亦對於湛若水思想，表示其肯定的一面。但在肯定之時，又於卷六文錄三〈寄鄒謙之〉一文中，表示對於湛氏之教法未能夠直入究竟境界之批評，而認為「致良知」之工夫略勝一籌，而從以上的肯定與否定之態度中，亦成為本章之研究重點，故本章之寫作，將於以上幾處，進行對於湛王二家工夫進路之分析。

第一節 湛若水與王陽明對於本體工夫的內外之爭

一、從學問之功引發的爭議

本節所要處理的對象，主要是王陽明與湛若水對於工夫的辨義問題，此類問題最大的爭議處，就在於湛王二家皆批評對方之工夫有過份偏於「內」或「外」之情況產生，王陽明批評湛若水之教法過份偏於「外」，而湛若水則認為王陽明之工夫過份偏於「內」，故因此而批評對方之教法並不究竟，而因此爭執不休，但是在事實上，二者皆自成一家之言，皆有一套對治習心的方式，所以在工夫的運作上皆能達到一定的功效，故皆有對於其教法中之最高本體的體認，皆是以儒學的價值意識為宗，若就此點來看則二家並無多大差異，所以若就此點來看則無高下可分。

故筆者於本節所能處理的方向，便是將湛若水與王陽明對於「內」與「外」之界定進行說明，同時將二者對於本體及工夫的運作範圍之界定進行分析，從此處進行對於二者對於成聖的必要條件及充分條件之說明，當有此理解後，就可以知道二者於道德實踐進路上的差異處，而完成對於湛王二家之工夫辨義。

當有以上之理解後，筆者首先從湛若水的看法進行對於「內」與「外」之說明，以湛若水的思路而言，首先是進行對於本體運作範圍之界定，其最大的概念為「天理」，此天理的本質為「中正」，其中正的本質是「生理」，也就是仁心之生意，所以就此生意的流通而言，具有恆常義，於天之顯現為「天理」，於人身之顯現為「性」，因其無所安排之謂「良」，故名良知，亦是不由於人之謂「天」，故為「天理」。

所以就此生理之顯現而言則貫通天人而無礙，所以不論是外在的「天理」或是內在的「性」概念，皆因此生理之一貫而無內外之分，所以究其教法而言一切只是一個天理概念之總攝，其要義也只是一個「仁」之生意運作，所以能體會此點，而對於此生意有所自覺，以此「生意」為中正而行事，自然便可通內外為一而成就聖道，此為甘泉之思路，故就此看法而言則無內外可分，因為其本質中正義於核心義皆為此「仁」之生意的顯現。

（一）學書合一的本體工夫

為了體會此天理，故必須進行工夫的實踐，以湛若水的看法而言，一開

始之入手處可以從「學」的方式下手，藉由對於古訓的參學，可以啓發吾人道德意識之自覺，亦可以在實踐上有一套客觀的依據，對此，湛若水云：

> 是故學之於書也，取其培養此心而已。誦讀之時，此心洞然，如鏡找物，不引之書冊焉可矣。否，則習而不察，安能見道〔註1〕！

從以上的看法可知，其教法是以經典輔助以啓發內心對於天理的自覺，但是在使用此類方式時，則必須在經典的選讀上有所取捨，對此甘泉云：

> 諸生讀書務令精熟五經四書，又須旁通他經、性理、史記及五倫書，以開發知見，此知見非由外來也，乃吾德性之知見，書但能警發之耳。須務以明道爲本而緒餘自成文章舉業。其仙佛莊列諸書不可泛濫以亂名教、壞心術、散精神〔註2〕！

從此處可知，湛若水由於其本體概念的運作範圍是以儒學爲宗，故對於佛老的思想是採取排斥的態度，故將此類可能與儒學價值意識相違的經典則給予負面之評價，也從此態度可知，其思想是屬於封閉型的良知學，而亦因此點而與陽明對於良知的理解與本體的設定之看法而有所差異，但也因此而免於和佛老思想同流之風險。從對於此「仁心」的自覺中去體認天理的中正義，而開發自身本具的「德性之知見」，故就此點而言可以看出甘泉之立場，除了排斥佛老之外，亦強調學問之功的重要性，對此則云：

> 若徒守其心，而無學問思辨篤行之功，則恐無所警發，雖似正，實邪〔註3〕！

同時亦認爲上述之方式法「重心略事」的缺點，有偏於「內」之缺點產生，而因洞徹此點，而強調其心事合一之宗旨，對此湛若水云：

> 重心而略事也，猶然不悟，反謂立本，誤矣！千百年來道學不明，非此之故乎？故學者必內外本末心事合一也，乃爲孔孟之正脈〔註4〕。

從上述之看法可以得知，其工夫的運作是利用此心本具的自覺能與外在經典對與此心的警發而成就其合內外爲一的工夫論，此點爲其教法之特色。但是也因此特色而產生對於王陽明心學教法之批評，而認爲陽明之教法有偏於

〔註1〕　明・湛若水撰，《四庫全書存目叢書集部第56冊:湛甘泉先生文集》，〈台南：莊嚴文化事業有限公司，1999清康熙二十年黃刊刻本〉，卷5頁549。

〔註2〕　同前註，卷18頁575。

〔註3〕　同前註，卷7頁567。

〔註4〕　同前註，卷5頁548。

「內」之風險，而以自身之教法於實踐的進路上強調其內外合一之宗旨。而在此處亦可得知湛若水對於「內」的觀點是指對於此心的自覺，而「外」是指學問之功對於此心的啟發的助緣力量，而此二者之並進而合一的實踐，就是其工夫論的運作模式，而總攝其教法的工夫便是湛若水所說的「隨處體認天理」的工夫。

（二）王陽明對於湛若水工夫的肯定與否定

雖然湛若水的工夫的運作有其高明之處，但是王陽明認為此類教法由於不直接從本體的自覺義與自由義入手，故在本質上並不究竟，所以在面對弟子鄒守益的請教時，並陳述自己之看法如下：

> 隨處體認天理之說，大約未嘗不是，只要根究下落，即未免捕風捉影，縱令鞭辟向裡，亦與聖門致良知之功尚隔一層。若復失之毫釐，便有千里之謬矣〔註5〕！

從王陽明對於鄒守益的回覆中可知，此為陽明對於湛若水心學思想的肯定處及否定處，其肯定處，在於其教法與儒學的本體意識相應，其否定處，亦在於湛若水工夫是以「學覺雙運」為主的工夫論，此類工夫論雖然是以「天理」為宗，但是在實修上，仍然無法自信此心之良知學相比，故仍然需要「參證古訓」做為修行之參考，所以與「致良知」之工夫尚隔一個層次。那就是在道德意識的自覺義的自信程度上，以及發揮本體自淨能力的工夫究竟義上，尚需要仰賴古訓才能完成道德行為的實踐與自覺。

殊不知此類經論的起源，是源自於那「不學不慮」的良知本體的自淨能力，所以追根究底，仍然是從那「不學不慮」的本體的自我要求而顯現，所以與其遍尋一切聖賢的經論做為客觀之參考，何不就直接頓現那「不學不慮」的良知本心，故陽明認為甘泉的教法與自己比較起來仍然不夠究竟，故有以上之言論，以說明良知之學之究竟義與圓滿義。所以從此處可知陽明對於本體的設定是發揮良知不從見聞而有，而見聞莫非良知之用的意義來批評湛若水工夫論，就在於那對於本體的自信與自覺尚需依賴古訓，而就此而完成之「體認天理」的工夫論。

雖然此類工夫有一定的境界，但是尚與「良知學」隔離了一個層次，此層次就是在自覺層次上的不夠究竟，原因就在於自覺的力量之發揮程度，就

〔註5〕 明‧王守仁，《王陽明全集》，2版，共2冊，（上海：上海古籍出版社，2006年），上冊，頁201。

良知學而言，是強調直接由本體而發的層次，也因此本體本身一切皆圓滿具足，故只需要直接體證本體，就可以發揮此本體的自淨能力，不需要過份依靠外在的經論，即可完成自覺，如此方爲正本清源之道。故陽明主張只需於此心上用功即可，不需要過份依賴「學問之功」的依據，所以常就此點，去批評甘泉的教法於「覺」的層次上的不圓滿，此爲陽明從「覺」的層次之最高意義，來批評湛若水，認爲既然此本體本身是「不學不慮」，就不需要從「學問之功」的養成中去學習如何發揮它，只要對於本體的自覺程度夠深，就可以不一定需要通過學問之功的培養便可以直接頓見本體。

而本體的顯現是當下圓滿而究竟，亦是人人本具的無欲覺性，故頓現此本體及發揮此本體之自淨能力，就可以完成道德的工夫實踐，如果像湛若水一般，必須以「學問之功」來進行工夫的落實，那麼此良知之學就不可能普被一般的根器之人士，何以故？因爲一般平民並未有充分受到「學問之功」培養之機會，卻仍然可以有自覺能力的進行道德行爲之落實，正是因爲有那「不學不慮」的良知本體在運作中，所以此本體能夠自我要求，並不一定與「學問之功」發生必然的關係，所以與其被「學問之功」所束縛，何不直接就從那「不學不慮」又最爲根本的「良知」本體之自覺出發，就可以當下完成道德的實踐，與此良知本體相應，也完成了對於本體自淨能力的把握，順此本體能力的自發而進行的行爲，也一定是道德行爲而無疑。

故良知學之工夫本身，並不以「參證古訓」爲成聖之必要條件，只要與本體相應，就可以在自信自覺的情況下，而完成此高明而簡易的「良知」內聖之學，此點爲陽明「良知學」教法之精義，而陽明亦是從此自覺之要義，來批評若水之教法尚與良知學仍然有一層次的差距，所以就這個層次，常批評湛若水之教法有偏於「外」之風險，此爲陽明於全書中對於湛若水工夫論的主要批評之處，就在於對於「本體」與其「工夫」的入手處之不同。

而此不同處，也決定兩家對於彼此教法的批評處，其重點就在於，陽明於自覺義的發揮，是從良知的「不由見聞而有」出發，故其教法並不認爲「學問之功」是成聖的必要條件，但是以湛若水的工夫論而言，「學問之功」與「隨處體認天理」是成聖的必要條件，所以就因此而產生許多爭議，而筆者於此節便是針對這一點進行討論，根據《王陽明全集》中所記載對於湛若水工夫論之主要觀點，則以筆者的理解，分析成以下幾點〔註6〕：

〔註 6〕黃泊凱，〈對湛甘泉工夫論的檢視〉，《華崗哲學學報》卷三（2011 年）：63。

1. 主體的自覺意義若不彰顯，則其工夫論於根源上的運作，必定流於「外」。因爲良知本身的設定是「良知不由見聞而有，而見聞莫非良知之用」，此點爲王陽明對於良知本體之界定，故就此點出發，批評湛若水之教法有流於「外」之風險，因爲一切內聖之學的相關經論之源頭皆在於此道德本心，故體認此心就可以掌握一切經論之根源，而不需向外追尋，而就此根本自覺處的把握，故王陽明認爲自身良知學之工夫，就其究竟義的顯現則優於湛若水之工夫論。

2. 王陽明認爲，只強調經論學習的儒者，便常將工夫放在經論上去尋求，而失去了對於那良知本體「不學不慮」的宗旨之把握，所以亦流於「本體之外」的工夫論，或是變成被外在的有限經論而局限之儒者，故王陽明從此點來看，便認爲湛若水之教法於「覺」的層次尚未到究竟義，因爲良知本體就是不由見聞而有，而見聞莫非良知之用，所以若還需要依據「學問之功」來做爲輔助，則是一種尚未見到究竟本體的境界，故就對於本體自覺的成就而言尚圓滿，同時也以此說明「致良知」之工夫論的高明簡易處，眞正的道德心的自覺本是以本體的自淨能力之發揮爲重點，不是以經論的學問知識的累積爲重點，所以就此點來看，則認爲湛若水的工夫論仍然流於「外」，於內聖境界的成就尚不夠徹底。

3. 王陽明看法認爲，只有主體價值意識自覺義的呈現，才是眞正的內聖本體工夫，方能夠完成道德本體自淨能力的發揮，所以對於此本具的良知本體，只能進行自淨能力的「熟」習，過程而非從知識上的認知之「學習」過程，只有對於本體自淨能力的運作的「熟習」與「自覺」，才是出自於本體的工夫論。所以就此點來看湛若水「工夫論」的教法，王陽明認爲只能增加外在知識的累積，但是這些累積，只是本體以外的事物，所以就此點來看湛若水的教法，亦因此而有可能流於「外」。

4. 以王陽明而言，所謂的「內」是良知本體，即寂然不動的「良知本體」，而「外」則是能感而遂通的「良知之用」，也就是本體自淨能力的發揮，而此發揮的本體與外顯的本體之用，不論內外其實都是寂感而一貫，其本體的「永恆義」與「自淨能力」皆永恆運作而無礙，本身是道德行爲的落實，而此類落實都是本體的顯現，與外在的學問之功無關，故不以「學問之功」爲成聖之必要條件，所以常就此點批評強調「學書合一」之湛若水，其教法於「覺」的一面被「學問之功」所局限，

故雖然亦有道德行爲之自覺，但是由於受限於有限的文字經論之中，即受困於經論之「學」中，故其所言之「學書合一」的境界，亦與能發揮無限心自覺義的良知之學尚有一段差距，其關鍵處就在於湛氏尚未能擺脫「學問之功」的束縛，而陽明正是洞察此點而給予批評。

從以上的所言可知，陽明之良知學由於注重實踐，所以將天理的意義收攝於心的概念中，而以「良知」的概念爲其本體概念中最高層次，以統攝其教法，對於此心的自覺義則甚爲看重，故其教法則是不重視於形而上的玄想，而是注重對此良知的自覺，此點爲其工夫論的特色，可以從其四句教的定義中得知，陽明云：

> 無善無惡是心之體，有善有惡是意之動，知善知惡是良知，爲善去
> 惡是格物〔註7〕。

從以上的設定中可知，其格物義是從爲善去惡進行定義，而其所格之「物」，若就其思路而言可以分成「內物」與「外物」，內物是其所欲證得的「良知」，而外物則是指「人欲」及「習心」，而對於此類與本體價值意識相違者或無關的中性事物，則定義爲外物，而此外物若和本體價值意識相違者，則成爲本體工夫中要對治的對象，而使良知概念下的心、意、知、物，皆能在「天理」的貫徹下自在的運行，對此陽明則定義如下：

> 身之主宰便是心，心之所發便是意，意之本體便是知，意之所在便
> 是物〔註8〕！

從此處之定義可知，由於在「意」之動的情況下，會有善惡之取捨，而此取捨之「意」便會決定其意念，是會遵守善意志或是病態意志的要求而行事，善意志便是那人人本具的「內物」，而「病態意志」便是指那受經驗與他律影響下的的「外物」，所以就工夫上而言的「內」與「外」可以就此點而把握其主要的定義，若就此處而言，則其立場則和湛若水則無多大差異，皆是強調對於「人欲」和「習心」的對治，此點爲湛王二家之「共法」處，故就此點之設定來看，則立場一樣，而陽明亦從此處出發而說明學問與德行之修養的關係，如下所示：

> 理之發見可見者謂之文，文之隱微不可見者謂之理，只是一物。
>
> 〔註9〕。

〔註7〕黃宗羲，《明儒學案》，全2冊，(北京：中華書局，2008年)，上冊，頁217。
〔註8〕同前註，頁200。
〔註9〕同前註。

所以若從上述所言可知，若對此天理的體會，與習心的對治，則就此處而言之教法，則湛王二家之工夫平等而不二，皆是要見得「天理」本身，但是由於湛若水於實踐上是則特別注重「學問之功」的重要性，則可能使其對於天理的體會受限於文字上的層次，反而對於文字之後的那不可見的義理層次的體會則亦因此而無法顧及，所以陽明便針對此點，而認為自身的良知之學的教法更為圓滿，故就此思路下批評湛若水之教法的缺點，而就其受文字經論的局限處而批評其教法流於「外」。

（三）湛若水對於王陽明批評之回應

以上為王陽明對於本體與工夫的看法，從此類看法可知，其思路為即及本體即工夫的實踐，為工夫運作中最理想的情況，一切工夫皆還原於本體的運作下行事，故此時之境界下，純粹只有對此心的自覺，所以並不受經驗及他律的影響，而將一切的工夫都收攝到良知本體的善意志而談，故此時的本體與工夫不離，由於本體與工夫相依不離而自在顯現。

所以就此境界的成就者而言，自然是以本體與其工夫不離的思路看待一切，所以便以此為究竟義的教法而批評湛若水的工夫論，便在此處以強調良知為本體，就此良知本體的自我要求為工夫，去進行對於「習心」的對治，和對此本體中的道德法則之自覺，雖然不反對利用經論進行對於人欲的對治，但是亦不以經論為唯一的標準，因為究竟真實的第一義為「良知」本體所顯，所以順此本體之要求行事也就能成就工夫，除此之外，一切工夫皆是第二義，皆有可能流於求諸於「外」的工夫，所以就此標準來看則批評湛若水的工夫有流於「外」的風險。

所以從上述二家的觀點可知，湛王二家對於「內」與「外」的爭議，其實是就其工夫的顯現是否直接進入第一義的境界，而開始進行對於對方工夫的批評，以湛若水的角度而言，王陽明的教法雖然是直接就最為理想的工夫運作型態中去進行對於本體的自覺於其道德實踐，直接顯現本體與工夫不離的境界，但是這種境界對於一般受於「習心」障礙者而言，則未必適用。

何以故？因為若要得知此心是否純粹是良知本體善意志的顯現，還是人欲等病態意志的干擾，此等區分若無前賢的經典做為客觀的依據，及參考的標準，則容易使一般人流於「理欲不分」的情況，而對於此點，雖然陽明本人可以無此問題產生，但是對於一般人而言，陽明所言的良知本體的顯現，未必人人都能全面自覺，也未必都能完全適用。

　　所以若無「學問之功」的配合，則可能會有偏於「內」的缺點產生，由於過份自信此心的自覺，若無「學問之功」的檢驗，則在實踐上會產生如前述所言，有「理欲不分」而似正實邪的風險，所以就此思路下，則從實修上的角度批評陽明良知學的工夫有偏於「內」的風險產生，所以湛王二家批評對方的角度，便是因為所採取的角度不同，而批評對方的工夫在實修上所可能產生的問題，而各自以自家的工夫為究竟之教法，而因此而產生在工夫上的辨義問題。

　　王陽明是從即本體即工夫的究竟義，批評甘泉的工夫有偏於「外」之缺點，而湛若水則是就一般人於實修的角度上，去批評王陽明的教法，由於過份自信本體之自覺，而使一般人在實修上缺少客觀的參考依據而有流於「內」之風險。此點其為內外之爭的起源，但是二者皆有一套對於「習心」的對治之方式，所以就此處而言的「天理」或是「良知」皆是湛王二家所欲體證的對象，而「人欲」或是「習心」皆為其本體所欲對治的對象，此點為湛王二家之共識。

　　至於二者對於學問之功的態度，亦皆利用經論上義理以啓發對於那本具的道德法則的自覺，但是以湛若水的看法而言，則將學問之功與天理本身進行「學覺雙運」的工夫，並以此為其成聖的必要條件，而王陽明則由於對良知本體的自信自覺，故對於學問之功的態度，則視為是一種輔助，僅是成聖的充份條件之一，但是並非是必須的條件，也因此而決定了二家工夫運作類型上的差異。

　　但是湛若水本人也並非不知道王陽明所言的立教宗旨，但是就教化的角度而言，則除了對於本體工夫究竟義的體會下，也必須兼顧一般程度的人士，使其有所客觀的修行依據以驗證自身修為的境界，所以不論是「內」或「外」皆是必須一起用功而並進，方能有循序漸進而成聖。故就此點而回應王陽明對於「內」與「外」之看法如下：

> 念前所示此支離之憾，恐兄前此為相悉之深也，所謂支離者，二之謂也，非徒逐外而忘內謂之支離，是內而非外者，亦謂之支離，過猶不及耳，必體用一原，顯微無間，一以貫之乃可免此〔註10〕！

同時湛若水亦主張其「心」與「書」合一之論點，其看法如下：

〔註10〕　明‧湛若水撰，《四庫全書存目叢書集部第 56 冊:湛甘泉先生文集》，〈台南：莊嚴文化事業有限公司，1999 清康熙二十年黃刊刻本〉，卷 7 頁 567。

心與書一，而後可以學古訓。故一則養志，二則喪志。一則執事敬，
二則役耳目〔註11〕。

從以上的看法可知，湛若水所考慮的層次是有別於王陽明的角度，所以才因
此產生工夫進路上的不同，而湛若水也知道王陽明所強調的之精義在於對此
心自我要求能力的自覺，但是對於一般人士而言，若使用這種方式修行，最
常見的問題就在於在實修上，會受困於良知本體的自覺能力與人欲習心力量
的混淆，反而流於「理欲不分」的情況，再加上缺乏客觀的經論做為驗證的
標準，便會因此缺少統一而客觀的標準，而在實修上常有混亂的風險，此種
情況反而是對於良知本身的背離。

所以就一般人入手的進路而言，陽明之教法常使人有看似簡易卻無從把
握的風險產生，故湛若水並不認為這種教法可以全面適用於各種根器的人
士。故強調通內外而合一之工夫論方為完備的工夫，而此種工夫必須是「學
覺並進」才能夠成就，故就此點而強調其「學書合一」之宗旨。而湛若水亦
從此點出發批評陽明教法在實修上所可能產生的缺點如下：

兄之格物訓，云正念頭，則念頭之正否亦未可據〔註12〕。

此處是就強調對於常強調本體自覺而缺乏「學問之功」的輔助者，於實修上
必須面臨的第一個問題，就在於對於此心的自覺常流於「理欲不分」的風險，
而此缺點就在於在修行上缺乏經論的客觀依據而產生的問題，故湛若水針對
這種情況批評如下：

以其無學問之功，而不知其所謂正者，乃邪而不自知也，其所自謂
乃流於禽獸也〔註13〕。

而湛若水學問之功與本體的自覺在工夫的落實上，是必須並進方能通內外而
合一，也因此才能全面顧及各根器的人士，所以就此立場下而回應陽明如下：

或疑隨處體認天理恐求之於外者，殊未見此意，蓋心與事應，然後
天理見焉，天理非在外也，特因事之來，隨感而應耳，故事之來體
之者，心也，心得中正，則天理矣〔註14〕。

從湛若水的回應可知，所謂的「內」與「外」，其實可以就「心」與「事」來

〔註11〕 明・湛若水撰，《四庫全書存目叢書集部第 56 冊:湛甘泉先生文集》，〈台南：
莊嚴文化事業有限公司，1999 清康熙二十年黃刊刻本〉，卷 7 頁 524。
〔註12〕 同前註，卷 7 頁 571。
〔註13〕 同前註，卷 7 頁 571。
〔註14〕 同前註，卷 7 頁 573。

說明，「心」是就本體界於人身上的顯示而言，而「事」是就現象界的倫物感應而言，當此心之自覺與外在的倫物感應合而爲一之時，便可以在此時見到天理的本體，因爲此天理本身並非僅是外在的客觀規律，同時也是具有主體自覺義的創生實體，本身具有恆常義及活動義，能遍及一切處顯現，所以也能夠在現象界體認到此本體，之所以能如此的原因，在於其對於本體的運作範圍之中具有仁心之生意，而此仁心之生意，具有能夠聯結及通達天人而無礙的功能。

　　故就此生意的本質而言天理之中正義，就其生意一貫顯現於一切事物中而言，則是「內外合一」，所以若能夠在事上的修持中體認此點，就可以使此心進入中正的境界而見天理。至於天理的本身和此心的本體皆是同一生理的顯現，故無內外之分，中正之心的本身就是天理，所以就體認天理的本身而言，於「心」與「事」的作用，就在於「仁心」生意的一貫，也以此生意做爲其聯結天、人、心、事的關鍵，也因此聯結而永恆運作的力量，其本質爲「仁」，而以此「仁」爲其寂感之理之本體，所以就此生意的本身而言之「中正」，以湛若水的立場而言，便認爲自身與與王陽明的良知學所證的的本體，不論是「天理」或是「良知」，其本質也都是那人人本具的生生之理，所以名相雖異，但是本質是一，故湛甘泉云：

>　　水與陽明公，戮力振起絕學，何嘗不同？故嘗云：良知必用天理，
>　　天理莫非良知，亦公案也〔註15〕！

亦云：

>　　天理是活的〔註16〕！

其實由於此中正之生意遍一切處而言，的確是無內外可分，因爲無處不是生意的顯現，此生意是「仁」，亦名「心之生理」，只要能夠對此本具的生理的顯現能夠有正確的自覺者，也就能夠體認到天理的本體，由於天理本身遍及一切處，故其工夫論亦以「隨處體認天理」爲其名，所以只要能此「心」與「事」在天理的中正義之下完成相應，也就能夠在此時，見到天理的本身，而天理本身與心之生理其本質皆是此「仁心」的生生之理的顯現，在天爲「天理」，在人爲吾「心」，亦可名之爲「性」，當觸物而發時，則可稱爲「眞情」，

〔註15〕　明・湛若水撰，《四庫全書存目叢書集部第56冊:湛甘泉先生文集》，〈台南：莊嚴文化事業有限公司，1999清康熙二十年黃刊刻本〉，卷7頁595。

〔註16〕　同前註，卷7頁575。

故名相雖然不同，但是在本質上皆爲一體，由於本來爲一體所顯，故在心事相應之時，就進入體認天理的境界。

從以上之說明可知，湛若水的天理概念，除了具有道德法則的恆常義之外，也具有主體的自覺義，本身爲自性創生的實體，而此天理本身於人心的顯現便是中正之心，此心本身具有自覺的力量，所以可以體認天理本身，而就此體認而言，則是指對於本體的自覺，因此自覺而完成自我實踐的工夫，就是本體工夫，故就此點來看，則和王陽明的對於本體工夫的一貫之要求，則無多大差異，都具有對於本體與本體自我要求能力之設定，而發揮此自我要求而淨化人欲的力量，筆者則稱爲是一種「自淨能力」，而湛若水稱此能力爲「良能」，所以就針對此層次的工夫論而言，湛王二家並無高下可言。

但是湛若水有別於王陽明的地方就在於，其教法是從經論出發以進行在現象界上的「學習」，以經論做爲實修的參考依據，同時體會前人對於本體的自覺是如何進行，於「內」則可自覺天理，於「外」則可以在事上的漸修中，修正自己對於天理的錯覺，而避免理欲不分的情況產生，以此進行「學覺並進」的工夫，而以此爲其工夫的運作，而當此心於經論上所得到的啓發。

此法除了有助於對於本體的自覺外，也可以使一般人在修正自己的行爲時，從看似合乎天理的合法性之實踐，而提昇到與天理本體相應的道德性之實踐，而此法之優點在於使人有所依循，也能使人在實修上不會有過份相信此心之自覺，而有流於「理欲不分」的情況出現，而湛若水亦認爲此種教法才是眞正通內外而合一的工夫，而湛若水亦是從此點進行對於陽明的回應。

二、湛若水與王陽明在本體工夫的分別在於見地

縱觀以上所述可知，同樣都是本體工夫，不過因爲各自注重的角度不同，所以在修行的方法上，可以分爲從本體的自覺義發揮入手而成就的工夫，以及從習心的對治角度發揮而成就的本體工夫，而此二者工夫之運作都是以本體的價值意識爲宗，故都是以本體相應爲其根本方向，當與本體相應時，便能遠離利害與欲望等境界，而證得了本體工夫之自由義，而此自由義的證得，便是其本體工夫中究竟聖人之生命的體現，不論是湛若水或是王陽明皆有此體認，故二者在工夫上的爭議問題，其實也可以看成是一種在境界上的比較，未必是在本質上有根本之不同，所以筆者基於此點，將湛王二家本體工夫之運作進行分類。

　　首先是王陽明的本體工夫，此種工夫所持的見地是從對於本體的證悟入手，依悟起修而成就，故在本質上，其入手的路線，是先從心念的收攝，而安於「靜」入手，此時，由於從「靜」生慧，故能調伏一般感性的欲念，使其妄念不生，而對治動亂之心，而使那具備人人本具的良知之道德心得以如其本然的現前，此時由於那具備中、寂、公之本心的顯現其自身的力量。

　　故能了知，此心之真實體性本體具有恆常義與不變義，而見到了「真」，同時也照見了習心的無自性義，故破除了「妄」，在真心的力量之運作下，成就了本體的自覺義，此時不再擔心如何破除習心的問題，只需要如何保持真心的永恆運作即可，故以此良知之心為本，對於本體之寂感的仁心無執，對於那感性的欲念亦能照見其虛妄的一面，故其本體工夫之運作，便從自覺的的運作而提升到自由義的顯現，在不依賴一切外在事物的情況下而使此心直入本體自由的境界。

　　所以此種工夫成就之特色在於直入本體之「自覺義」為主而成就，此為陽明致良知工夫之殊勝處，故相對於湛甘泉而言，便顯得高明而簡易，而陽明也常就此特色去批評湛若水的本體工夫並不究竟，不過卻也因為修習此法之後學常流於追求本體的「自覺義」與「自由義」，而忘失了本體工夫之中的「對治義」，故因此而引發了許多修行上的弊端，故湛若水亦常就此點而告知王陽明及其後學，由於有此缺點，故為了在實修上能夠完全防弊，故湛若水才強調學問之功及古訓的重要性，也因此而產生了另外一種本體工夫，也就是從習心的對治義入手而成就的本體工夫，也就是湛若水所強調的本體工夫。

　　此種工夫之特色，是從經論及古訓入手，此種修法是以天理為本，利用經論及古訓發揮智照的功用，運作經論以開導後學，而使其產生身心的收攝以產生安祥之感，而此安祥之感的原因是來自於對於感性欲念的對治，而對治的客觀依據便是古訓，故能在漸修的用功之際，得到心念的安定，同時亦藉由先賢的文字經驗中得知對於本體之自覺的下手方向，此時雖然得知從經論中所取得的一切有限智境，雖然不像習心一般那麼虛妄而不實，但是若長久執著於此，便會受限於有限的境界之中，故必須要再進行境界上的提昇。

　　而下手的指點方式，便是以「勿忘勿助」法為其重點工夫，以此為其求中之門，而入中正之道，使那本具的中正之氣得以現前，此時便會發現此中正之氣的運行便是生生之理的呈顯，而此生理便是吾人之仁心，當見到此點

之時，便見到了天理的本體，而這種從習心的對治入手而成就之本體工夫，其工夫的成就順序是先從習心的對治做起，其次再進行對於本體之自覺的成就，最後再以證得自由義為其理想的境界，故湛若水之本體工夫，便自然有別於王陽明之良知學而自成一家之言，也因此而形成了兩種不同路線的本體工夫型態。

而此兩種本體工夫雖然在入手處有所不同，但是皆必須承認一點，那就是本體工夫的成就關鍵在於如何以本體為宗進行對於自覺義的體證以及習心的對治，在此二者皆完美成就的情況下，才能保證其所證得的本體工夫之自由義為至善之本體，所以不論是王陽明的「四句教」或是湛甘泉的「勿忘勿助」的工夫心要，皆一再以本體的自覺義、習心的對治義為其實修上的要點。

以湛甘泉而言，則是以天理為「真」，以習心為「妄」，而王陽明則是以良知為「真」，亦以習心與人欲為「妄」的態度進行「存真破妄」的工夫實踐，就此點而言則為湛王二家之共識，即使之後湛王二家有工夫上的內外之爭，但是此類之爭議，也只是在境界上的比較而已，其本質之爭執就在於本體工夫中「自由義」的發揮程度之問題。

當涉及此類問題之討論時，便可以看到一件事，那就是喜歡強調本體自覺義的行者，常會強調發揮本體自覺的力量便可以完美的對於習心進行根本的對治，除此之外，皆是給予次等工夫或是不了義之評價，故王陽明常就此處去批評湛甘泉的工夫本身為較低層次的本體工夫論，而湛若水常就王陽明之本體工夫所可能產生的弊端，進行對於良知之學的批評與回應，而湛王二家也因此而不斷的對於彼此的工夫論有所啟發，王陽明之長處在於高度的發揮本體的自覺義為其入手處，而湛若水則是重視到習心的對治與防弊問題，而二者也因此而不斷的受到對方的影響而不斷的使自身的本體工夫更為圓融而完備。

所以在此處，吾人可以得知，湛若水的本體工夫之操作，其工夫歷程便可以看成是從習心的對治義出發，同時再進行對於本體的自覺義之修行，最後在前兩者的工夫基礎穩定之後，才提到自由義之問題，故其工夫之操作要點，比起王陽明的本體工夫而言，便更重視習心的對治與防弊，而吾人亦基於此點，將湛若水的本體工夫之操作，重新簡要說明如下，首先是就「立志」方面而言，湛若水云：

學莫先立志矣〔註17〕！

此志爲何物？湛若水云：

> 持其志耳，志者，氣之帥也，知持志，則百體從令，客氣自消矣。
> 〔註18〕！

從以上的看法可知，所謂的「志」是指氣的統帥者，而此「志」便是一種能統攝身心的高層次的氣，而此氣爲何物？便是那「中正之氣」，而對於此氣的形容，便會有如下之界定：

> 純乎天理之正者，道心，發於形氣之私者，人心〔註19〕。

從以上的看法可知，中正之氣的層次爲「道心」，具有自我要求而統攝較低層次之心的力量，而此力量的顯現便是在於氣上發揮，而此種力量的發揮，就是所謂的「良能」，而良知與良能的總攝者，便是天理，其本質爲至善之氣，故甘泉對於此點定義如下：

> 天理也，至善也，物也，乃吾之良知良能也，不假外求，但人爲氣習所蔽故生而蒙，長而不學，則異，故學問思辨篤行諸訓，所以破其愚，去其蔽警發其良知良能耳，非有加也，故無所用其絲毫人力也〔註20〕！

從以上所言可知，此種教法其實就是以發揮本體的自淨能力爲宗之教法，就此種要求來看，則可知這種存眞破妄之教法，爲湛若水本體工夫中「覺」之系統，亦跟王陽明的教法一樣強調本體之自覺義與自由義，屬於上層次之教法，故就此點而言，湛甘泉之本體工夫中亦有其高明簡易的一面，只是若光從此點入手，便只能教化特定根器之人士，故因此而開設從古訓入手而成就之法門，也就是從讀書入手而成就的工夫，故除了「覺」之外，亦有「學」的工夫之安立，其操作要點在於意念的收攝與專一，如下所示：

> 於讀書上用功，務令收攝而不滯不放，即是立敬〔註21〕！

從此處的看法可知，在湛若水的教法之中，除了訴諸於本體自能力的發揮之之工夫外，也關心對於習心的對治問題，故利用讀書的方式以進行對於感性

〔註17〕 明・湛若水撰，《四庫全書存目叢書集部第 56 冊:湛甘泉先生文集》，〈台南：莊嚴文化事業有限公司，1999 清康熙二十年黃刊刻本〉，卷 3 頁 537。

〔註18〕 同前註，卷 4 頁 544。

〔註19〕 同前註。

〔註20〕 同前註，卷 7 頁 562。

〔註21〕 同前註，卷 6 頁 558。

欲念的對治，亦利用古訓去啟發對於內心本具的良知良能的自覺，故此種工夫在外表雖然呈現「學」之工夫相，但是其實亦有「覺」之工夫在其中，而融攝學與覺於一身的工夫，便是所謂的「敬」，故本體工夫的自覺義與對治義之要求，便在「敬」的工夫中呈現，故甘泉以此為內外合一之道，對於此點，則說明如下：

> 故善學者，必令動靜一於敬，敬立而動靜混矣，此合內外之道也〔註22〕！

從以上的看法可知，此處所言的內外合一之道，便是利用讀書進行「學覺雙運」之工夫，除了發揮本體的良知良能以「存真破妄」之外，亦利用古訓進行「以妄除妄」的工夫之運作，至於此處所稱之「真」與「妄」，便是指中正之氣的力量為「真」，而習心的力量為「妄」，此為第一種工夫，至於第二種工夫的以妄除妄法，則是利用讀書與古訓的參究之中而得到的有限智境之力量，進行對於習心的對治。

故對於第二種情況之工夫運作，筆者便稱為「以妄除妄」法，即利用有限的智心進行對於習心的對治，而此種工夫相對於第一種工夫而言，則在本體的自覺義的發揮上較低一個層次，故王陽明常針對此點而批評湛若水的本體工夫並不究竟，但是以湛若水的看法而言，則並不同意陽明之論點，故從對治義的一面發揮去批評陽明的本體工夫容易使後學在實修上缺少防弊的機制，故因此而產生了工夫上的爭論。

不過卻也因此而使雙方都注意到自身工夫在教化上所可能產生的問題，故王陽明於天泉證道之時，亦提醒王龍溪與錢緒山等後學，務必保持工夫上對治義的不失，而湛若水本身亦因此強調學覺並進之工夫論，故以「敬」字做為工夫的總攝之心法，故甘泉亦指出在實修上不可以過份的被文字所局限，對此亦云：

> 以書蔽志者，窮年不能明其理〔註23〕！

同時亦重申「學」之重點，如下：

> 學者養心也，去其害心者爾，而生理不可息也，夫何加用力焉〔註24〕！

〔註22〕 明・湛若水撰，《四庫全書存目叢書集部第56冊:湛甘泉先生文集》，〈台南：莊嚴文化事業有限公司，1999清康熙二十年黃刊刻本〉，卷7頁562。

〔註23〕 同前註，卷2頁526。

〔註24〕 同前註，卷2頁527。

此處是指學的功用在於對治習心，使生生之理不斷的於吾人之身心作用，故在實修上不可以被習心蒙蔽了最初那以本體爲宗的發心，故對於此點，甘泉云：

> 立志，而學問思辨篤行以成之〔註25〕！

亦云：

> 夫學問思辨，所以知本也，知本則志立，志立則心不放，心不放則性可復〔註26〕！

從以上的看法而言，吾人可以得知一件事，那就是在湛若水的心中，亦認爲能夠發揮本體的良知良能而行事的工夫是上層次之教法，不過在實修上由於意識到未必人人皆能完全發揮此種力量，故在強調「立志」之時，仍然亦肯定學問之功的重要性，所以在實修上採取「學覺並進」而成就的方式。

所以在此種心態下，其本體工夫的成聖條件之設定，也必定是以「學」與「覺」之並進雙運爲其成聖之必要條件與充份條件，故在此點上則有別於王陽明，只將「覺」視爲是必要條件，而「學」只是其成聖的充分條件之一而已，此爲二者教法之毫釐之差，而此點差異就在於陽明對於學的看法是採取高度呈現出本體自覺義之論點而導致的結果，對於「學」的定義，王陽明表示如下：

> 學者，學循此良知而已，謂之知學，只是知得專在學循良知〔註27〕。

從以上的看法可知，王陽明對於本體工夫的看法，與湛甘泉本體工夫的相同之處在於二者都能體認到源自於本體的良知良能而發的自淨能力之工夫，是本體工夫中最爲上乘的境界，是一種總攝本體的自覺義與自由義於一身而成就的工夫，故就此點而言，湛若水與王陽明都肯定此爲成聖的必要條件，也是上等工夫之型態，所以在基於此種觀點下而建立的本體工夫，便會產生高明而簡易的論點，故王陽明與湛若水皆設有此等層次的工夫，此點爲其「共法處」。

不過湛若水正視到此種工夫在實修上雖然高明簡易，但是未必人人皆能得以完全受用，故基於防弊的立場下，便強調了學問、思辨、篤行之功的重

〔註25〕　明・湛若水撰，《四庫全書存目叢書集部第 56 冊:湛甘泉先生文集》，〈台南：莊嚴文化事業有限公司，1999 清康熙二十年黃刊刻本〉，卷 3 頁 536。

〔註26〕　同前註，卷 7 頁 568。

〔註27〕　王陽明，《傳習錄》，全 1 冊，(臺北：三民書局股份有限公司，2004 年)，頁303。

要性，以便保持其對治義的要求不失，故因此而和王陽明產生了工夫的辨義問題，但是此類問題之討論卻因為二者對於彼此的工夫在實修上所可能產生的缺點而發，故湛王二家皆以自身教法之長去批評對方工夫之短處，而導致了許多無謂之爭議，不過卻也因此而相互影響對方而使雙方的本體工夫，不斷地使自身本體工夫的自覺義與自由義和習心的對治義的發展上更為完備，進而使雙方的本體工夫成為當時的顯學。

第二節　陽明後學對於湛若水本體工夫之詮釋

從上節的討論可知，由於對於「學問之功」的態度不同，而因此引發了內外之爭議，但是在事實上，湛若水對於學問之功的態度，是認為不論是古訓或是聖賢之教導，其實都是聖人對於天理的體會，由此體會訴諸於現象界的文字記錄，就其理氣論的觀點來看，也可以理解成是聖人在氣世界中，從有限文字之教導中，表現其自身的「中正之氣」，此時的言行可以視為是天理在聖賢之心中的呈現，若從此處去參究，就可以在聖賢之教誨中體會到天理的本體，也可以感受到中正之氣的境界，此時的「學問之功」的成就，由於完成對於天理中正義的體會，而使人在心之發處，顯現其「仁」之生理，而貫通天人，當此生理貫徹身心之際，便可以通內外而合一而成就其「隨處體認天理」的工夫〔註28〕。

而甘泉所強調「學問之功」的重點，其實也只是由讀書的方式來幫助進行對於天理本體的自覺而已，所以就此態度而言，亦無王陽明所批評一般的有流於「外」的缺點產生，因為其理氣論的設定是強調一氣一理，強調在發心動念處中，都能自然體現天理，而即體即用，就可以在氣之中正處見到天理，此時眼前所見，皆是理的顯現，也皆是工夫之所在，故無內外之分，此為湛若水工夫之思路，也以此立場而說明其教法並無陽明所批評的缺點出現。即使從上述的思路能回應陽明的批評，但是陽明終究不以此種工夫為究竟之教法，故陽明連帶對湛若水工夫中所強調的「勿忘勿助」之教法，亦給予批評，對此則表示其看法如下：

〔註28〕 許惠敏，〈甘泉居樵時期思想探析——以《樵語》、《新論》、《知新後語》作為考察對象〉，《國科會哲學學門人才培育計劃——國際學術研討會論文集》〈2011 年〉：頁 14。

　　學者往往說勿忘勿助工夫甚難，才著意便是助，才不著意便是忘，
　　問之云：「忘是忘個什麼？助是助個什麼？」其人默然無對，因與說，
　　我此間講學，卻只說個必有事焉，不說勿忘勿助，只是時時去集義。
　　若時時去用必有事的工夫，而或有時間斷，此便是忘了，即須勿忘，
　　時時去用必有事的工夫，而或有時時欲速求效，此便是助了，即須
　　勿助。工夫全在必有事上，勿忘勿助只就其間提嘶警覺而已，若工
　　夫原不間斷，不須更說勿忘，原不欲求速效，不須更說勿助。今卻
　　不去必有事上用工夫，乃懸空守一個勿忘勿助，此如燒鍋煮飯，鍋
　　內不曾漬水下來，而乃專去添柴放火，吾恐火侯未及調停而鍋先破
　　裂矣。而所謂時時去集義者，只是致良知。說集義，則一時未見頭
　　腦，說致良知，當下便有用功實地〔註29〕。

從王陽明的看法可知，若進行湛若水的工夫中，缺少對於本體的自覺，則可
能使其教法變成一種求諸於外而缺發本體支持的工夫論，反而白費許多氣
力，故就此角度來看，便強調以致良知的工夫於事上的漸修，在良知本體的
自覺下，進行對於勿忘勿助工夫的運行，反而能時時警覺自己，發揮本體的
自淨能力來行事，在即本體即工夫下的「勿忘勿助」之工夫才可能成就，此
點為王陽明對於湛若水教法末流所可能產生的缺點之洞見。

　　從此處可知，不論是從王陽明的角度看湛甘泉，或是從湛若水的角度來
剖析陽明的良知學，可以知道一件事，那就是工夫是否成就的關心處就在於
其工夫論中所設定的本體與工夫是否能產生必然聯結而體用一貫的關係，若
能產生此關係，則在即體即用的工夫標準的判定下，便是一套有效的本體工
夫，若不合乎此點，則是有流於「外」或是偏於「內」之缺點。

　　而湛王二家便是在自己工夫論的角度上，去看待對方之工夫論，而因此
看到對方所可能產生的缺點而相互批評，而以自家之工夫論去融攝對方之工
夫，而此點便成為湛王二家爭議之起點，但是湛王二家其實皆有即體即用的
本體工夫之運作，故皆能自圓其說而成一家之言，只是切入的角度不同而已，
而「勿忘勿助」便在陽明的理解下，而給予工夫的「不間斷」及「不求速效」
的解釋，以致良知的工夫義來收攝此工夫。

　　而陽明後學也因洞徹此點，故亦對於湛若水的工夫給予尊重之態度，但
是用此種方式來理解湛若水的教法是否合乎其原意？王陽明之理解是否與湛

〔註29〕黃宗羲，《明儒學案》，全 2 冊，(北京：中華書局，2008 年)，上冊，頁 196。

若水本人的理解有別？故針對此點，筆者則試圖從陽明後學對於湛若水的請益中，以得知其眞相，首先便是錢緒山對於湛若水工夫的解釋。

一、錢緒山對於湛若水工夫的解釋

錢緒山與湛甘泉於明儒學案中，曾經有一段對於湛甘泉教法的解釋，而此解釋中除了錢緒山本人對於甘泉的工夫之理解外，也提到王陽明早期對於湛甘泉本體工夫的理解，故亦可視爲是錢緒山對於湛甘泉工夫之解釋，其看法如下所示：

> 今遊先生之門者，皆曰：良知無事學慮，任其意智而爲之。其知已入不良，莫之覺矣，猶可謂之良知乎！所謂致知者，推極本然之知，功至密也。今遊先生門者，乃云只依良知，無非至道，而致知之功，全不言及。至有縱情恣肆，尚自信爲良知者。立教本旨，果如是乎？」予起而謝曰：「公之教是也。」公請予言，予曰：「公勿助勿忘之訓，可謂苦心。」曰：「云何苦心？」曰：「道體自然，無容強索，今欲矜持操執以求必得，則本體之上無容有加，加此一念，病於助矣。然欲全體放下，若見自然，久之則又疑於忘焉。今之工夫，既不助又不忘，常見此體參前倚衡，活潑呈露。此正天然自得之機也。蓋欲揭此體以示人，誠難著辭，故曰：苦心。」公乃瞿然顧予曰：「吾子相別十年，猶如常聚一堂」。予又曰：「昔先師別公詩有「無欲見眞體，忘助皆非功！」之句，當時疑之，助可言功，忘亦可言功乎？及求見此體不得，注目所視，傾耳所聽，心心相持，不勝束縛。或時少舒，反覺視明聽聰，中無罣礙，乃疑忘可以得道。及久之，散漫無歸，漸淪於不知矣。是助固非功，忘亦非功也。始知只一無欲眞體，乃見鳶飛魚躍，與必有事焉，同活潑潑地，非眞無欲，何以臻此？」公慨然謂諸友曰：「我輩朋友，誰肯究心及此〔註30〕！

從錢緒山的看法得到湛甘泉的肯定來看，可以得知其「勿忘勿助」的工夫，是以發揮本體活潑之生意的工夫，之所以強調「勿助」，是指一般人常欲急於見到本體的天理，反而在工夫的運作上，已經流於本體以外的運作，並非是此本體之本來面目，而此種工夫由於是從本體以外的力量運作，故在根源上

〔註30〕 黃宗羲，《明儒學案》，清刻本，全 2 冊，(北京：中華書局，2008 年)，上冊，頁 230。

並非是從此本體做為動力的來源，所以不是真正的本體工夫，而此類工夫的運作則會有流於「外」之風險，反而是對於天理的背離。

所以此時必須「勿助」，於實修上不要產生對於本體的貪執，因為此本體本身就具有「良能」，具有自我要求的力量，故就此力量的本具的立場而言，工夫在運作中只是要使此良能的力量能正常運作而已，並不需要本體以外的力量來控制，所以見到此點的論者，便會開始產生對於工夫上的調整行為，以錢緒山的看法而言，就是在作用層次上進行放下的工夫，當放下對於本體以外的工夫的貪執時，便會開始觀察到此心本具的力量，其實是一直運作不斷，而此力量本身是源自於那自然活潑的「無欲真體」，其本質就是甘泉所說之心之生理處，也就是仁心之生意。

而此時雖然人人亦可見得此力量的運行，但是由於見解上的偏差，又流於不做工夫而放縱自己的極端，所以便需要「勿忘」之工夫，而此種工夫的運作極為高妙，但是又不容易掌握，故非人人可及，也很難從言論之中把握它，所以錢緒山有此體會，便向甘泉陳述自己的理解，而因此得到湛若水的肯定。

而就上述的看法觀之，其實與王陽明對於湛若水的工夫解釋，則大同小異，其小異處，在於錢緒山見到湛若水本身的工夫論是從此無欲而活潑的本體出發，由此本體活潑的生理之運行中，看見其無欲真體的本來面目，是從心之生理的仁意中出發，就此生理的顯現而言其「勿忘勿助」的工夫主旨，是遠離與「忘」與「助」的兩端，方能見到此中正而無欲之真體，對於此點之認識，則與陽明的看法有些許差距。

但是反而因此更能接近對於甘泉教法本質的理解，而此時的錢緒山亦從王陽明回應湛若水的詩中，得知湛若水與王陽明在晚年時思考的方向，已經逐漸不再對立，而王陽明在此時的用語上，便是以「無欲真體」來形容甘泉的天理本體，而以「忘助皆非功」一句總結湛若水的工夫，而錢緒山也在此時藉由王陽明的看法，而得知湛若水的工夫之特色，就在於對於此心生生之理的體會，而此生理之本身需遠離「忘」、「助」的兩種偏見，才能得見此體本來而自然的面目。

「勿忘」是就此對於本體的恆常義之自覺，也就是對於本體層之善意志的自覺，而「勿助」，則是要求於做工夫時，使本體自己的運作能夠自由發揮而不受局限，也就是在作用層次上的不執著，一旦執著，便失去了自由義，

而使此具無限境界義之中正之心受限於有限的習心境界中，而此有限的境界之本身，與那不受局限而廣大的本體並不相應，所以便可能會因此而有流於「外」之風險。

而王陽明認為這一點，正是湛若水之工夫所必須面對的問題，故因此而批評湛若水之教法並不及良知學完備，但是以湛若水的立場而言，則仍然是以「勿忘勿助」之工夫為解決之辦法，故因此而產生良知與天理之內外之爭議，而湛王各自皆嘗試以自身教法之優點，去批評對方於實修上所可能產生的問題，直到晚年，湛王二家則開始進行共法上的會通，才產生了錢緒山以上之觀點。

也因為湛若水對於錢緒山的肯定，吾人亦可以得知錢緒山掌握了湛若水工夫論的精華，也從此得知湛若水的工夫論，亦是強調即本體即工夫的運作，由於本體層次的天理本體與其自我要求道德實踐的良能，其本質都是此心之生理的運行，故能顯示出其活潑的生機，故本體與其工夫在本質上，皆是一貫之流行，其本質是無所安排，所以可以稱為「良」，而其工夫之運作亦是強調成就一個不受經驗及他律影響下的本體，故就此特色而名為「無欲真體」。

而為了成就此真體，則需要以「勿忘勿助」的方式，來進行對於本體的自覺與其本具的自淨能力之發揮，所以就此種要求來看，則是屬於和王陽明的良知學是同一類型之工夫論，所以在本質上並無多大衝突，所以即使是身為陽明後學的錢緒山，也能夠同意及掌握湛若水的本體工夫，而因其在工夫類型上的思考方式相近，故錢緒山也能夠很快的掌握湛若水的工夫論，及其在境界上的「自由義」與「自覺義」，也因此能得到湛甘泉的賞識。

所以此時由錢緒山所掌握到的「勿忘勿助」之工夫，是代表湛甘泉晚年成熟思想下的工夫，比王陽明所見到的早期思想之境界，更為深層，所以雖然同樣都有對於湛若水「勿忘勿助」之解釋，但是此時的湛若水與早期的思想境界，已經更為圓融，在此具有活潑的生意之天理中，完成對於本體層次的體會及自覺，又能於實踐上，完成於作用層次上的無欲境界，因為無所欲求，所以能不生起貪執之心，故非有限的「習心」境界所能局限，故與內在本具的天理相應。

此時只需隨順著天理的要求而自我完成道德的實踐，故能夠全然放下，不受經驗與他律的影響，此時便能化解「習心」的障礙，故連帶從習心的障礙中所產生的「忘」與「助」的缺點，便頓現其窮而自然瓦解，此心只有來

自於本體及本體所發揮的自淨能力，亦名「良能」的作用，而在此本體的自覺義與自我要求力量的作用下，便能夠將內外的界限打破，而完成通內外合一的境界，於古訓的參證中，將古訓有限的文字之外部教理，還原到聖賢當初對於那內在無限智心的體會，完成於義理上的通內外合一之境界。

　　至於在實修上，則能夠靠著自我要求的本體之力，完成對於習心的對治與昇華，使吾人之身進入中正之氣顯現的境界，此時由於此心的自覺，故同時也完成對於中正之理的體會，故吾人之身心與那遍及一切處而本具的天理本身，亦打破了內外的隔閡，而與天人不二，此心此理此氣皆進入合一之境界，本體與工夫的力量皆不斷的湧現其無窮的力量，而直入甘泉教法的最高意境，故就此時的甘泉而言，便已經無陽明所批評一般的缺點出現，反而與良知之教的最高境界平等無別，此為甘泉晚年之境界，也因為在實修賞證上的表現極為高深，所以能得到陽明後學的尊敬。

二、聶雙江對於甘泉工夫之意見

　　陽明後學除了錢緒山之外，聶雙江亦對於湛若水的本體工夫有相當之理解，並給予高度之評價，如下所示：

> 問：「隨處體認天理，何如？」曰：「此甘泉揭以教人之旨。甘泉得之羅豫章。豫章曰：『為學不在多言，但默坐澄心，體認天理。若見天理，則人欲便自退聽。由此持守，庶幾漸明，講學始有得力處。』又曰：『學者之病，在於無凍解冰釋處，雖用力持守，不過苟免，形顯過尤，無足道也。』究其旨意，全在『天理』二字。所謂見天理者，非聞見之見，明道曰：『吾道雖有所受，然天理二字，卻是自家體貼出來。』而世之揣摩測度、依傍假借為體認，而反害之者多矣。天理是本體，自然流行，知平旦之好惡，孩提之愛敬，孺子入井之怵惕、惻隱，不假些子幫助。學者體認到此，方是動以天。動以天，方可見天理，方是人欲退聽、凍解、冰釋處也。此等學問，非實見得未發之中、道心惟微者，不能及。〔註31〕」

從以雙江對於甘泉教法的理解來看，可知天理的本體本身具有自我要求與淨化人欲的力量，所以天理本體的顯現就可以使人欲退聽，當理解這本體工夫

〔註31〕黃宗羲，《明儒學案》，清刻本，全2冊，(北京：中華書局，2008年)，上冊，頁230。

自我運作的要點時，才能夠在進行對於學問之功的積累時，以進行對於本體的自覺，而不受限於外在的「聞見之知」，而是善用此聞見之知而藉此體認那本具於吾心之天理，此時便可以通內外而合一，若無法如此，則可能會被局限於聞見之知的境界中而無法體會天理，此種情況便是有流於「外」的風險，而此時的「外」，以廣義而言是指受限於經驗及它律的境界，凡在此局限下，其境界必定不自由，故並不究竟。

若以狹義的概念來解釋，則是指這「聞見之知」的境界，若受限於以上所說的境界，則反而會與天理本體所要求之無限的境界產生背離，故在實修上不可落入於有限的境界，因為此境界的本質是「習心」的境界，其本質並不具有道德法則上的「自由義」與「恆常義」，所以落入此境界，就會有陽明所批評一般有流於「外」的情況產生，有此情況產生就不可能證得本體的自由義及恆常義。

以康德哲學的思路來判斷，其實就是指若不遵守那由自我立法而本具的道德法則，則亦不可能在生命中得到真正自由的境界，仍然被經驗及它律的世界所束縛，而王陽明亦是針對此點，就其道德法則上的「自由義」與「自律義」以及本體的自覺義，而批評早期的湛若水之修行方式，會有流於「外」的缺點，但是此種批評對於晚年的湛若水而言，則未必適用，因為此時的湛若水對於本體的體會，已經證得如上之「自由義」及「自律義」，也因此才能得到陽明後學的尊敬，而聶雙江亦給予其教法高度的評價。

第三節　湛若水對於湛王二家教法的反思及共法上的融攝

從以上陽明後學對於湛若水教法的尊崇來看，其實並不亞於對於王陽明的尊敬，而湛若水雖然與王陽明在工夫論上的討論，在早期未能達到共識，但是皆對於對方的工夫有肯定的評價，不過亦皆同時看到對方教法在實修與教化上，所可能產生的問題而相互批評，而以湛若水對於錢緒山的指點與其對於陽明後學的批評來看，其實都是針對陽明後學常過份強調良知本身的不學不慮面，容易導致理欲不分的風險。容易產生光談良知本體之高明簡易而不落實於致良知之工夫，反而使此心之良知有流於不良之風險。

故常就針對此點而對錢緒山提及其憂心之處，而湛若水亦針對於此點而提出看法如下：

今謂常知常覺，靈靈明明爲良知，大壞陽明公之教〔註32〕！

從此點之批評來看，可以得知陽明後學之缺點，在於常流於光談本體之自覺義缺少於工夫的落實，容易使一般修學者有無所適從之感，反而在於作用層次上的工夫之對治習心之力便因此而無所把握，同時又過份強調與作用層次上對於工夫不執著，對於強調習心對治的論者，常給予不究竟境界之批評，常以本體的「自由義」與「自覺義」來貶抑一般強調工夫的論者，雖然在究竟境界的討論上是可以顯示出其高明義。

但是此類論點對於一般初學者而言，便將良知本體看成是一種可望而不可及的本體，或是產生另一種不用做工夫就可受用的本體，此種錯誤觀點非常容易導致「理欲不分」的風險，究其原因就在於光談本體的自覺義之境界，但是在對於「人欲」與「習心」的對治工夫方面的說明，卻給予較爲下層次修法的批評，容易使人只有本體而無工夫之運作，而此種流弊正是陽明後學最常產生的問題。

甘泉認爲這種方式反而大壞王陽明之原意，故常此點給予批評，以《明儒學案》的記錄而言，最常有此缺點者爲王龍溪及王艮等陽明後學，但是由於湛若水本人並沒有與此二人有進行一定程度的學術討論，故筆者在此節，則不給予處理，其討論之焦點以明儒學案中的聶雙江與錢緒山爲陽明後學之代表，以進行對於本節問題之討論。

一、湛王二家在本體工夫上之共法

縱觀以上所述可知，凡是一個工夫論之設定之前，必須先設立一個永恆不變的眞理，而此眞理本身的價值意識即爲「本體」，而此本體之設定，亦同時給予此本體有自淨能力，而此能力會依據本體的要求而行事，而此能力之發揮便會形成工夫論的設定，此種能力會對於違背本體的事物進行對治，以儒學而言所對治的對象無非是「習心」與「人欲」，之所以能對治的原因就在於此類對象的本身並不具如本體一般的恆常義，雖然有障礙的功能，卻不具本體的體性，所以方能使此本體能對於習心進行對治。

由此觀點之後，便會產生一種層次上的區分，而此區分就是將「本體」與「習心」分爲上下兩層次的境界，而此區分的方式，以康德的看法就是將

〔註32〕明・湛若水撰，《四庫全書存目叢書集部第 56 冊:湛甘泉先生文集》，〈台南：莊嚴文化事業有限公司，1999 清康熙二十年黃刊刻本〉，卷 7 頁 593。

其分爲現象與物自身的兩種層次來看待，區分的標準就在於其本體具有「自律義」與「自由義」代表那物自身的境界，於此境界則是永恆而不變的純善境界，因爲此境界並不受經驗及他律的境界所染，但是此境界之力量亦能隨時顯現於現象上的世界，而此現象界之本身是受到它律而局限的世界，所以本身並不自由。

而在此境界之中，其力量之根本便是源自於「習心」或「人欲」，而以理性的存有者的觀點來看，便會產生一種欲得到自由的看法，而此看法之來源，則是來自那於本體界的力量，此力量以湛若水的術語而言，便可以稱爲是「良能」，此力量在現象經驗的世界中常與習心進行對抗，若能夠戰勝「習心」，則便當下回歸於本體而得到自由，而對此本體之自覺與自我要求能力的把握，便成爲湛王二家工夫討論的焦點。

二、湛王二家工夫運作上的不同處

以湛若水的看法而言，陽明教法之根本是從「覺」入手，依對於良知本體的自覺，於實修中依據「四句教」的工夫，使此心端正意念，降伏妄動的意念，而使此心了知本體的恆常義，及本體自我要求的能力，是完全有別於經驗與它律的人欲境界，從此對於本體之自覺而產生的智慧及定力，便可以對治人欲使其妄念不生，便可使心安住與本體之境界中，而進入聖人的境界，此爲陽明工夫的特色，其教法在於高明簡易處見長。

至於湛若水之工夫，則是以天理爲本體，從發揮此心虛靈應變的力量入手，從經驗與現象世界中，利用文字及古訓做爲修證上的客觀依據，以此入手，以證得天理之智境，而因此能從「學」入「覺」而破除及化解「習心」的障礙，而見到天理本體，此時雖然是從「學」入「覺」，但是究其實際的工夫運作上是屬於「學覺並進」的工夫，從此「學覺雙運」的工夫運行中，以中正之心爲本，而發揮揮其本體的自淨能力，便可以破除「習心」，證得「天理」。

此時在實修上對於一般入手者而言，則是從「學」入「覺」，但是到一定程度的提升之境，便需要進行「作用層」上的無執工夫，對於從經論上所體會本體的智慧境界，與所對治的「習心」境界，亦採取「勿忘勿助」之工夫，將二者的對立化解，並將此心昇華到本體的層次，同時放下對於本體智境的依賴，此時便是將「學問之功」於作用層上做爲客觀依據的執著放下，從作

用層次上對於天理自我要求能力的把握，全部提升到天理本體的「自覺義」與「自由義」來談，而此境界便是湛若水所言之「隨處體認天理」的境界。

其教法在於「學覺並重」而「學覺不二」，在實修上兼顧了「本體」自覺義與對於「習心」的對治義，此種教法之優點，在於可以運用經論以開化群生，在「作用層」上的實修中，可以藉由經論的教導，去啓發對於這本具的「中正之心」之認識，在漸修用功之時，得知從經論中所取得之智慧境界，雖然不像「習心」一般虛幻不實，也有一定程度的眞實義與自覺義，同時亦具有對治習心的力量，但是若過份執著於此有限的智境中，則仍然會被局限於文字上的經驗與它律的境界，所以此種工夫若僅停留於此程度，則會有陽明所批評一般有流於「外」之風險，而陽明便是針對此點進行批評。

但是甘泉亦非不知此點，所以之後才強調「勿忘勿助」之覺照工夫，以進行對於工夫論中境界的提升，以使此心去契合那無限的天理本體，此爲作用層上的工夫境界之提升，方能進入湛若水言之最高境界，若無此於作用層上提升的工夫，則無法通內外而合一，所以就此點來看，湛若水之工夫論，與王陽明的工夫論，之所以會有內外之爭之原因，就在於「作用層」次上所採取的路線不同。

而二者皆意識到對方工夫在實修與教導後學方面所可能產生的問題進行討論，亦各自以自己所見到之精義提醒對方，故才產生了對於「內」與「外」之爭論，而二者雖然因此而有所爭論，但是皆有一定程度的共識，對於那無欲眞體的體證與追尋，必須作用層次上的無執心境及工夫圓滿成就，才能夠使此心不依一切相，而使此心進入高度自覺而自由的境界，此點爲湛若水與王陽明的共識，而晚年的湛若水正是證得此境界，而因此得到陽明後學之尊敬。

三、湛若水對於天理與良知之理解

湛若水由於其本體工夫是從習心的對治義出發，所以在實修上對於天理與良知的認識是從此仁心的角度出發，故以此仁心爲其立教之宗旨，故認爲天理與良知皆是同一個生生之理的顯現，在本質上並不互相衝突，反而在現象界的顯現之中都可以相互會通而無礙，因爲在本質上都是一個中正之氣所顯，故對於「天理」與「良知」的看法則如下所示：

> 無所安排之謂良，不由於人之謂天，故知之良者，天理也，孟氏所

> 謂愛敬之心也！知良知爲天理，焉往而不體故，天體物不遺，理體
> 天而不二，故良知必用天理，天理莫非良知，不相用不足以爲知，
> 夫良知必用天理則無空，天理莫非良知，則無外求不空〔註33〕！

以上是就湛若水於本體層次對於良知與天理的看法，在此看法中可知，湛若水認爲天理是比良知更爲核心的概念，所以其思路便是以天理爲宗去進行對於良知的融攝，從本體層次中，就其無所安排的一面可以定義爲「良」，代表不受「功利之志」的局限，而此境界中亦是從此天理所顯現，所以於此境界之中，「天理」與「良知」都代表著無限心的境界，所以此時的「良知」與「天理」並無內外之分而平等不二，故湛若水云：

> 理也者，吾之良知也，學之者，所以覺其良知也〔註34〕！

此時是就天理的核心義貫徹於良知來說明，因爲良知本體意亦具有天理的屬性，所以「良知」就此點而言與「天理」不二，而此二者共同之屬性爲何？湛若水則說明如下：

> 中間這一點生意，即是天理〔註35〕。

亦云：

> 天理只是心之生理〔註36〕。

從以上的看法可知，不論是良知或是天理，之所以能貫通天人而無礙的關鍵就在於其本質爲生生之理的運行，是具有生意的活潑本體，而此生意的本質爲何？湛若水云：

> 人之心，虛也，生意存焉，生仁也〔註37〕。

從上述的回答可知，此生意的本質是「仁」，其本身具有聯結本體層與作用層而不二的特性，所以也成爲湛若水做爲其通內外而合一的工夫之關鍵，而因爲良知本體與天理本身都具此仁心之生理，所以就此點而言，「天理」與「良知」可以說其本質是不二，所以若從此仁心之生理處下手進行體會，亦可以會通湛王二家之學，因爲二者對於本體層次的設定都是以「仁」爲其核心概念，此點爲湛王二家之「共法」，對於此點，王陽明亦云：

〔註33〕 明・湛若水撰，《四庫全書存目叢書集部第 56 冊:湛甘泉先生文集》，〈台南：莊嚴文化事業有限公司，1999 清康熙二十年黃刊刻本〉，卷 17 頁 705。
〔註34〕 同前註，卷 17 頁 694。
〔註35〕 同前註，卷 11 頁 638。
〔註36〕 同前註，卷 11 頁 639。
〔註37〕 同前註，卷 2 頁 530。

良知之智，實自惻隱之仁來〔註38〕。

王陽明亦云：

心之本體，即天理也，天理之昭然明覺，所謂良知也〔註39〕。

從王陽明的看法可知，其教法亦成與湛若水一樣，皆以「仁」爲本，以此做爲其立教的核心義，所以王陽明若以良知教法去把握湛若水工夫，或是從湛若水的天理入手，去攝受王陽明的良知學，由於皆是以「仁」爲核心義，所以在本體層次上二家之思想是可以會通而無礙的，因此就此處而言，湛若水便以此進行對於良知學的攝受，便可以得到陽明後學的認同，因爲在本體層次上的所證得的核心義皆是以證得此「仁」心爲主，而亦以此爲所見性的內容，對此甘泉云：

聖人言性，乃心之生理〔註40〕！

由於心之生理是其見「性」的目標，而就此生理之運作而言，除了代表儒學的價值意識之外，也是「天理」落於「心」上講，不論是「內」或「外」，皆有這「仁心」之生理運作其中，所以才能夠有使人人成聖的保證，對此心之生理的本質，湛若水則給予「至善義」及「中正義」之說明如下：

心之生理，其渾然至善者也〔註41〕。

亦云：

儒者盡心而知性，故以天理中正謂之性〔註42〕。

從上述之定義可知，此「性」之概念若落實於實踐的層次上而言，除了代表人性的本質是純善之外，亦代表了來自於天理的中正義，而此中正義的本質，就是指這人人本具的「仁心」，亦名「心之生理」，此生理具有貫通天人而通內外合一的力量，同時也是使人人成聖的保證，也代表天理本身，所以就此生理的連結之下，天理與人心便能就此處而言其本質不二，故甘泉對「天理」與「人心」便因此思路而有如下之理解：

天之理也者，人之心也，正人之心，體天之理〔註43〕。

〔註38〕 黃宗羲，《明儒學案》，全 2 冊，(北京：中華書局，2008 年)，上冊，頁 189。
〔註39〕 同前註，頁 191。
〔註40〕 明・湛若水撰，《四庫全書存目叢書集部第 56 冊:湛甘泉先生文集》，〈台南：莊嚴文化事業有限公司，1999 清康熙二十年黃刊刻本〉，卷 13 頁 652。
〔註41〕 同前註，卷 18 頁 571。
〔註42〕 同前註。
〔註43〕 同前註，卷 17 頁 705。

從以上的理解中可知，若以湛若水對於本體層次的天理之說明來看，常是就此天理的中正義及仁心之生意來看，以本體層次的仁心以進行對於陽明教法之會通，並說明其所見性之宗旨，與陽明良知學在本體上所見皆爲對於此心之生理的體認，所以就此點上而言「良知」與「天理」不二，而在實修的層次上，則從此心之生理處出發，以此爲其天理之中正義的本質，代表著天理本體的核心義，也成爲所見性的對象。

四、對於勿忘勿助法的強調

由於此心之生理除了代表本體之外，亦具有自我要求的力量，既是本體又是工夫，所以只要能對此心之生理能夠把握，便可以自在運作此來自於本體的力量而完成道德實踐，而湛若水便稱此來自於本體自我要求之工夫，命名爲「隨處體認天理」的工夫，之所以能隨處體認的原因，就在於此生生之理的運作遍及一切處，故當體會到此心之生理時，便能洞見天理的中正義。故就這遍一切處而顯現之仁心生理而言，實無內外可分，所以把握此仁心之生意，便成爲了其本體工夫論的心法，對此心法，除了需要對於「本體層」的體會之外，也需要「作用層」上的無執才能成就，故湛若水對此則以「勿忘勿助」四字來表示其看法如下：

> 中正之規，天理自然之體，不離乎勿忘勿助之間，握其幾者誰乎？
> 心也〔註44〕！

同時亦進行對於「忘」及「助」之指點如下：

> 或忘之非本體也，或助之非自然也〔註45〕！

亦云：

> 忘助便是壞性之端，勿忘勿助，便是定性之要〔註46〕。

從此處之指點可知，對於此心生理之體會，也就是對於此純善之「性」的體證，其工夫運作最理想的情況，便是順其本體之要求而任其顯現其本具的能力，但是一般行者常會有流於「忘」與「助」的兩種極端，反而與此心之本體背離，「勿忘」是針對一般行者由於過份追求於作用層上的不執著，卻反而走向了不做工夫而忘失本體的情況，所以必須以「勿忘」進行提醒。

〔註44〕 明‧湛若水撰，《四庫全書存目叢書集部第56冊:湛甘泉先生文集》，〈台南：莊嚴文化事業有限公司，1999清康熙二十年黃刊刻本〉，卷17頁723。

〔註45〕 同前註，卷17頁707。

〔註46〕 同前註，卷9頁616。

　　至於「助」則是指做工夫時，由於急欲追求與本體相應的境界，反而在心中產生另一種欲求速效的功利之志，雖然用功精進，但是此類人士在工夫運作的源頭上，反而受限於另外一種有限的人欲境界，於作用層次上產生了另一種執著的心，而此心並非是源自本體的顯現，所以就此點來看，則必須以「勿助」之工夫來化解，當在日常生活的運作中，能夠完成對於本體的自覺，即成就了「勿忘」之工夫。

　　而在做工夫時，能不對「工夫」或是「本體」的境界產生貪執之心，就能夠完成於作用層上的無執工夫，此時使本體自我要求的能力不斷的產生作用，就是完成了「勿助」之工夫。

五、對於王陽明批評之回應以及教法上之融攝

（一）對於勿忘勿助法之強調與回應

　　由於湛若水認為勿忘勿助法是其本體工夫中的總攝心要，故以此為其求中之門，所以當能夠完成以上的工夫，湛若水便認為，也能夠契合良知學的境界，因為不論是天理或是所謂的良知良能，都是中正之氣顯現，其本質都是仁體，都是那永恆而本具的生生之理，故無所分別，所以就其「勿忘勿助」的工夫論之觀點，亦可以在實修上來總攝王陽明之工夫論，因為其本體的核心義所見性之對象，不論湛王之學派有多少分別，其核心之精義皆為見此「仁體」，對此湛若水表示其看法如下：

> 何謂良知？如何致之？緊要識此自然二字，勿忘勿助之間，乃事有規矩，即集義也，不識此，便沒些工夫了〔註47〕！

由於良知本體在甘泉的看法中，亦被天理所融攝，所以其「勿忘勿助」的工夫也可以融會陽明之教法，因為皆是屬於對於本體的自覺同時並發揮本體自我要求能力的工夫，既然所見之本體核心義是以「仁」為主，所以本體亦同，工夫亦無多大差異，故從此處之觀點回應王陽明對於其工夫的誤解，對此湛若水云：

> 陽明謂勿忘勿助之說為懸虛，而不知此乃所有事之的也，捨此則所有事無的當工夫，而所事者，非所事矣〔註48〕。

〔註47〕 明・湛若水撰，《四庫全書存目叢書集部第 56 冊:湛甘泉先生文集》，〈台南：莊嚴文化事業有限公司，1999 清康熙二十年黃刊刻本〉，卷 11 頁 640。

〔註48〕 同前註，卷 8 頁 608。

亦云：

> 惟求必有事焉，陽明近有此說，而以勿忘勿助爲虛。陽明近有此說，
> 見於與聶文蔚侍御之書。而不知勿正、勿忘、勿助，乃有所事之工
> 夫也。求方圓必於規矩，捨規矩則無方圓。捨勿忘、勿助，則無所
> 有事，而天理滅矣。下文「無若宋人然」，非徒無益，而又害之可見
> 也。不意此公聰明，未知此要妙，未見此光景，不能無遺憾，可惜！
> 可惜！勿忘、勿助之間，與物同體之理見矣，至虛至實，須自見得
> 〔註49〕。

對王陽明的批評亦表示：

> 王陽明近謂：「勿忘勿助，終不成大事。」夫動靜皆定，忘助皆無，
>
> 則本體自然合道成聖，而天德王道備矣〔註50〕。

從湛若水的看法可知，其「勿忘勿助」的工夫之下手重點，在於對於這本具之「仁體」的自覺，在自覺此體之際，此心便能掌握那無限的天理，因爲仁體爲心之生理，具有貫通天人的力量，其本身亦是天理的中正義，落實於人身便成爲純善之「性」，所以能對於此本體有所自覺而不忘失，於作用層次上能以自然無欲的態度去進行對此本體自我要求力量的運作，就是其「勿忘勿助」的工夫心法之要點，此點爲湛若水修行之心要，屬於湛若水對於「覺」之看法。

若就此點來看，則的確可能在證得「仁體」之際，進入與陽明良知學一樣的境界，但是由於此工夫對於一般人士而言，是屬於難以把握之教法，所以在實修上，陽明認爲此種工夫不及良知學簡易直接，故就教化的立場上給予批評，但是湛若水認爲這是陽明之誤解，若眞能見得仁心之生理的運行，便會因此而得到受用，而進入高明的境界，就此點來看則亦與陽明之教法無異，皆是強調從本體下手，從對於本體自我要求能力的掌握下完成工夫的實踐，是屬於同類型的工夫論。

若能確實掌握此心法，則在理論上就沒有如王陽明所說的問題產生，所以對於王陽明的批評，湛若水則不能同意，反而認爲陽明學的教法有偏於「內」的缺點，而嘗試以自身之教法以攝受陽明學，之所以能如此的原因就在於所

〔註49〕 明・湛若水撰，《四庫全書存目叢書集部第 56 冊:湛甘泉先生文集》，〈台南：莊嚴文化事業有限公司，1999 清康熙二十年黃刊刻本〉，卷 8 頁 608。

〔註50〕 黃宗羲，《明儒學案》，全 2 冊，(北京：中華書局，2008 年)，下冊，頁 909。

證得的本體中，皆是以「仁」心爲主，此仁心之本體，具有即存有即活動的特性，故名心之生理，此生理本身通天人而不二，故無內外之分，故湛若水云：

　　　心與天何嘗有二〔註51〕？

以上就湛若水工夫論中針對於「覺」的部分之分析，從此進路下手，以湛若水的看法而言，則可以總攝王陽明的良知學，而王陽明之良知學也可以和湛若水的工夫進行會通，因爲其根本所證得之本體的本質是「仁體」，所以就這一點來看，則可以說二家之教法殊途同歸，但是就落於實修上的角度來看，「勿忘勿助」的心法，雖然是湛若水本體工夫的心要，但是對於一般人而言，則只能視爲是一種指導性的原則，並沒有說明要如何進行具體的操作方式。

　　所以對於常人而言，則容易流於「忘」或「助」的極端，就此點而言，亦可能產生不做工夫或是急欲速成的念頭出現，反而成爲另一種「習心」出現，而陽明便針對這一點批評，來批評湛若水的「勿忘勿助」之工夫並不究竟，但是湛若水並非沒有意識到這一點，所以在實修上強調「學書合一」而「學覺不二」之宗旨，藉由經論做爲客觀的依據來驗證自己，同時以啓發自己對於本體的自覺，若能夠如此就可以在外在的經論之輔助之下，進行「學覺並進」的工夫之運作。

　　兼顧本體的自覺義，以及對於習心的對治義，將外在的「學」與對於本體的「覺」，融合爲一後，便可以體認那本具的心之生理，就是天理中正義，此「心」與「天」在本質上皆爲仁心之生理的運行，故無內外可分，既然無內外可分，自然便是通內外而合一之境界就得以現前。

　　就此境界而言，則無王陽明所說的缺點出現，反而在實修上可以融會王陽明之良知學，進而對治陽明後學在實修上之缺點，其關鍵處就在於湛若水對於於「學」與「覺」的態度是並進而合一之修學，是將「學」與「覺」皆視爲是成聖的必要條件，而不像王陽明是以「覺」爲主，視「覺」只是啓發「覺」的輔助條件之一而已，所以雖然二者皆有對於本體的自「覺」工夫，但是由於對於「學」的態度不同，故導致了二家在工夫論上的爭議，但是二家之工夫論在本質上，皆是強調對於本體的自覺以及對於本體自我要求能力的把握，以此進行對於「習心」的對治。

〔註51〕　明·湛若水撰，《四庫全書存目叢書集部第 56 冊:湛甘泉先生文集》，〈台南：莊嚴文化事業有限公司，1999 清康熙二十年黃刊刻本〉，卷 11 頁 640。

　　但是就針對此對治義的操作而言，王陽明常就最理想的情況下進行工夫的論述來入手，常強調本體高度的「自覺義」與在作用層上的「自由義」，而陽明常就此點來批評湛若水的工夫論並不究竟而有求於「外」之風險，但是從湛若水的角度來看，其實在對於本體「自覺義」方面的要求，並非沒有顧及，主要是以「勿忘勿助」之工夫心要來說明其本體工夫之要點。

　　此心要除了對本體自覺義的把握之外，也掌握了其本體於作用層次上的「無執義」與「自由義」，所以就此點而言，湛若水的教法亦能提供同樣的要求，所以並不遜於陽明之教法，但是湛若水亦同時考慮到「學問之功」的重要性，亦能啟發對於本體的自覺與習心的對治，所以就針對於「習心」對治部份的掌握，湛若水則比王陽明更為注重學問之功的必要性，也因湛王二家對於「學」與「覺」的態度不同，而因此引起了工夫之爭議，但是也因其所見之本體皆為這本具之「仁心」，而使湛王二家思想在本體層次的運作上可以相互融會而無礙。

（二）湛若水對於自身教法之反思

　　既然在本體層次上的運作皆是以證得「仁體」為主，故就此仁心之生理的顯現而言則無內外之分，故就此點而言「內外合一」，其實與陽明的論點一致，所以湛若水常就此思路而回應陽明之批評如下：

> 念前所批支離之憾，恐兄前此未相悉之深也，所謂支離者，二之謂也，非徒逐外而忘內謂之支離，是內而非外者，亦謂之支離，過猶不及耳，必體用一原，顯微無間，一以貫之，乃可免此〔註52〕。

從湛若水回應王陽明的看法中可知，其看法與陽明之不同處，就在於對於「學」和「覺」的觀點不同，從王陽明對於湛若水的批評來看，主要是認為湛若水的教法有流於「外」之缺點，此「外」的概念主要是指對於本體以外的事物的批評，通常是指「習心」，其次是指為了對治習心而採取學問之功的修養方式，此類方式雖然可以產生對治習心的力量，但是由於是訴諸於經論的教導，是一種從外在而給予強制力的對治，並非是從對此內心的自覺做起，所以就本體自覺的要求來看，亦是求諸於「外」的工夫，故不究竟，所以有逐外之缺點。

　　但是以湛若水的角度反思王陽明的良知學，則由於過份強調對於道德心

〔註52〕　明・湛若水撰，《四庫全書存目叢書集部第 56 冊:湛甘泉先生文集》，〈台南：莊嚴文化事業有限公司，1999 清康熙二十年黃刊刻本〉，卷 7 頁 567。

之自覺，而不以經論爲客觀實修的參考依據，所以這種修行方式則有偏內的風險，所謂的「內」是指徒守其心及對於古訓經論的不重視，而在過份的自信此心的情況下而流於理欲不分的情況，此點爲陽明心學之教法所可能產生的缺點，原因就在於缺發學問、思辨及篤行之功之輔助，所以此類教法亦是一種偏執，即偏於內之執著。

以湛若水的教學角度來看，以上兩種情況都是屬於支離，皆偏於極端而不究竟，以一套完整的工夫論而言，除了對於道德心的自覺之外，也必須以學問之功進行對於此心自覺的驗證，二者皆是成聖的必要條件，也才能以此攝受一切根器的人士，所以就一套完正的工夫之運作而言，在實修上是將對於本心的熟習與對於經論的學習並進，才能夠進行對於「習心」的對治與對於「本體」的自覺，以此進行「學覺並進」而成就之境界。

在古訓的參究之中，除了依據經論的要求進行對於習心的對治外，也可以在對本體的自覺中，去體證此本體的自我要求之能力是如何運行？此時由於有經論進行對於此心的啓發，所以可以完成對本體之自覺，而由體起用，而在掌握到本體之自淨能力後，便可以將「學」與「覺」合一，將「學」融攝到「覺」，使吾人於現象界，也就是工夫的作用層次中，完成作用層上的無執工夫。

（三）內外合一之融會

當本體的自覺與自我要求合一之時，此時的工夫已經從受到古訓或是經驗世界的局限中，提升自己而進入無限智心的層次，工夫從有限義的運作，提昇到無限義之運行，此時即本體即工夫，工夫無盡、作用無盡、效驗無盡，唯有如此，方爲究竟了義之工夫，而此本體之本質就是此心之生理，也就是「仁心」。而湛若水亦因此體會，而說明其「內外合一」之格物宗旨，如下：

> 格物者，即造道也，知行並造，博學審問慎思明辨篤行皆所以造道
> 也。讀書、親師、友酬，應隨時體認天理而涵養之，無非造道之功，
> 意、身、心，一齊俱造，皆一段工夫，更無二事〔註53〕。

從此處看法可知，湛若水對於「學」的概念之設定，其實亦不受限於「學問之功」中，亦包含許多層次之學習，所以可知其「學覺不二」之宗旨，若能完全落實，則並無王陽明所說的缺點出現，原因就在於其工夫論之運作，在

<hr />

〔註53〕 明・湛若水撰，《四庫全書存目叢書集部第 56 冊:湛甘泉先生文集》,〈台南：莊嚴文化事業有限公司，1999 清康熙二十年黃刊刻本〉，卷 7 頁 567。

本體所證的本體爲仁心之生生之理，此理爲天理之中正義，亦爲良知本體，所以在本體層次上並不衝突。

至於在作用層次上，由於考慮到初學者在修學上的困難處，故以經論之學習入手，給予外在行爲之規範，以收攝身心，同時在參證古訓之中，除了在文字上的義理的解釋外，亦以「勿忘勿助」之心要以進行對於天理本體的自覺，使修學者，能從對於有限文字義理的理解中，提升到對於本體的正確體認，而因爲在經論的驗證下，能夠免於理欲不分的風險，而對於天理有正確的體會。

再從此體會中，將對於本體層道德心的自覺，下貫到人事等經驗現象世界中，完成在作用層次上的無礙運作，此時從體到用，皆是本體與本體自我要求能力的顯現，而完成了作用層上的無執工夫，但是本體的自淨能力已經能正確的把握，在這即本體即工夫的運作下，便可以通內外合一而成就其隨處體認天理的最高境界。對此境界，湛若水云：

> 或疑隨處體認恐求之於外者，殊未見此意，蓋心與事應，然後天理見焉，天理非在外也，特因事之來，隨感而應耳，故事物之來體者，心也，心得中正，則天理矣〔註54〕。

對於此本體運作之特性亦云：

> 本體者，其寂然者也，應用者，其感通者也，寂有感，感有寂，安得就其一路，而遂各執以爲言，豈通論也〔註55〕！

對此本體在作用層次上的無執義則說明如下：

> 自見所謂天理者，著不得一毫人力，事似天理矣，有意而爲之，即非天理也〔註56〕。

從湛若水以上的說明中可知，本體與本體的自淨能力永不分離，就此本體的永恆義而言「寂」，就其於現象界所顯現的自淨能力之作用叫做「感」，由於本體兼具這二者，故本體與本體的能力永不分離，但是這種能力的取得，必須對於本體有正確的自覺才能掌握，所以必須在事上的磨練做起，在現象界之中，以「勿忘勿助」的工夫去體會那本具的仁心，去參究那本具的心之生理。

〔註54〕 明‧湛若水撰，《四庫全書存目叢書集部第 56 冊:湛甘泉先生文集》，〈台南：莊嚴文化事業有限公司，1999 清康熙二十年黃刊刻本〉，卷 7 頁 573。
〔註55〕 同前註，卷 11 頁 651。
〔註56〕 同前註，卷 13 頁 650。

此時由於在作用層次上的不執著，便可以使那有所欲求的「習心」不再生起作用，所以此時所見到生生之理，就如其本然的呈現，而見到此生理，便見到了那人人本具的純善之性，而此性之本質，其實就是那不分內外而永恆運作的天理本體，也就是「仁心」，見到此心即能見到天理的中正義，即能將於平日對於經論義理的「學」，與對於本體的「覺」，以其「勿忘勿助」的心法融合二者爲一，完成「學覺雙運」又「學覺不二」的工夫，便是其隨處體認天理的境界，而湛若水亦是以此角度進行對於王陽明及陽明後學之工夫辨義。

六、湛若水所堅持之工夫論之進路

縱觀以上所述可知，欲瞭解湛若水的工夫論之思路，可以從其對於本體層的天理入手，此天理本身除了具有道德法則的地位之外，亦代表著自覺的境界，也代表著自律的境界，亦代表著不受經驗及它律所局限的境界，此種境界具有恆常義及活動義，所以能夠在一切處顯現自身的力量，而此力量於現象界顯現時，便成爲心之生理，而此生理由於具有能貫通天人之生意，故能成爲天理之中正義，由於其本身與天理的本體不離，所以見到此生生之理，也就是見到天理的中正義。

此中正義上貫於天時可以稱爲天理，下貫於人身時，可以稱爲「性」，當觸物而發時，可以稱爲「情」，當發而中正時，亦可名之爲「眞情」，此爲湛若水對於本體的設定，對此本體所產生的自我要求以對治習心的能力，叫做「良能」，此爲湛若水對本體自淨能力之設定，而運用此良能以進行對於習心對治的工夫，便是湛若水本體工夫的思路。

當有以上的理解時，接下來產生的問題便是如何把握此「良能」？以王陽明的立場而言，就是從「良知」本體入手以完成即體即用的工夫，而湛若水則是從「天理」的本體入手，至於良知與天理的關係，湛若水則是視二者爲「仁體」的顯現，由於天理與良知本身皆強調對於「仁體」的體證，所以就所證的「仁體」而言，則成爲了湛若水與王陽明之共法，故就此點而言良知與天理不二。

而湛若水亦從此路線中進行對於陽明良知學的融會，至於落實於實修上之工夫，則是以「勿忘勿助」的心法進行對於天理的自覺與對於中正之心的證悟，故就此自覺本體而成就的工夫，其實亦與王陽明相通，因爲皆是屬於

即本體即工夫的思路，所以湛若水便以其「勿忘勿助」的心法，去融會陽明的良知學，就「覺」的部份所成就的境界，得到陽明後學如錢緒山與聶雙江的推崇與肯定。

亦因為所證得的天理本體與良知本體的核心義皆同是「仁體」，名相雖然不同，但所證得的心之生理卻是同一，所以就此仁體所現之境界而言，則皆具有對於本體自覺的境界及作用層上的無執境界，所以皆能在此境界中，見到那活潑而自然顯現的生生之理，就此點而言，其「勿忘勿助」之心法可以和致良知的工夫達到一樣的境界。

（一）從對治義而成就自覺義之工夫進路

此外，湛若水亦考慮到一般程度的人士在修學上所可能產生的問題，故在實修的層面，亦強調必須利用經論的學習，以驗證自己的修學，同時啟發對於本體的自覺，此時在實修上除了可以運作本體的力量進行道德之實踐外，亦可以運用經論上的要求來進行對於習心的對治和收攝，而在此時對於一般人士而言，經論的功能便會具有兩種力量之作用，即內在本體的自覺力與外在經論之要求而產生的對治力。

此時由於外在的「學」與內在之「覺」相互輔助下，便能對於習心進行正確的對治，在「學覺雙運」的工夫下，使吾人的身心得以擺脫「習心」的障礙，使得天理的中正義得以現前，而免於理欲不分的風險，所以在此情況下，湛若水則強調「學問之功」的重要性，其實是合乎一般人的於實修上的要求，而湛若水亦視「學」與「覺」為成聖的必要條件，而非像王陽明一般，只是視為是輔助的條件之一而已，故因此點看法不同，而有內外之爭議，原因就在於此。

而王陽明在與湛若水的辯論之中，常以本體高度自覺的角度去批評湛若水教教法之不究竟，有局限於學問之功的風險，是求諸於外之教法，而湛若水常就一般人於實修上所可能產生的問題之角度去批評陽明之教法有偏於「內」之風險，其實以湛若水的看法而言，一套完整的工夫論是不能只有訴諸於本體自覺，也必須有一套工夫次第的安立，所以除了對於本體的自覺外，也需要一套外在的指導規範做為客觀的入手工夫，同時藉由經論的義理進行對於天理的自覺，同時也可以在經論的指導下進入對於那無限智心的自覺。

所以湛若水就此角度而言，便是以「勿忘勿助」的心法以進行對於天理本體的「覺」，同時亦以學問之功的涵養以進行對於「習心」的對治，將對於

經論所成就之「學」以融入對於本體的「覺」，以進行「學覺雙運」的工夫，除了兼顧本體的自覺義以外，亦成就對於「習心」的對治，最後再以其「勿忘勿助」之心法，將「學」與「覺」融合為一，如此一來，便可以成就本體上的「自覺義」與其作用層上的「無執義」，此時所成就的心之境界，便可以打擺脫經驗與它律的束縛，進入天理的境界，在生生之理的運行中，便能通內外而合一，而成就了天理的「自由義」。

所以就此點而言，則可以擁有如同王陽明良知學一般的境界，又可以免於理欲不分的風險，所以就此點而言，湛若水認為自己之工夫比王陽明的良知學更為完備，之所以能通內外而合一的關鍵，就在於有「勿忘勿助」的心法，做為工夫之指導原則，若無此心法之運作，則可能會有如陽明所說一般有求諸於「外」的風險，反觀王陽明之良知學，若缺少學問之功的驗證和輔助，則的確在實修上會有如湛若水批評一般有偏於「內」之風險，故在此思路下的反思下，湛若水便主張「學覺雙運」的工夫，才是最完備的工夫論，而湛若水本人亦因此工夫之成就，而進入「學覺不二」之境界，也因此得到陽明後學之尊敬。

在上述的工夫辨義中可以得知，由於湛若水與王陽明對於實修角度的立場不同，故因此而引起工夫的內外之爭，首先就湛若水的角度來看，對於內心所自覺的本體概念，最上層者為「天理」，其次為「良知」，此為本體層的概念，代表著排除經驗與他律的境界，所以本身是純善之境界，接下來便是作用層上的概念，作用層的境界主要就本體的自我要求能力與現象界與經驗世界中的顯現，由於此境界中有天理與習心的力量在相互對立，所以便因此而有工夫的安立，而此工夫最為究竟者便是「隨處體認天理」的工夫。

而此天理落實於人心而言，則名之為「性」，其本質為心之生理，此為天理的中正處，亦是自覺與見性的目標，同時也是本體，此為工夫的根源，此生生之理的本身具有活潑之生意，也是仁體，就無所安排之一面成為「良」，就其不由於人的一面稱為「天」，代表著這生生之理本身具有永恆的運作力量，因為此力量之根源已經遠離習心的局限，所以就此點而言不由於人，也因此生理本身是不被經驗及他律的功利之志所束縛，就此點而說其本身為無所安排的德性之知。

由於此種生理是源自於更高層次的本體所發，所以只要能對此生理的本體，也就是所謂的天理，能夠體認，便可以在掌握本體的力量下進行對於習

心的對治，在此思路下，便開始產生了「勿忘勿助」的工夫論，以此進行對於這生生之理的自覺與操作，在作用層次上以「勿忘勿助」的方式來把握，便可以完成對於天理的自覺，此為湛若水對於「覺」的方式之說明，由於所證的本體皆為仁體，所以湛若水認為此法可以融會陽明的良知學，此為湛若水之工夫中對於「內」在之「覺」說明。

至於「外」在的「學」，則是就對於習心的對治來說，同時也考慮到一般人的根器來進行說明，由於一般人對於本體的自覺過程中，最常見的情況就是理欲不分的情況，所以為了避免這種情況而誤入岐途，所以就必須利用學問之功進行對於正知見的建立，同時利用經論所學而進行對於「習心」的對治，同時進行對於經論之中義理的自覺，此時由於「學問之功」的成就，便會產生一種智慧境界，而完成對於習心的對治。

在對治之時，同時參究此智境的來源是從何處所發？在此參究之際，若以「勿忘勿助」的心要進行操作，便會得知此生生之理的仁心於我心中的運作，便會因此對於本體開始有所體證，開始將所「學」融入於對於天理本體自覺，在這過程中便需要以「勿忘勿助」的心法來維持對於「仁體」的體會，使此心與作用層上除了對治習心的工夫成就外，也可以完成對於作用層次上對於工夫的無執境界，在作用層次上得以自然無欲而不執著，並將此心從有限之智境中，提升到無限智心的境界，此時便可以通內外而合一而和天理本體無限的契合，此為湛若水本體工夫運作之理想情況。

由於這種工夫是以天理為根本，發揮此心虛靈應變的力量，從經驗現象的世界中，利用文字與古訓，做為客觀的依據，以此證得天理的智境，而亦因此能從「學」入「覺」，而破除「習心」的障礙，所然在實修歷程上看似是從「學」入「覺」，其本質上仍然是屬於一種「學覺雙運」的工夫，所以就此點來看，其實湛若水的工夫非常完備，若能完全落實，則在事實上並無王陽明所批評一般之情況出現，但是若在實修上只偏於「學」或「覺」的一端，則確實會有陽明所批評的情況產生，而湛若水也知道這一點，所以在實修上一再提點其「學覺不二」之宗旨，並以此回應王陽明的批評，並說明其所體會的天理如下：

> 陳世傑書報吾兄，疑僕隨處體認天理之說為求於外，若然，不幾於義外之說乎？求即無內外也。吾之隨處云者，隨心隨意隨身隨家隨天下，蓋隨其所寂所感耳。一耳，寂則廓然大公，感則物來順應。

> 所寂所感不同，而皆不離於吾心中正之本體。本體即實體也，天理
> 也，至善也，乃吾之良知良能也，不假外求也。但人爲習氣所蔽，
> 故生而蒙，長而不學則愚。故學問思辨篤行諸訓，所以破其愚，去
> 其蔽，警發其良知良能耳，非有加也，故無所用其絲毫人力也。如
> 人之夢寐，人能喚之醒耳，非有外與之醒也〔註57〕。

從湛若水的回應中可以得知，其本體與實體的概念定義就是指這至善的天理
本身，而此天理本身就是那人人本具的良知良能，故不需外求，所以就此點
思路而言，湛若水認爲其本身所體會的天理與陽明學的良知皆爲同一實體，
其本質爲生生之理的「仁」，本身是那即存有即活動的本體，所以對於此本體
的自覺而言，則沒有差異，湛若水的所體證的本體與王陽明的良知本體並無
差異，所以就「覺」的立場而言，由於所證的本體皆是指那「仁」之本體，
故湛若水認爲這一點與王陽明則沒有差異。

　　而也因此在與陽明後學錢緒山的討論之時，錢緒山就自己所參究的經驗
向湛若水請教時，才能得到湛若水的肯定，假如良知本體與天理本體的本身
若完全不同的話，則錢緒山勢必無法得到湛若水的賞識，當瞭解此點後，吾
人亦可得知，良知本體與天理的本體皆具有仁體之屬性，皆證得那人人本具
之生生之理，也就是所謂的「仁」，以此爲天理的中正處而言，王陽明亦肯定
此點，故承認隨處體認天理是眞實不誑語。

　　而王陽明自己也承認良知本體之根源是來自於那具有生意之「仁體」，所
以在此處則沒有本質上的分別，也可以說就此處而言，不論是天理或是良知
的概念，皆是對於仁體的形容語，都是指那具活潑生意的生生之理，所以「天
理」與「良知」，在此種思路的理解上，便成爲同體而異名之稱謂而已，除了
名稱不同外，其實並沒有差別，所以湛若水與王陽明在本體層次上的爭議並
不大。

　　之所以爭論的地方是在於工夫切入的角度不同，所以才因此而引起內外
之爭議，而此類爭議也就是針對習心的對治是否是使用究竟義的工夫來運
作？還是從一般人實修的角度入手比較恰當？以湛若水的看法而言，由於一
般人已經被習心的障礙太久了，所以在實修時，最常面臨的問題就是如何正
確的區分「天理」與「習心」的差異？此時便需要前賢的經典進行對於「天

〔註57〕黃宗羲，《明儒學案》，全2冊，(北京：中華書局，2008年)，下冊，頁887。

理」的認識與對於「習心」的對治，而從認識天理到對於天理的自覺之間，
便有一套工夫的歷程去進行運作。

（二）學與覺之交互融會

而在此時，由於是在經驗現象的世界修行，所以此時尙受限於有限智心
中，此時對於天理的體認也暫局限於有限的義理境界，雖然體認有限，但
是由於有古訓的參證做爲修行的依據，所以就對於習心方面的對治可以有相
當程度的效果，也能夠免於「理欲不分」的風險，此時由於習心的障礙已經
得到對治，所以此時便可以進行對於那本具的良知良能之自覺，以其「勿忘
勿助」的工夫，將之前從古訓參究之所「學」融入於對於天理的自覺。

在此「學覺不二」的工夫的運作下，便可以將之前對於義理有限的認識
提昇到對於無限智心的自覺，當吾人能從經驗與它律的束縛中得以解脫之
際，便不再受限於一般因果性的境界，而是進入那特種因果性的境界，此境
界就是那不受經驗與它律束縛的境界，在此境界中，吾人之身心便因此而得
到「自由」，以湛若水的術語而言，就是進入與天理相應而呼應的境界，所以
湛若水對於那道德法則自由義與自覺義的說明，便常以「隨處體認天理」一
詞來說明，對其工夫的指導性原則便常以「勿忘勿助」來指點後學，並認爲
這種工夫是最爲恰當的工夫。

平心而論，湛若水的工夫是可以接引一般根器的人士而將其導入正確實
修的歷程，此種工夫論的出發點是從對於「習心」的對治入手，所以在一開
始的修學上爲了避免理欲不分的風險，所以常需要藉助經典做爲客觀的參考
依據，所以就湛若水工夫論中「學」的部份，常被王陽明以對於本體工夫中
的「自覺義」與「自由義」的角度進行批評，認爲有求諸於外的風險，而從
此類批評中可知，王陽明對於湛若水工夫論的批評大多是從此種角度入手，
故認爲湛若水的工夫並不究竟。

但是這種批評對於湛若水而言，其實並不難回應，因爲湛若水的工夫論
中尙有「覺」的部份之心法的修行，以「勿忘勿助」爲指導的原則，以此進
行「學覺不二」的工夫之運作，故從此修行中所證的本體亦與王陽明無異，
其本體皆爲仁體，皆是這生生不息之天理，所以湛若水認爲王陽明所自覺的
境界，湛若水的工夫論亦能把握其精華，既然本體皆是同一個「仁體」。所以
從此本體所發揮的自我要求能力的「良能」，亦無多大差異，但是由於對於「學」
的態度不同，所以也因此決定兩湛王二家工夫論的小異處，就是陽明雖然與

湛若水皆有利用經論以進行對於本體自覺的工夫，但是王陽明對於經論的態度，只是將它視爲是一種助緣而已，並非是成聖的必要條件，但是可以成爲成聖的充份條件之一。

但是湛若水則認爲「學」與「覺」皆是成聖的必要條件，同時也是充分的條件，所以就此點來看，自然不能同意王陽明對於古訓的態度，而批評陽明的良知學由於過份強調對於本心的自信自覺，所以雖然在對於本體的自覺義與自由義方面能高度發揮其高明簡易的一面，但是在實修上所必須面臨的代價便是會使初學者必須面臨理欲不分的風險，而這正是陽明後學常見的問題，之所以會有這種問題的產生，原因就在於對於「學」的態度不同所導致之風險。

而湛若水便是從此進處來進行對於王陽明的批評，而王陽明則常就本體與工夫不離的宗旨，以究竟義的工夫批評湛甘泉的工夫不夠高明簡易，由於雙方所切入和考慮的焦點不同，故因此而有相關的工夫辨義，但是此類問題在湛王二家的討論中常流於境界高低的爭論，故因此常無法使湛若水心服，因爲湛若水本身亦與王陽明一樣都有體證到那即存有即活動的生生之理，故在境界上之成就並不亞於王陽明。

但是湛若水更爲關心處，則在於對於習心的對治與對於本體的正確認識，而非是光談境界的高低問題，也涉及到對治義的問題，所以就此點來看，湛若水認爲一套完整的本體工夫論，必須有兼顧本體自由義與自覺義外，也必須對於習心有一套完備的對治方式，而在此對治義部份的發揮，湛若水則特別關心如何進行正確的對治，故就對習心的對治之處理，湛若水於此處的發揮則勝過王陽明，而在對於本體的高明簡易面的發揮，則王陽明於此處之運作則強於湛若水。

之所以會如此的原因，就在於二者所採取的角度不同，以及對於成聖的必要條件及充分條件的設定不同所致，而因此點差異而導致湛若水與王陽明之間的工夫辨義，也可以說，凡是要討論對於「習心」的對治方式，湛若水則以其「學覺雙運」的工夫，進行對於人欲的對治，而王陽明則是直接從對於本體自覺入手，但是湛若水卻多了一套防弊措施，就在於對於古訓的重視與參究，以此避免理欲不分情況產生。

所以湛若水認爲先有一套正確的對治方式再進行對於本體的自覺，才是最爲妥善的工夫，所以就此點來看，古訓的參證便成爲其工夫論的必要條件

而非僅流於助緣的地位，也因此點不同而與陽明有所爭論，但是當其教法進入對於「仁體」的體會時，便能通內外而合一而進入其理想的人格境界。

（三）湛王二家在內外合一之共識及會通

雖然湛王二家在工夫起點的入手處有所不同，但是在實修的操作上，卻不斷的影響對方之教法，湛若水受到王陽明的影響故因此而開顯了從自覺義而成就的工夫，至於王陽明本人則因為湛若水對於習心對治的強調，故因此而對陽明後學開設了四句教的工夫，而二家之教法最終都在相互影響的情況下，走入內外合一方為究竟的思考模式，亦以此為圓具本體自覺義、自由義、對治義於一身的究竟本體工夫，此法已經逐漸形成二家對於工夫操作上的共識，至於王陽明對於「內外合一」之看法，則以其自身的體會表示如下：

> 理無內外，故學無內外。講習討論，未嘗非內也，反觀內省，未嘗遺外也。夫謂學必資於外求，是以己性為有外也，是義外也，用智者也。謂反觀內省為求之於內，是以己性為有內也，是有我也，自私者也。是不知性之無內外也。故曰：「精義入神，以致用也，利用安身，以崇德也。」性之德也，合內外之道也〔註58〕。

從王陽明的看法中可知，其實亦在一定程度上受到湛若水思路的影響，所以對於天理的解釋亦主張內外不二的宗旨，首先針對「內」與「外」的說明，就一般基本的定義而言，以反觀內省為「內」，以此成就對於本體的自覺義，亦以講習討論為「外」，以此進行對於此自覺義的啟發，不論是內或外，其實就其究竟義的立場而言，只有一個本體，那便是天理，此天理本身永恆運作而不二，故本身具有無限的境界，所以能貫徹內外而無所障礙，所以就此境界的形容而言，則與湛若水的論點無異，皆強調本體的自覺義與無限義。

所以就此立場下，便認為若在工夫的運作上，若將反觀內省所得到境界僅局限於「內」，而沉醉於內心的安樂，這種境界本身是與那無限義的天理境界背離，其程度只是流於小我的成就，而非是見到那無限的大我，對於此類人士，王陽明則認為是自私者，但是對於為學必須仰賴外在的經論才能成就的看法，王陽明認為這是一種將天理本身視為是一種為吾人本性以外的事物，而這種看法亦是另外一種有限的境界，即受限於經論的有限智境，亦與天理本身的無限的智境背離，所以這種境界亦是另一種極端，故王陽明亦給

〔註58〕 黃宗羲，《明儒學案》，全2冊，(北京：中華書局，2008年)，上冊，頁187。

予批判的態度，而在此看法中可以得知，湛若水與王陽明皆強調天理內外不離之宗旨，此為湛王二家之「共法義」。

也因為其所證得的本體皆是天理，亦是心之生理，其本質皆是「仁體」，所以雖然在名相上使用的術語不同，但是皆可以視為是對於「仁體」形容之概念，也因為此本體皆是同一個天理，所以陽明後學如錢緒山等，便可以用良知學的角度進行對於湛若水工夫的解讀時，同時亦得到湛若水的肯定。

而湛若水亦以其自身的工夫論進行對於良知學的融攝，之所以能如此相應契合而無礙的原因，便是因為湛王二家所證得的本體是同一個天理，同一個心之生理，也就是同一個「仁體」，所以在此核心義的宗旨相同之下的工夫便可以相互融攝而無礙，所以陽明後學對於湛若水的工夫亦給予高度的肯定。

至於王陽明方面，雖然早期與湛若水之工夫辨義有內外之爭之問題，但是此類問題之爭議焦點並非在於本體，而是一種在工夫上的境界高低之爭，而雙方由於切入的角度不同而各自以其自身的立場進行對於雙方思想之檢視，而王陽明常就本體的自覺義入手，強調本體的「自覺義」與「自由義」不離，所以對於對治義的工夫之運作次第則並非是其最為關注之核心，同時再加上對於學問之功的態度是僅視為是一種有限的境界，是一種啟發本體自覺的輔助條件，所以便常以此態度進行對於湛若水工夫的批評，認為其教法受限於經論，並不究竟，所以才因此認為致良知之工夫高於其隨處體認天理的工夫，但是同時亦承認天理是真實語

以湛若水的立場而言，亦非不明白王陽明的論點，但是以其關心的對象而言，則甚為重視對於「習心」的對治，所以對於後學的指引，則是從對治義出發，在進行對於習心的對治之際，亦進行對於天理本體的自覺，雖然在一開始可能無法像王陽明一般，直接顯現出本體的自由義，但是卻可以有一套標準的工夫次第之運作，使一般人有所依據，利用前賢的經論及修學心得做為其客觀標準，進行正確的對治。

所以從此角度來看，湛若水之工夫的下手處，便是先從有限心入手，在此有限智心的境界之中，對於那同屬有限境界的習心進行對治，此種修法為「以妄破妄」的方式，由於聞見之知與習心皆屬於有限的層次，所以皆屬於「妄」，而一般人亦常受限於此境界之中，所以對於此類人士而言，便需要一

套能正確對治習心的操作方式，才能夠依據此方式進行工夫的實踐，以進行「以妄除妄」的工夫，而最佳的工具便是以前賢的經論及古訓做爲對治習心的工具，以此入手，便可以有助於對於習心的對治力之培養。

當習心對治到一定程度時，由於習心對治力的成就，便可以將對於經論之學習，融入於對於天理的自覺，此時之程度就不再受限於有限的境界，而是開始進入無限智心的境界，從「學」之層次進入「覺」，而對於天理的自覺之方式便需要使用「勿忘勿助」之心法來配合，便可以去除一切對於工夫的執著，將之前有限心境界中的人欲與對於經論的執著，全部都消融與放下，而見到了那本具的心之生理，即仁體的自覺心，而此心並不是那聞見之知的聰明，而是那究竟的眞實之體，是吾人本心之源，當見到此本體時，便可以成就那對於本體的自覺之力，而在工夫歷程上，也成就了對於本體的自覺力與對於習心的對治力。

最後再將此二者並進而合一，便可以再成就了「自由義」，而圓具這自覺義、自由義、對治義的本體工夫，便是湛若水所說的隨處體認天理的境界，其實就此點來看，湛若水的工夫其實非常完備，所以在落實上並無王陽明所說的問題產生，所以對於王陽明之批評，自然無法使湛若水心服，也因此而產生了許多的工夫辨義問題，其實就其問題的根源來看，便是在於一開使所切入的角度不同而產生的爭議。

至於王陽明的思路，則習慣於直接就本體的「自覺義」與「自由義」入手，以說明其良知教法的高明簡易，故在對於習心「對治義」的考慮上，則常以「存眞破妄」的方式進行對於後學的指點，雖然此種方式雖然高明簡易，但是未必人人皆能受用，在落實上常有使人流於理欲不分的情況產生，而湛若水便是看到這一點，而批評王陽明之教法在「對治義上」的不足處，常就此處去批評陽明之教法過份偏於「內」。

而王陽明則是認爲湛若水過份執著於經論等有限境界中，而給予有求於「外」批評，認爲從「有限智心」所生出來的見解，仍然是有限之境界，欲以此進入聖人的「無限智境」，本身就是一種不究竟之教法，故給予批評，而因此有內外之爭議。

但是二者皆承認其教法的核心皆是「仁體」，皆是心之生理，亦是天理，而此天理本身無內外之分，此爲湛王二家之共法，此爲大同處，之所以有工夫爭議的問題就在於其思路入手處不同，也就是「存眞破妄」之工夫與「以

妄破妄」之工夫的差異，王陽明之教法以「存眞破妄」法爲其特色，而湛若水則是從「以妄除妄」的方式爲其工夫的入手起點。

而湛若水與王陽明雖然在一開始考慮的角度不同下，而因此產生爭論，但是在二者的言行中，其實都考慮到一個問題，那就是一個完整的工夫論，必須兼顧對於本體的自覺義與自由義，同時也必須成就對於習心人欲的對治力，能夠有以上三點之完整的設定，才是一套完整的工夫論。

但是在實踐上，王陽明的良知教法由於是從對於本體的自覺義出發，故在工夫落實上，容易追求對於本體自由義的顯現，而在對於習心的對治義上之則容易不顯，而湛若水便是正視到這一點而批評陽明後學，常追求那工夫簡易而直入心源的境界，卻常流於理欲不分的情況產生，原因就在於對治義的工夫不顯，故常有此流弊。

所以與其如此，何不直接就經論入手較爲安全穩定，所以就此思路下，湛若水的工夫論，便因此而有「學」與「覺」兩大系統之運作，首先就「覺」方面的工夫，湛若水則是以其「勿忘勿助」的工夫進行對於天理的體會與自覺，以成就對於本體的自覺之力，但是爲了正確對治習心，所以必須從經論入手，藉由古訓的參究，利用有限的文字經驗以進行對於「習心」的對治，由於習心與訴諸於文字的經論皆屬於「有限智心」的層次，所以皆屬於「妄」的層次，而在此層次進行「以妄除妄」的工夫，便可以有效的對治人欲，可以成就對於習心對治的力量，這是就「學」的層次，進行以有限心來破除習心的工夫。

而此種工夫是從對治的角度入手，所以成道的時間較長，雖然可能會流於對於經論的工夫的執著，但是對於一般根器的人士而言，卻能提供一套有效的操作方式，所以仍然是成聖的必要條件之一而不可偏廢，就此點來看，對於「學」和「覺」之並進及圓修二者的工夫，便成爲湛若水的核心思路，而亦以此爲究竟法回應王陽明的批評，原因就在於湛若水將「學」與「覺」視爲是成聖的必要條件，而王陽明則是以將「學」視爲是啓發本體自覺的輔助條件而已，也因此而成爲湛王二家工夫論的小異處。

而二者常因自己的究竟義去批評對方教法的缺點，而因此產生工夫辨義，但是在事實上卻只是因爲切入角度的不同而產生的爭執，所以就此點來看，湛若水常就「以妄除妄」的角度進行對於後學的接引，而王陽明則是「以眞破妄」的方式切入，進行對於後學的指點，故二者之工夫爭議便因此而產

生，但是雙方皆對於對方的工夫給予高度的肯定，原因就在於一個完整的工夫論必須兼顧本體的自覺義與自由義，同時也必須能夠具備對於「習心」的對治義，才能算是一套完整的工夫論。

　　而湛若水亦有此體會，故在工夫論的運作上，便是強調其「學覺並進」之宗旨，而在對治習心的方式上，則比王陽明多了一層防弊的工夫，也就是利用經論進行對於此心的檢視與習心的對治，以此成就了「學」，同時亦用其「勿忘勿助」的心法以進行對於天理本體的體會與自覺，以此成就了「覺」，最後再將二者圓融爲一體，而進入通內外爲一的聖人境界，既成就了本體，也完成了工夫的實踐，而將此二者合一而成就的工夫，就是其所主張的隨處體認天理的工夫，而陽明後學亦因見到此境界，故對於湛若水的工夫皆給予高度的肯定。

第四節　湛若水與陽明後學於實修歷程上之交流

一、湛若水與鄒守益之工夫得力處：敬

　　本節所討論的重於以湛若水的本體工夫爲主，於實修歷程上進行與陽明後學之交流，而以上一節所討論的陽明後學爲本文討論之對象，所以其焦點放在鄒守益、錢緒山、聶雙江三位爲主，以進行與湛若水在實修工夫方面的討論，首先是就鄒守益之本體工夫進行討論，鄒守益爲陽明後學之首座弟子，其教法爲王陽明之眞傳的本體工夫，但是亦常與湛若水有書信之往來，故在本體工夫的思想方面，亦在一定程度上受到湛若水與王陽明之影響。

　　故從鄒守益的本體工夫中，亦可以看出本體工夫對於「敬」字之使用，而此「敬」字亦是湛若水本體工夫常使用的術語，故筆者以爲可以從此處進行對於「敬」之工夫的說明，以鄒守益的看法而言，一切本體工夫之運作，都是訴諸於本體的自淨能力而立論，所以其成就關鍵處，皆必需從本體談起，故因此必須對於本體的設定進行說明，以鄒守益的看法而言，則是從「良知」本體的說明入手，故對於本體便有如下之說明：

> 一物不留，卻是萬物畢照，一物不留，是常寂之體，萬物畢照是常感之用〔註59〕。

〔註59〕黃宗羲，《明儒學案》，全 2 冊，(北京：中華書局，2008 年)，下冊，頁 340。

此處所指之「物」,是指與本體不相應者,而此本體的本身具有寂感合一的特色,永恆運作而不變,所以此體所生之工夫亦具恆常義而不變,方能稱爲本體與工夫不離之旨,對於本體自淨能力的說明,就成爲本體工夫論中「敬」的設定,如下所言:

> 敬也者,良知之精明而不離以塵俗者〔註60〕。

對於「敬」的說明是從此自淨能力的主宰處說,亦云:

> 心有主宰,便是敬,便是禮,心無主宰,便是不敬,便是非禮〔註61〕。

從上述所言可知,本體工夫的「敬」是就此體的主宰之力而言,從此處亦說明明本體工夫之下手要點:

> 聖門要旨,只在修己以敬,敬也者,良知之精明而不離以塵俗也。
>
> 戒愼恐懼常精常明,則出門如賓,承事如祭,故道千乘之國,直以
>
> 敬事爲綱領,信也者,敬之不息者也,非敬之外復有信也〔註62〕。

從此可知,「敬」的工夫必須來自「本體」做爲一切眞實法之基礎,順本體而發者,即其本體工夫之宗旨,所以發揮本體的精明,便是「致良知」的本體工夫之運作,從發揮本體之自淨能力以對治習心,就是工夫的成就重點,故云:

> 遷善改過,即致良知之條目也。果能戒愼恐懼,常精常明,不爲物
>
> 欲所障蔽,則即是善〔註63〕。

就此處可看出,本體的主宰力與精明處成爲「敬」的意義核心,而「戒愼恐懼的」工夫論其實亦與良知的本體不離,可看成是對於本體的無條件服從,便可以此完成道德上的實踐,所以「敬」與「戒愼恐懼」的工夫論都是「良知」本體自淨能力的表述,就此而言便是本體工夫。當此工夫宗旨已立,再來便是對於本體工夫正確之認識,所以便需對於錯誤的看法進行批評,對此鄒守益云:

> 近來講學,多是意興,於戒懼實功,全不著力,便以妨礙自然本體,
>
> 故精神浮泛,全無歸根立命處〔註64〕。

〔註60〕 黃宗羲,《明儒學案》,全 2 冊,(北京:中華書局,2008 年),下冊,頁 332。
〔註61〕 同前註,頁 335。
〔註62〕 同前註。
〔註63〕 同前註,頁 306。
〔註64〕 同前註,頁 338。

此處是對於未見本體而妄自尊大者的批評，但是並不反對本體自然湧現的力量，對此亦云：

> 從寂處、體處用功夫，而以感應運用處爲之效驗，無所用其力〔註65〕。

同時反對體用二分的割裂說法，對此表示如下：

> 倚於感，則爲逐外，倚於寂，則爲專內〔註66〕。

當能對於本體的錯解破除之際，便可以在正確運作本體工夫的自淨能力完成致良知工夫論的運行，在此重申本體工夫之要點如下：

> 問戒懼，曰：「諸君試驗心體，是放縱的，是不放縱的？若是放縱的，
>
> 添個戒懼，卻是加了一物。若是不放縱的，則戒懼還復本體。〔註67〕」

此處是說明若此戒懼的工夫根源，處是來自本體的自我要求的工夫，則是儒學的本體工夫而無疑，反之，若非是由本體而生者，則此工夫論則與儒學的本體要求不相應，亦非由本體自淨能力而發者，則非本體工夫，而是屬於儒學本體以外的力量，則便成爲鄒守益所批評者，而在此處由於即本體即工夫的運作下，便能成就其本體工夫論與境界論。

就此點而言，鄒守益則是遵守王陽明的規範而無疑慮之本體工夫論者，其思路的特色在於使本體的「自覺義」與對於習心之「對治義」並重而不失，故以「敬」字爲宗而成就其「存眞破妄」法的本體工夫，此爲鄒守益的實修心得。

而其教法在實修之處，亦與湛若水有其異曲同工之妙，皆是從此心之生理處下手而發揮本體的自淨能力，而鄒守益之修法，若以湛甘泉之立場，則可以有如下之解釋，對此則云：

> 學者之養心也，去其害心者爾，而生理不可息也，夫何加用力焉
>
> 〔註68〕！

此處之說明是就將良知本體與此心之生理視爲同一物而言之，對於湛若水而言，工夫下手的重點在於保持眞心之不退，故因此在爲修行的過程中，必須使生生之理的力量不斷的運作與增長，才能夠將一切障礙此心的境界去除，此爲使本體的「自覺義」與「對治義」兼顧之修行方法。

〔註65〕 黃宗羲，《明儒學案》，全2冊，(北京：中華書局，2008年)，下冊，頁338。
〔註66〕 同前註。
〔註67〕 同前註，頁342。
〔註68〕 明‧湛若水撰，《四庫全書存目叢書集部第56冊:湛甘泉先生文集》，〈台南：莊嚴文化事業有限公司，1999清康熙二十年黃刊刻本〉，卷2頁527。

　　所以就此點而言，湛若水的本體工夫之中對於「敬」的要求。亦與鄒守益皆是屬於發揮本體自淨能力而成就的本體工夫論者，故鄒守益對於「敬」字的工夫亦在一定程度上受到湛若水的影響，才會有相近之思考模式出現，故就對於本體之自覺而成就的工夫而言，湛若水對於「敬」字的工夫說明，其實亦和鄒守益的思路相近，並無多大衝突，但是湛若水之本體工夫由於採取「學覺不二」的態度進行並進，故以湛若水的立場而言，便會對於「敬」有如下之界定：

　　　　於讀書上用功，務令收攝，不滯不放，即是立敬〔註69〕！

亦云：

　　　　故善學者，必令動靜一於敬，敬立而動靜混矣，此合內外之道也〔註70〕！

從此處所言可知，湛若水對於學問之功的重視，其教法雖然在本體自覺義的發揮與鄒守益一樣，都是強調本體之自淨能力的作用，但是這種本體工夫成就的關鍵在於對於本體之自覺能夠正確的把握，所以對於下根器的人士而言，則必須以學問之功進行指點方為完備，使其從「學」入「覺」。

　　故就此點而言，湛甘泉的本體工夫除了除發揮本體之自我要求能力而成就的法門之外，亦利用「學問之功」以收攝自己的心念，故在此時亦可以利用有限智心的境界，進行對於習心的對治，之後在以「勿忘勿助」法，將之前的「學」昇華為「覺」而成就，故在此種觀點下而設立的法門，便是「以妄除妄」的工夫之成就，而鄒守益與湛若水的相同處便在於皆從「敬」的概念來發揮那心之生理的自淨能力，皆為「存真破妄」法的本體工夫，故就此點而為湛甘泉與鄒守益之間相同處，而其小異處，在於湛若水多了一層「以妄除妄」法的工夫之設立，故在對於習心的防治方面，湛甘泉所考慮的角度較為全面，此為二者之毫釐之差，但是鄒守益與湛若水都能兼顧本體的「自覺義」與習心之「對治義」，故在此點上，鄒守益亦得到湛甘泉之肯定。

二、湛若水與聶雙江對於寂體之體證

　　此外，對於本體工夫之發揮，除了從「敬」的概念入手而成就外，其實

〔註69〕明・湛若水撰，《四庫全書存目叢書集部第 56 冊:湛甘泉先生文集》，〈台南：莊嚴文化事業有限公司，1999 清康熙二十年黃刊刻本〉，卷 6 頁 558。
〔註70〕同前註，卷 7 頁 562。

亦可以從「歸寂」與「主靜」處入手，而此法之成就者，便是聶雙江，故欲判斷聶豹的思想，必須從其對於本體恆常義的設定來入手，雙江云：

> 良知本寂，感於物而後有知。知其發也，不可遂以知發爲良知，而忘其發之所自也。心主乎內，應於外，而後有外。外其影也，不可以其外應者爲心，而遂求心於外也。故學者求道，自其主乎內之寂然者求之，使之寂而常定〔註71〕。

此處所說明的是良知本體具有「寂」與「感」的特性，並說明本體的恆常義，此處以「寂」的術語表示此義，所以既然是以本體爲宗，所以必須從此寂體入手，故以本體爲工夫的依據，對此雙江表示：

> 本原之地，要不外乎不睹不聞之寂體也。不睹不聞之寂體，若因感應變化而後有，即感應變化而致之可也。實則所以主宰乎感應變化，而感應變化乃吾寂體之標末耳。相尋於吾者無窮，而吾不能一其無窮者而貞之於一，則吾寂然之體不幾於憧憧矣乎！寂體不勝其憧憧，而後忿則奮矣，欲則流矣，善日以泯，過日以長，即使懲之窒之，遷之改之，已不免義襲於外，其於涵養本原之功，疑若無與也〔註72〕。

所以雙江在此思路下，便提出了「歸寂」的工夫論術語，但是爲了避免其他同門的質疑，亦重申此體是寂感不離的，以回應陽明後學對於其說的相關批評，對於此點亦云：

> 夫無時不寂、無時不感者，心之體也。感惟其時而主之以寂者，學問之功也。故謂寂感有二時者，非也。謂功夫無分於寂感，而不知歸寂以主夫感者，又豈得爲是哉〔註73〕。

從雙江的看法可知，本體含「寂」與「感」兩種特性，但是其根源是來自於「寂」體，所以從此處發揮本體的自淨能力，就是其本體工夫的基本定義，亦無違背王陽明所謂「體用不離」之旨，但是如何發揮此自淨之力？可以從學問之功入手，去參究前賢的經驗，便能把握此本體，所以就此點思路而言，是有其規矩法度的本體工夫論，因此雙江認爲其它同門的批評，都是過份追求其境界的高妙義去發揮，但是雙江亦非不知此點，只是他更強調如何去發

〔註71〕 黃宗羲，《明儒學案》，全 2 冊，(北京：中華書局，2008 年)，下冊，頁 372。
〔註72〕 同前註。
〔註73〕 同前註，頁 373。

揮由本體所生的工夫義，所以才強調「歸寂」，故就此立場下，雙江云：

> 故欲去客慮者，先須求復本體。本體復得一分，客慮減去一分。然
> 本體非敬不復，敬以持之，以作吾心體之健，心體健而後能廓清掃
> 蕩，以收定靜之功，蓋盜賊無主，勢必解散，然非責效於日夕、用
> 意於皮膚者可幾及也〔註74〕。

從上述可知，本體所生之「自淨之力」，在雙江的術語中，稱之為「敬」，所
以敬成為其本體工夫論的要點，而從「敬」到「靜」的收攝心念的「歸寂」
工夫歷程，則如下所示：

> 惟主靜則氣定，氣定則澄然無事，此便是未發本體。然非一蹴可至，
> 須存養優柔，不管紛擾與否，常覺此中定靜，積久當有效〔註75〕。

此處就是就本體工夫運作歷程的說明，雖然有「靜」、「敬」等術語的使用，
但是皆是就此本體中由自淨能力所生的工夫論進行表述，從此自淨能力的受
用中，對於本體的體會也日益分明，之後進入「歸寂」的境界，此境界與本
體不離，由本體自淨之力而成就，所以本體與工夫與境界在此時一貫而成就
下，便有如下之境界：

> 蓋心體原是流行，而流行不失其則者，則終古如斯，乃所謂靜也、
> 寂也。儒者存養之力，歸於此處，始不同夫釋氏耳〔註76〕。

此時亦提點「工夫」與「本體」之關係如下：

> 功夫不合本體，非助則忘，忘助皆非道〔註77〕。

當本體工夫成就完備時，便進入「歸寂」說的最高境界，對此雙江云：

> 先生之學，獄中閑久靜極，忽見此心真體光明瑩徹，萬物皆備，乃
> 喜曰：「此未發之中也，守是不失，天下之理皆從此出矣〔註78〕。」

由此可知，若工夫的力量非源自本體之自發者，則必須以訴諸於外的方式來
進行修養，因此而有所增減，而此增減皆是指訴諸於本體以外的工夫而言，
所以若不是流於「助」等執著而不「自然」，則淪於過份追求境界之高妙自然，
反而忘卻本體，則為「忘〔註79〕」之弊端，故皆非本體工夫。

〔註74〕黃宗羲，《明儒學案》，全2冊，(北京：中華書局，2008年)，下冊，頁383。
〔註75〕同前註，頁377。
〔註76〕同前註。
〔註77〕同前註，頁380。
〔註78〕同前註，頁370。
〔註79〕吾人以為此處矗雙江有受到湛甘泉勿忘勿助工夫論的影響。

　　所以只要把握此要點，便能不離「本體」而做工夫，而此「工夫」亦是由本體之自發而成就，而聶雙江就此要點，進行與王龍溪等強調境界高妙之同門論辯，同時亦達到對於陽明後學之末流之缺點的防制，此點為其思想的特色，故就此點而言，可以說是從「歸寂」法而成就之行者，而從此處進行其工夫之實踐，除了受陽明良知學的影響外，亦採用湛甘泉的「勿忘勿助」之法門進行實修，也進行學覺雙運之修行，就此方式而言則與湛若水的立場一致。

　　故就此點而言，聶雙江的本體工夫可以說是湛甘泉與王陽明之本體工夫的綜合，故因此而對於湛甘泉之本體工夫極為尊崇，故對於甘泉之教法並無批評，而從此心之寂感義進行對本體的證悟，而此「寂體」本身仍然從是心之生理而發，故與湛若水之教法並不衝突，故其「歸寂」的工夫，對於湛甘泉而言，其實亦可以有如下之總攝與理解：

> 所寂所感不同，而皆不離於吾心中正之本體，本體即實體也，天理也〔註80〕！

以上所言，便可以得知湛若水的教法亦可以含攝聶雙江的「歸寂」工夫，因為其所證得的本體仍然是此心之生生之理，故與聶雙江亦是同一類型的本體工夫之思路，故聶雙江對於湛甘泉亦是相當的尊崇，所以陽明後學之本體工夫，就鄒守益而言則從「敬」出發而成就，聶雙江則是以「勿忘勿助」法配合歸寂的工夫而成就。

　　二者之工夫要點，在湛甘泉的教法中亦有相似之處，之所以會有相近之處，其根本的原因就在於所證的究竟本體的本質，皆為此心之生理，所以就此生生之理的力量的發揮，便會產生一樣的境界，故湛若水對於聶雙江與鄒守益的工夫亦給予肯定的態度，而此兩位之工夫特色都在於保持住工夫對於習心的對治力量不失，並把握了本體之自覺義，所以在實修上不致於流於放縱。

　　故就此點而言則與湛甘泉的工夫思路相應，所以二者之工夫就湛若水的立場來看，其實只是從「敬」或「歸寂」的方式進行對於本體的把握，所證得之本體仍然是那本具的「生生之理」，也就是所謂的「仁體」，由於所證的本體既然具有相同之本質，故對於上述二者之工夫，湛甘泉自然亦是給予肯定的態度。

〔註80〕黃宗羲，《明儒學案》，全2冊，(北京：中華書局，2008年)，下冊，頁884。

　　而本體工夫除了對於本體之自覺義與習心之對治義的發揮外，亦可以就本體之「自由義」而進行展現，故本體工夫的另一方面之發揮，便是從本體之自覺義與自由義的合一之境界而說明，而此類之行者所關心處，便是進行對於此真實本體的深層體會，至於「習心」的對治問題，則沒那麼關切，而此類行者，則有錢緒山與王龍溪，由於王龍溪過強調本體之顯現，容易導致有悟而無修的情況，所以其教法之弊端便在於由理欲不分之危險，故常被羅念庵所批評，而因為王龍溪本人與湛若水並無很多書信往來，故不列入詳細討論的範圍，而以被湛甘泉所肯定之行者錢緒山為本節討論對象。

三、融攝湛王二家教法精華於一身的行者：錢緒山

　　以錢緒山的工夫而言，心地含藏了道德自我要求實踐之力，為了對治人欲而產生了一切的工夫次第，但是此類次第究其根源之處而去探究，皆是源於本體而生，所以在人欲對治成功之際，一切的次第相便頓時轉化而昇華到與本體合一的層次，亦與境界的本身不離，此境界即是無欲而自然的道德本體，亦名「良知」，對於此點，錢緒山亦不例外，故吾人便因此思路下進行對於本文之剖析。

　　凡是心即理工夫行者所言的本體工夫，必須先在根本上以價值意識為宗，以確立本體的論點，再依此設定而去行事，所以針對此點，必須先將錢緒山對於本體的看法定義，首先是對於本體之看法云：

　　　　至極而無雜者，性之本體也〔註81〕。

從此點知，本體本身是毫無雜染者，所以就此點來看出本體的恆常義，皆下來是對於如何見到本體的方式之探討，緒山表示：

　　　　言止則不必言寂，而寂在其中，言至善則不必言悟，而悟在其中，

　　　　然皆必本於誠意焉〔註82〕。

從上述此點可知，本體的特性可以就恆常義說是「寂」，就其價值意識義可說是「至善」，所以就此兩點可以推論出本體的永恆與至善義，而因此義而說明此本體的自淨能力是永恆運作，就因此點而將此自淨之力而給予「誠意」之名，而此誠意就是工夫論的起源，故名之為「本」，即本體工夫。

〔註81〕黃宗羲，《明儒學案》，全 2 冊，(北京：中華書局，2008 年)，下冊，頁 231。
〔註82〕同前註。

　　既然本體已經確立，所以對於誠意的理解，便成為「悟」、「修」工夫論討論的焦點，對此緒山對於強調「悟」者之批評如下：

　　　　見本體而不加有事功之焉，虛狂之見也〔註83〕。

此點所批評處在於此時所悟的本體，只是一種不具自淨能力的一種假象之體，無法發揮本體的自淨能力，所以並非是真悟，何以會如此呢？則是因為誠意之工夫的修行偏廢所致，這是對於重「悟」而不重「修」者的批評。接下來便是針對過份重視外在的對治之功者的批評如下：

　　　　有事勿忘而不見真體之活潑焉，強制之勞也〔註84〕。

此時的缺點在於所使用的外在對治之法，其根源非由本心之自發，而無法發揮即本體即工夫的自然無欲之力，而是用外在的力量去進行對於欲望的壓制，這正是因為在根源上非本體之自發自淨，所以也非是儒學本體工夫的原意，故給予反對之意見，亦云：

　　　　無欲則不必言止而言心不動〔註85〕。

從上述可知，只要是工夫的論點及對治之力，若其根源不是由本體自發者，則會落於想象下的虛妄之境界或是求諸於「外」的修行方式，都不是儒學的本體工夫，只能成為被錢緒山批評的對象或是流於佛老的修行，此點是緒山所不能認同者，而本體工夫之要點，在於利用先天本具之體進行誠意的工夫。

　　此種工夫，從體來看是先天正心之學之本體工夫，從用來看，可以說是從現象界上入手的誠意之工夫，亦名為「後天誠意」之學，但是二者的本質皆是一，都是從本體的自淨能力而發，所以本身無高下可言，都是本體工夫，在本體的立場下而言都是一貫的工夫論，因為本體是「良知」，而工夫是「誠意」，對此錢緒山云：

　　　　致知格物工夫，只須事上識取，本心乃見〔註86〕。

縱觀以上所述，可知緒山本體工夫論的要點是完整而一貫的儒學工夫論，其教法亦對於悟修之偏差者進行批評，強調本體的自發才是儒學之宗旨，當工夫運作到極致時，所產生的境界，便是那遠離利欲的「自由」之境，如下所示：

〔註83〕黃宗羲，《明儒學案》，全2冊，(北京：中華書局，2008年)，下冊，頁231。
〔註84〕同前註。
〔註85〕同前註，頁232。
〔註86〕同前註。

　　　　心之流行，本無方體，欲放則放，欲止則止〔註87〕。

此境界所運作者爲何？如下云：

　　　　用功勤者，究極此知之體，使天則流行〔註88〕。

此「天則」即本體的價值意識，亦可名爲「天理」，即儒學的本體之內容，即
本體所湧現的境界，即工夫所成就而顯現的境界，此時本體與工夫與境界三
者合一而不離，即體即用，永恆運作而流行無礙，了解此點，便能得知其工
夫論是在其平實的運作中而成就其廣大高明處，此點爲其思想之特色，除了
兼顧本體之覺義外，亦討論自由義的問題，而對於此境界工夫之說明，則如
下所示：

　　　　久得本體工夫自能相忘，不思而得，不勉而中，亦只是一熟耳

　　　〔註89〕！

亦云：

　　　　有爲，有去之爲功，而不知究極本體，施功於無爲，乃眞功也〔註90〕！

此時之工夫純粹是境界之形容，故不顯現其習心的對治義，因此此時已經進
入眞實體的境界中，故之前屬於妄心等感性欲念等經驗及他律的境界已經全
部瓦解，此時之行者，所關心的只是本體之自由義的高度彰顯，而常流於境
界上的比較彼此之間工夫境界的深淺，故王龍溪與錢緒山便因此而有天泉證
道的爭議出現，雖然王陽明對於二者之教法皆給予肯定，但是仍然希望不失
去對於習心之對治義的工夫。

　　　但是反而因此衍生出本體之「自覺義」與「自由義」高度結合後的四無
之工夫，而此種工夫與其說是工夫，不如說是境界之顯現，故不能成爲一套
完整之教法，若後世之行者以此爲宗，則會產生對於習心之對治義無法顧及
的問題，故錢緒山仍然保持住最後的對治義之工夫，就此點而言，則與湛甘
泉的立場一致。

　　　故湛甘泉對於錢緒山甚爲欣賞，在此也可知「主敬」與「勿忘勿助」的
本體工夫對於陽明後學亦有一定程度的影響，只要能夠使本體之自覺義與工
夫義不離之行者，在工夫的操作上皆並無多大問題，但是若要將本體之「自

〔註87〕 黃宗羲，《明儒學案》，全 2 冊，(北京：中華書局，2008 年)，下冊，頁 232。
〔註88〕 同前註，頁 231。
〔註89〕 同前註，頁 226。
〔註90〕 同前註，頁 229。

覺義」與「自由義」以及對習心的對治義皆收攝於一心之中，則並不容易，皆必須面臨有在工夫上失足之風險，而陽明後學同樣也面臨相同的問題，那就是如何在追求本體之自由義時，又能夠兼顧對於習心之對治？此點以湛甘泉的看法而言，則必須以古訓做為修證上的客觀依據，方能免於理欲不分的情況出現。

故在湛甘泉的本體工夫中，成聖的必要條件便是要將「學」與「覺」進行圓修，方能使此使習心的對治工夫保持不退之態度，故其教法仍然強調博學、審問、慎思、明辨、篤行之重要性，以此成就學問之功，並利用古訓的教法完成對於感性欲念的對治與收攝，以成就「外」，同時再利用古訓的義理，以啟發那本具生理的力量，以存心立志的方式成就內心之自覺，此時是「內」之就。

同時再利用「勿忘勿助」法，將之前由「學」與「覺」融合為一，將之前的有限智境之層次完全提升到無限智心的層次，如此一來，便可以保持住對治義與自覺義之不失，而究竟的自由義，便在天理本體證得之中完全彰顯，故其教法便以「隨處體認天理」做為其總攝一切教法的心要，此為湛甘泉與陽明後學之小異處，而此小異之處就在於陽明後學之行者，皆強調利用那本具的自淨能力而成就之法門，故皆單獨使用由本體之自覺而成就之法門，此法門雖然高明而簡易，但是其教法之缺點在於對於本體之自覺義缺少客觀之保證，所以在實修上仍然必須對理欲不分之風險。

即使所覺證的本體是真實之體，但是便因此而產生出一種看法，那就是視對於習心的對治法門是一種求諸於「外」的表現，故開始往本體之自覺義與自由義的高度發揮，由於過份的追求自由義，反而對於習心的對治工夫產生輕視的念頭，故使本體工夫中的對治義不顯，故流弊便因此而生，反而因此而走向放縱的極端，以湛若水的立場來看，這是陽明後學由於重「覺」而不重「學」，所必須付出的代價，故對於錢緒山表示如下：

> 今遊先生之門者，皆曰：良知無事學慮，任其意智而為之。其知已入不良，莫之覺矣，猶可謂之良知乎！所謂致知者，推極本然之知，功至密也。今遊先生門者，乃云只依良知，無非至道，而致知之功，全不言及。至有縱情恣肆，尚自信為良知者。立教本旨，果如是乎？」予起而謝曰：「公之教是也。」公請予言，予曰：「公勿助勿忘之訓，可謂苦心。」曰：「云何苦心？」曰：「道體自然，無容強索，今欲

矜持操執以求必得，則本體之上無容有加，加此一念，病於助矣。然欲全體放下，若見自然，久之則又疑於忘焉。今之工夫，既不助又不忘，常見此體參前倚衡，活潑呈露。此正天然自得之機也。蓋欲揭此體以示人，誠難著辭，故曰：苦心。」公乃矍然顧予曰：「吾子相別十年，猶如常聚一堂」。予又曰：「昔先師別公詩有「無欲見眞體，忘助皆非功！」之句，當時疑之，助可言功，忘亦可言功乎？及求見此體不得，注目所視，傾耳所聽，心心相持，不勝束縛。或時少舒，反覺視明聽聰，中無罣礙，乃疑忘可以得道。及久之，散漫無歸，漸淪於不知矣。是助固非功，忘亦非功也。始知只一無欲眞體，乃見鳶飛魚躍，與必有事焉，同活潑潑地，非眞無欲，何以臻此？」公慨然謂諸友曰：「我輩朋友，誰肯究心及此〔註91〕！

從以上湛若水與錢緒山的對話中可知，以湛若水的立場而言，在實修的層面上，雖然承認利用本體的力量而成就的「存眞破妄」法，但是單用此法之缺點，便是爲了追求對於本體之自覺義與自由義的發揮，反而使習心之對治工夫便因此而可能瓦解，所以如何能兼顧自覺義、自由義之不失，又能完成對於習心之對治呢？便是使用那「勿忘勿助」法進行「學覺雙運」之修行方能兼備上述之要求，而這種本體工夫之成就關鍵處就在於「勿忘勿助」操作。

而錢緒山由於已經見到那人人本具之生生之理，故就此生理本體之自覺義方面進行對於「勿忘勿助」法之解釋，故得到湛甘泉之肯定，而吾人亦可以從此得知湛若水與王陽明之教法所證之本體，皆是那生生之理的「仁體」本身，皆是屬於「存眞破妄」法的本體工夫，此類工夫之特色都是強調利用本體自淨能力而成就的法門，此爲心即理的行者之思路，甘泉也不例外。

但是對於此心之自淨能力之設定而言，湛若水則不認爲人人都像聖人一般強大，故對於這種能力之運作而成就的法門，仍然強調以「學覺雙運」的方式完成，故就此點而言，則與王陽明有些許差異，故因此而和王陽明有外之爭，但是仍然對於陽明的良知學給予肯定之態度，而緒山由於兼採取湛王二家之教法於實修上，故其成就之境界便是在自覺義與對治義皆不失的前提下，就其自身之體會，而說明無欲之眞體與「勿忘勿助」法之間的關係，也因此在對治工夫與自覺工夫皆成就的情況下，而說明本體之自由義，便因此而得到湛若水本人的賞識。

〔註91〕黃宗羲，《明儒學案》，全2冊，(北京：中華書局，2008年)，下冊，頁230。

　　而錢緒山所言之工夫要點，若就湛甘泉的看法而言，可以從以下所言進
行總攝：

　　　　全放下，即勿忘勿助，如此天理便見故〔註92〕！

亦云：

　　　　或忘之非本體也，或助之非自然也〔註93〕！

以上兩句是針對本體工夫操作時，所要把握的要點去說明，首先是「全放下」
此言，這是指道德法則的自由義來說，主要是指遠離經驗與他律境界下束縛
而覺證的自律境界，此道德法則便是天理本體，此時之「自由義」的成就是
由其「勿忘勿助」的法門做爲基礎而成就，對於「勿忘」法主是指自覺本體
而不退轉，至於「勿助」法，則是指對治義之不斷的運作，而具足了「自由
義」、「自覺義」及「對治義」的本體工夫，便是有效的本體工夫，而錢緒山
由於合乎上述之要求，故能得到湛甘泉之肯定。

　　而鄒守益與聶雙江，雖然並不常提及本體之自由義的問題，但是由於在
本體之「自覺義」於習心之「對治義」的成就，故在實修上亦因保持上述之
要義的不失，故在實修上亦合乎本體工夫之操作要點，故湛甘泉亦給予肯定
的態度，並對鄒守益說明湛王二家之教法的互補性，對此則云：

　　　　兩家之教協一無二，可使之無弊矣〔註94〕！

此處是就湛王二家教法之長處而言，由於湛若水關心到工夫的防弊問題，故
其教法考慮的角度皆從此處發會，以古訓做爲客觀標準，進行「學覺雙運」
之工夫，但是亦不反對專就本體之自覺而成就的方式，故湛若水亦對於王陽
明給予高度的肯定，認爲王陽明的良知學在直顯本心之自覺義方面見長，所
以若兩家之教法能高度結合而進行實踐，便可以將使那本具的生生之理作用
不息，而使對於習心之對治與本體之自覺結合爲一。

　　此時所證的本體，便自然無弊而歸於一，而此一便是那作用到極致之生
理，也就是「天理」，故在以天理爲宗的教法之下，進行對於湛王二家教法之
統攝，而鄒守益、錢緒山以及聶雙江也因此而在工夫的操作上，適度的採取
湛甘泉之教法以進行實修上的工夫操作，也因此而得到湛甘泉之賞識。

〔註92〕　明‧湛若水撰，《四庫全書存目叢書集部第 56 冊:湛甘泉先生文集》，〈台南：
　　　　莊嚴文化事業有限公司，1999 清康熙二十年黃刊刻本〉，卷 7 頁 580。
〔註93〕　同前註，卷 17 頁 707。
〔註94〕　同前註，卷 7 頁 593。

而二家之工夫得以相通的原因就在於所證得的本體皆是那人人本具的心之生理，而此生理本身皆是即存有而即活動，就其存有義而言「寂」，就其活動義而言「感」，其本質皆是自然之運行，故在「勿忘勿助」法的體證之下，便會見到此本體之真面目，便是湛王二家所見到的天理本身，其本質皆是那人人本具而與萬物相容而不離的「仁體」，故就此而言湛王二家的「共法」義，而湛甘泉與陽明後學亦是就此二家共法處而進行雙方教法之會通。

四、對於勿忘勿助法的全面回顧

筆者在於本論文的寫作中發現一點，那便是對於湛若水本體工夫的解釋，除了從湛若水本人的定義外，也可以從陽明後學與湛若水的討論之中得到解讀的線索，雖然王陽明對於湛若水的工夫有所批評，但是以湛若水能得到陽明後學的尊敬來看，其本體工夫上的實修境界，亦可知並不遜於陽明心學。

甚至從湛若水本人的看法而言，亦不認為自身之教法與陽明的良知學是背道而馳之工夫，反而是可以相互會通而成就的工夫系統，故因此而對於錢緒山、鄒守益、聶雙江的工夫修學給予肯定，而陽明後學也對於湛若水這位前輩的本體工夫給予讚揚，其原因就在於湛若水所見的本體，便是那中正之氣，也就是生生之理，其核心之教義為「仁」所融攝，故在二家所見皆為「仁體」的前提之下，湛王二家便可以在本體工夫上取得共識。

由於湛若水在本體及運作範圍上之界定，是以「仁體」為宗，以此為中正處，故與「仁」相應的氣，便是所謂的「中正之氣」，此氣與生生之理的運動相應，二者都是相依而不離，皆具有主宰義及活動義，故就此點設定而言，便反對氣外求性的態度，故因此批評佛老對於本體的設定，亦因此而認為陽明的良知學會有氣外求性的風險出現，故就此點而與王陽明有所爭議，除此之外，對於本體是以仁為核心義的看法皆是一致。

既然是以「仁體」為其中正之處，而此仁體本身與氣不離，皆具生生之義，所以天理自然之體，便因此而成為湛若水本體工夫之中的最高概念，代表總攝天人之間的生生之理，當落實於人身之時，便是以良知與良能的方式顯現，就其無所安排處，稱之為「良」，就其不由於人之處，定義為「天」，所以在知道所謂「良知」之際，便會見到廣義的「天理」。

就此而言「良知」與「天理」不二，而融攝了湛王二家對於本體的共識，

其次，便是針對良知本體所顯現的力量，定義爲「良能」，代表本體自我要求及自我實踐的力量，在對於此力量的形容，便是以「神」的概念來總攝其精義，以此代表氣之精，心之靈，而此氣心之精靈處，便是天地萬物的「良能」，故在人身上的「良知」與「良能」，皆是代表於人身上的「中正之氣」的力量，而總攝良知與良能者，便是「天理」，所以「天理」與「良知」在本質上是一。

但是在作用的範圍上，天理的概念則是最爲廣大的生生之理，其運作範圍爲貫通天人，所以在此點上則有所差異，所以從此處可以看出湛王二家對於本體設定之態度，也因爲是以「仁體」爲中正之處，故其求中之門，便是以「勿忘勿助」爲宗，以此做爲總攝一切本體工夫的教法，而從此本體的本來面目之顯現，而稱之爲「自然」，即如其本然的運作情況，故湛若水對於「自然」的工夫便會有如下之定義：

> 蓋安者，自然之工夫也，止者，自然之天理也，以自然工夫，乃可合自然道理〔註95〕。

亦云：

> 中正之規，天理自然之體，不離乎勿忘勿助之間，握其幾者誰乎？心也〔註96〕！

亦說明「中」的定義如下：

> 故千古聖賢授受，只是一個中，不過全此天然生理耳〔註97〕。

如何求中？便是要遠離「忘」與「助」兩種極端，也就是使用「勿忘勿助」法來進行對於本體工夫之運作，湛若水對於「忘」與「助」則定義如下：

> 或忘之非本體也，或助之非自然也〔註98〕！

亦云：

> 或忘或助，則邪念生矣〔註99〕！

何謂「自然」？湛若水云：

> 無覺無事者，自然也，天理也〔註100〕！

〔註95〕 明・湛若水撰，《四庫全書存目叢書集部第 56 冊:湛甘泉先生文集》，〈台南：莊嚴文化事業有限公司，1999 清康熙二十年黃刊刻本〉，卷 14 頁 659。
〔註96〕 同前註，卷 17 頁 723。
〔註97〕 黃宗羲，《明儒學案》，全 2 冊，(北京：中華書局，2008 年)，下冊，頁 901。
〔註98〕 明・湛若水撰，《四庫全書存目叢書集部第 56 冊:湛甘泉先生文集》，〈台南：莊嚴文化事業有限公司，1999 清康熙二十年黃刊刻本〉，卷 17 頁 707。
〔註99〕 同前註，卷 12 頁 56。
〔註100〕 同前註，卷 11 頁 638。

從上述的說明可知，學宗自然之本體工夫，其自然的概念在於「安」與「止」，也就是將身心安頓於本體的境界中，而此本體爲何物？便是那中正之仁心，所謂的「中」的定義，其實也是指那天然之生理，所以對於中正之規的體證，就是使身心安住於仁心之中，便是與天理相應的境界，如何入此境界？那就是要使用「勿忘勿助」法的體證，所以求中之門便是從「勿忘勿助」的操作來入手是最爲究竟的方法，而針對這「勿忘勿助」法的界定，歷代研究者的看皆有所不同。

以陳郁夫的說明而言，所謂的「忘」與「助」是指用功的心態，若太鬆則會使閒思雜慮流入，太緊則會使此心用功太緊，而本體工夫的要點在於對於靜定之用心之法的指點〔註101〕。其次，以黃敏浩的觀點而言，所謂的「助」是指欲求速效，而「忘」是指間斷而不做工夫的情況，而「勿忘勿助」法就是對於這兩端的遠離〔註102〕。接下來是就喬清舉的觀點來看，「勿忘」法是指體認天理爲宗的收攝工夫，而「勿助」是指不滯於事的境界。

以張學智的看法而言，「勿忘」是指不忘失天理，而「勿助」是反對補捉此心太緊〔註103〕。以鐘彩鈞的界定而言，所謂的「勿」就是指事前知「幾」以存養的工夫〔註104〕。

以上幾點爲目前學界對於「勿忘勿助」法的主要解釋方向，其實皆指出一件事，也就是本體工夫論者之下手重點在於如何發揮本體的自我要求能力，使本體與工夫合一而實踐，其要點便在於使本體之自覺義與對於習心之對治義並進全部成就，故筆者因此則嘗試在前面幾位前輩的研究成果之下，再進行對於湛若水「勿忘勿助」法的界定及說明，所以就針對此「勿忘勿助」的本體工夫進行分解型態之說明，也就是將「勿忘勿助」法分爲「對治義」、「自覺義」與「自由義」三種修法之解釋。

首先是就「對治義」的說明，此時之下手重點在於收攝感性的欲念，故

〔註101〕陳郁夫，《江門學記：陳白沙及湛甘泉研究》，全 1 冊，（臺北：學生書局印行，1984 年），1 冊，頁 59。

〔註102〕黃敏浩，《湛甘泉的生平及其思想》，全 1 冊，（臺北：國立臺灣大學中國文學研究所碩士論文，1988 年 9 月），1 冊，頁 93。

〔註103〕張學智，《明代哲學史》，全 1 冊，（北京：北京大學出版社，2000 年），1 冊，頁 65。

〔註104〕鐘彩鈞，《中國文哲研究集刊第十九期：湛甘泉哲學思想研究》，全 1 冊，（臺北：中央研究院中國文哲研究所，2001 年 9 月），1 冊，頁 389。

此時最佳的方式是利用古訓，從讀書之道做起，所以此時的「勿忘勿助」便會有如下之界定：

> 甘泉子語學子曰：「爾知讀書之道乎？」曰：「未也。」曰：「在調習此心而已矣。」或曰：「何居？」曰：「調習此心，在勿忘勿助之間而已。
>
> 「何謂忘？」曰：「面於書而心於他，是之謂忘。」曰：「何謂助？」曰：「溺於書而喪其本，是之謂助〔註105〕。」

此時的「忘」與「助」是指面對古訓時的一種收攝工夫，此工夫的要求是以對於面對書本而心念不聚焦而放縱的心態稱爲「忘」，而以沉醉於書本中而失去對於此心生理的體會，稱之爲「助」，而利用讀書的方式使此心進入中正的方式，便是湛若水的讀書之道，此時由於意念的收攝與專一，故呈現出本體工夫中「敬」的精神，故可知這「勿忘勿助法」亦含攝了「敬」的對治義，故湛若水便以此爲立敬工夫之安立處，故有如下之說明：

> 黃生綸問：「合一之功何如？」甘泉子曰：「諸生於作文之時焉，即知於作文之間收歛焉，可也。於讀書之時，即知於讀書之間收歛焉，可也。收歛致一，不滯不放，是故能立敬矣〔註106〕。」

從以上的說明可知，湛若水對於初學者的指點，第一步便是主張將那繁雜的欲念，利用讀書的手段進行收攝，並利用聖賢的教育以使後學建立正確的知見，使欲念得到控制，同時進行意念的收攝與專一，當此欲念能對治到一定程度時，便可以初步成就「敬」的工夫，此時所謂的致一，就是指心念與書本中的價值意識一致的情況，而此價值意識便是「仁」，以此爲宗便可見到中正之心。

　　其次，除了「對治義」的發揮之外，亦包含著「自覺義」的工夫，而對於此心之自覺義的發揮，以湛若水的看法而言，則必須遠離於人事中「忘」與「助」的兩端，故其看法如下所示：

> 潘子嘉問學。甘泉子曰：「在聞道。」問聞道。曰：「在立志。」問立志。曰：「必眞知而後志立。志也者，其聖學之基乎！」問道。曰：「道，天理也，心之本體也。子能知本體之自然，則知道矣。」問

〔註105〕明・湛若水撰，《四庫全書存目叢書集部第56冊:湛甘泉先生文集》，〈台南：莊嚴文化事業有限公司，1999清康熙二十年黃刊刻本〉，卷4頁14~15。
〔註106〕同前註，卷4頁7。

自然。曰：「心之本體不假人力，故知勿忘勿助之間無所用力者，斯
得之矣。」問忘助。曰：「忘助皆私心也。滯於物、勝於事，皆忘也；
矜持、欲速皆助也。」問勿忘勿助之間。曰：「無在不在也，中正而
不息，易所謂存乎！」沈珠問：「天理何以見？」甘泉子曰：「其主
一乎！天理者，吾心本體之中正也。一則存，二則亡，覺不覺而已。」
施宗道問：「學當何先？」甘泉子曰：「先識仁，否則何的乎！能與
我心性之圖者，其庶矣。」未達。曰：「知斯圖者，其天地萬物之同
體矣。是故宇宙之內，一而已矣。夫然後能知性。」門人問：「見與
體認何以別？」甘泉子曰：「見者，見此也；體認者，體認此也。必
體認然後有所見，有所見然後體認益眞矣。」或慮間斷。甘泉子曰：

　　「其覺乎！有所間者，無覺也。覺則不間矣。〔註107〕」

從以上的看法可知，本體的自覺義之發揮，必須遠離「滯於物」與「勝於事」
的兩端，也就是在經驗的世界之中，遠離好勝與沉溺等感性欲念的情況，此
時所顯現的心便是中正之心，見到此心的中正處，便可以成就對於心的自覺
義之工夫，使此心的良知良能如其本然的顯現自己的力量，此種力量由於不
假人力，故稱之爲「自然」，也因此自然之力的發揮，故此時的本體工夫便顯
現出「自覺義」的境界，故因此而顯現了「自然」之相。

　　而此「自然」亦是強調本具的良知與良能的力量，故爲眞我所發，所以
稱它爲不假人力的工夫，也就是自然的工夫，而因爲此法必須從「勿忘勿助」
的工夫中去體驗它，所以這種發揮「自覺義」工夫也被「勿忘勿助」的本體
工夫所統攝，所以吾人亦可知，「自然」的概念除了是對於天理的形容之外，
亦代表那本具而不假人力而成就的本體力量，也就是「良能」。

　　而此種力量的把握，必須見到中正之心方能成就，故因此而得知此種工
夫必定是具足了自覺義方能成就，而當此心之自覺的境界若擴大及天地萬物
時，便因此無內外之分，而見到了「一」，此「一」的概念，便是勿忘勿助工
夫中的最高境界，也就是「天理」的境界，代表著自覺義、自由義、對治義
三者完美具足於一身的境界，故一切工夫相，皆融會於一個本體之中，此時，
從自由義而顯現的工夫相，便是勿忘勿助法的「自由義」之展現，故湛若水
便針對此時的工夫，而有如下之定義：

〔註107〕明・湛若水撰，《四庫全書存目叢書集部第 56 冊:湛甘泉先生文集》，〈台南：
　　　　莊嚴文化事業有限公司，1999 清康熙二十年黃刊刻本〉，卷 6 頁 1。

全放下，即勿忘勿助，如此天理便見故〔註108〕！

所以從此處可知，對於「勿忘勿助」法的本體工夫之說明，除了前人的解釋之外，亦可以將「勿忘勿助」法分爲工夫運作的三個歷程，即習心之對治義要求下所見工夫，以及在人事的考驗之中，而成就對於此心之自覺工夫，最後便是在對治義與自覺義融合爲一的情況下所見到的「眞我」，就是湛若水所說的「一」，對於此點則說明如下：

夫一者，天理也，勿忘勿助，以體認乎天理〔註109〕！

亦就上述的觀點，而提出總攝自覺義、自由義與對治義於一身的主一之法，如下所示：

勿忘勿助，便是主一，便是無私毫人力，乃敬也〔註110〕！

從以上的看法可知，湛若水所體認到的眞我便是「自由義」的展現，同時亦用「一」的概念去稱呼這無私毫人力之本體工夫，而在這自由義下所見之眞我，便會在這主一的工夫之下，使此心之生生之理的境界，擴大到到那與萬物同體而不離之「天理」境界，但是這種工夫，便需要將一切本體與工夫的對立相「全放下」方能成就，「全放下」便是屬於合一之修法。

當發揮此心的對治習心的力量時，此本體工夫便會呈現出「敬」的對治義，當工夫升華到本體之時，一切都如此本然的顯現，故呈現本體工夫中的「自然」之相，代表著自覺義之境界，但是當談到總攝法時，便是進入所謂「一」的層次，即自由義的展現，故就此層次所談之教法，湛若水通常是將自覺義、對治義全部融攝到自由義去說明工夫的要點，所以此時所談的工夫通常是一種境界的顯現，故不顯對治義之相，所以吾人若能瞭解此點，便可以將湛若水的本體工夫進行正確的解釋。

而在上述的觀點之中，吾人便可以知道，爲什麼湛若水如此重視「勿忘勿助法」之原因，原因就在於這種工夫總攝了習心之對治義、本體之自覺義與自由義於一身，故湛若水便以此爲求中之門，這是必然會導出的結論，同時因爲此法，亦是以那活潑之仁心生理爲此心中正之處，故湛若水便可以就此針對此點，進行對於湛王二家於本體工夫上共法上的融攝與會通。

〔註108〕明·湛若水撰，《四庫全書存目叢書集部第56冊:湛甘泉先生文集》，〈台南：莊嚴文化事業有限公司，1999清康熙二十年黃刊刻本〉，卷7頁580。

〔註109〕同前註，卷19頁44。

〔註110〕同前註，卷20頁71。

五、天理與良知學在實修中所會產生十八種本體工夫進路

平心而論，不論是天理或是良知之學，都是一種以仁爲宗而實踐的本體工夫，皆要求完備對於本體的自覺義及自由義和習心的對治義之不失，方可以經得起在實修上的考驗，但是在實修的過程之中，隨順的根器不同，基於以本體爲宗的前提之下，便會有如下十八種情況出現，有單修而成就的方式，亦有複合式的修行方法，其實修上的變化，便會出現如下之情況：

1. 唯取靜坐、永斷習心而成就

此種修法是以從靜坐入手，以至靜之力，以降伏習心而成就對治義，再進行對於本體之自覺爲其教法之特色，此法之優點在於利用靜坐所產生的定力來降伏習心，而成就其至靜的定力，便是此法能夠對治習心的關鍵，是屬於單修靜坐而成功的法門，但是容易產生對於定力的貪著，故仍然被視爲是一種權法，此種修法之成就者爲聶雙江，其修持經驗如下所示：

> 惟主靜，則氣定，氣定則澄然無事，次便是未發本然，非一蹴可至，
> 須存優游，不管紛擾與否，常覺此中定靜，積久當有成效〔註111〕。

從聶雙江的看法可知，其修法，是從靜坐入手，進而成就對治習心的力量，此法相當重視定力的培養，以使此心進入「定」與「靜」的境界，由於定力的作用，所以對於本體的自覺之力也因此有所增長，在對於本體的受用也日益分明的情況下，使此心進入與本體相應的境界，也就是雙江的「歸寂」工夫之成就，其看法如下：

> 蓋心體原是流行，而流行不失其則者，則終古如斯，乃所謂定也，
> 寂也。動而不失其本然之靜，心之正也〔註112〕！

此時本體與工夫之關係如下：

> 工夫不合本體，非助即忘，忘助皆非道〔註113〕。

從此處看法可知，聶雙江雖然是陽明學派的行者，但是在實修上，亦採取湛甘泉「勿忘勿助」的本體工夫做爲總攝法，以此調節身心，使此心進入與本體相應的境界，在採取以靜坐爲主的修法下，完成對於此心生生之理的體證，此爲聶雙江修法之特色，而此種修法，亦成爲明儒本體工夫中的主要基本修行方法之一，而同意此種觀點的行者，亦有良知學行者羅念庵，其看法表示如下：

〔註111〕 黃宗羲，《明儒學案》，全2冊，(北京：中華書局，2008年)，下冊，頁371。
〔註112〕 同前註，頁377。
〔註113〕 同前註，頁380。

故嘗以爲欲希聖，必自無欲始，求無欲，必自靜始〔註114〕。

從羅念庵的看法可知，靜坐的目的在於「氣定」，便可以將習心的擾亂降低，當習心無法生起障礙的作用時，此時此心的眞實體性，便可以如實現前，故靜坐便是成聖的根本修法之一，不可以輕視與偏廢，因此羅念庵再度重申對治習心的要點，如下所示：

辨欲之有無，以當下此心微覺處爲主，此覺處甚微，非志切與氣定，即不自見〔註115〕。

亦云：

自弟受病而言之，全在知覺，則所以救其病者，捨淵寂無消除法矣〔註116〕！

羅念庵亦說明自己本體工夫之要義如下：

致良知者，致吾心之虛靜而寂焉〔註117〕。

從以上的觀點可知，不論是聶雙江或是羅念庵，都重視靜坐的工夫，並強調定力的沒培養是成聖的根本，故其「致虛」工夫是重視從「感」上做起，以靜坐爲入手處進行對於人欲的對治，進而與本體相應，爲其成就之根本，故此種工夫便因此而強調「靜」的重要性，雖然以本體的價值意識爲宗，卻不會因此而過份流於放縱。

故因此有別於過份注重自覺義的發揮，甚至流於放縱的陽明後學之行者，故因此而被歸類於歸寂學派，而羅念庵與聶雙江亦同時受到甘泉學派之影響，故可以視爲是廣義下的湛甘泉思想之傳承者，而其得力處的虛靜工夫，其實湛甘泉亦有提點如下：

虛靈以察道之體，應變以幾道之用，兼虛靈應變而神之，天理得矣〔註118〕。

從湛甘泉的看法中可知，其本體工夫亦包含了靜坐之工夫，不過由於其本體工夫常就總攝法的角度去說明，故常因此而引發爭議之誤解，至於在實修上，

〔註114〕 黃宗羲，《明儒學案》，全2冊，(北京：中華書局，2008年)，下冊，頁392。
〔註115〕 同前註。
〔註116〕 同前註，頁393。
〔註117〕 同前註，頁421。
〔註118〕 明・湛若水撰，《四庫全書存目叢書集部第56冊:湛甘泉先生文集》，〈台南：莊嚴文化事業有限公司，1999清康熙二十年黃刊刻本〉，卷18頁718。

其實湛甘泉的教法亦與陽明 〔註119〕 相通，都不反對靜坐，只要不流於佛老的
境界即可，亦因此而肯定羅念庵與聶雙江的本體工夫之殊勝處。

2. 唯取古訓、變化氣質而成就

　　此種修行方式是從古訓入手，從古訓的規範之中進行對於身心的控制，
以變化氣質而完成對於習心的對治，再成就對於本體的體證，其特色在於善
用古訓而成就氣質的「變化力」，利用此變化力，攝受一般根器的人士從變化
氣質之中而成就，此種工夫亦常被湛甘泉所提點與使用，其看法如下：

> 學於古訓，古訓豈可不學，但古人學與今人別，學者，覺也，古訓
> 者，聖人之心也，學之所以覺我之心也，我之心，即聖人之心，學
> 了便不須留心 〔註120〕 。

從湛甘泉的看法中可知，「古訓」代表著聖人之心訴諸於文字的記錄，具有變
化氣質的力量，除了提供對本體自覺的實修經驗外，也具有規範身心之效果，
同時也具有客觀性的標準，而古訓的功能，便因此而有兩種方式之使用，首
先是用於對於本體的自覺義之發揮，使本體的力量現前而完成工夫，這是就
本體的無限智境之顯現而言。

　　此外，由於古訓代表聖人的教誨，故雖然訴諸於文字等有限的經驗中，
但是吾人亦可以善用這種「有限智境」的力量，來進行對於習心的收攝與對
治，所以此時的古訓仍然具有對治習心的力量，雖然從「無限心」的觀點而
言，這種方式並不了義，也並不究竟，但是對於受困於習心的一般人士而言，
這種工夫仍然是必要的，因為此法，仍然有一套客觀的標準與規範，可以使
吾人可以在實修上避免誤入歧途，故甘泉云：

> 以其無學問之功，而不知其所謂正者，乃邪而不自知也，其所自謂
> 乃流於禽獸也 〔註121〕 。

亦云：

〔註119〕 王陽明認為喜歡靜坐的行者，常會在實修上有喜靜厭動的情況，容易有流於
　　　　佛老的風險，或流於枯稿之病的情況，所以對於此類行者於修行上的改善方
　　　　式，便是要使其定力導入對於良知的自覺，使本具的寂感之力現前，便可以
　　　　改善，所以後來王陽明都強調致良知的法門，以總攝法的角度教化此類行者
　　　　而導入修行的正途。

〔註120〕 明·湛若水撰，《四庫全書存目叢書集部第 56 冊:湛甘泉先生文集》，〈台南：
　　　　莊嚴文化事業有限公司，1999 清康熙二十年黃刊刻本〉，卷 8 頁 605。

〔註121〕 同前註，卷 7 頁 571。

若徒守其心，而無學問思辨篤行之功，則恐無所警發，雖似正實邪
〔註122〕！

從以上的看法可知，湛若水認爲「學」與「覺」必須並進，才能夠在實修上完成一套完整的本體工夫。

但是若從入手的根據來看，最好的方式仍然是要參究古訓，才能夠在未覺此眞心時，有一套客觀的標準可以依循，而在參究古訓時，可以培養氣質變化的力量，而此變化之力的來源正是古訓，從對於古訓的學習之中，掌握有限的智心，雖然此智心的境界，並不像那無限自覺之心一般廣大，但是這種有限的智慧境界，確實可以產生對治習心的效果。

此時便因此變化氣質，而使吾人的身心層次，藉此得到提昇，而當習心對治完畢之際，便可以藉由對於本體的自覺，而使那有限的智慧境界，從對於習心的對治層次，提昇到對於本體無限的自覺層次，而完成內外合一的實踐，此爲早期湛甘泉所重視的本體工夫，而此種工夫也是除了除靜坐之外，另外一種以本體的價值意識爲宗，而成就的工夫，是第二種主流工夫修法。

3. 以此心爲宗、不取古訓、僅專注於全放下而成就

此種修法是以「勿忘勿助」爲主，利用對於本體的自覺之力，進行對於習心的對治與自覺而成就，這種修法是屬於湛若水本體工夫中的總攝法，是屬於全放下的修法，與王龍溪四無說之教法有異曲同工之妙，但是容易產生有悟而無修的情況，故因此而引起相關之批評，原因就在於對治義的工夫，消融於自覺義中而不顯其工夫相，所以雖然有其本體卻無工夫可用之情況，也因此而常被批評。

但是這種修法，亦是一種高層次之修法，所以不論是湛甘泉或是王陽明，都必須安立此法門，以攝受一切根器的人士，所以這種法門是必須的，例如王陽明的「四句教」與湛甘泉的「勿忘勿助」法，其本身都兼顧本體的自覺義與自由義和習心的對治義於一身，故在實修上，便會成爲最高層次之教法，但是若到龍溪的四無說，則變成是淪爲自由義與自覺義的一種境界表現，而不能成爲單獨一種可以獨自安立的教法。

故王龍溪本身，也因此而被陽明批評，至於王陽明仍然是以四句教爲究

〔註122〕明・湛若水撰，《四庫全書存目叢書集部第 56 冊:湛甘泉先生文集》，〈台南：莊嚴文化事業有限公司，1999 清康熙二十年黃刊刻本〉，卷 7 頁 572。

竟之教法，所以就此點來看，即是要將自覺義、自由義、對治義融合爲一而論，方能避免在實修上流於放逸，而此點便成爲是王陽明與湛甘泉在本體工夫上的共識。

以湛甘泉的立場而言，便會因此，而開設出有別於上述兩種工夫之外的第三種工夫，這種工夫是總攝法的工夫，也就是「勿忘勿助」的本體工夫，爲何要開設此類工夫？原因便在於，若單純以定力爲宗的行者，在對於習心的對治之時，產生對於定力境界的貪執，反而會使此心之生理無法現前，而流於「忘」的情況，反而失去了對於此心的自覺。

反之，若一昧沉醉於古訓的有限智境之中，雖然亦可以產生對於習心的對治，但此有限智心若不給予境界上的轉換與提昇，則反而有流於「助」的情況出現，亦與本體工夫的自覺義背離，亦非究竟法，所以晚年的湛甘泉，便因此而強調「勿忘勿助」法的重要性，而使此種本體工夫，在其修證體驗下，成爲獨立的本體工夫。

故甘泉認爲此種教法，可以彌補上述了兩類行者，於實修上所可能產生的缺點，亦可以成爲獨立使用的工夫，也同時可以配合上述兩種工夫型態，視每個人根器的不同，而給予相應的對機指點，可以單獨修行而成就，亦可以複合式修行而成就，但是不論何種變化，都不離開第一種到第三種本體工夫類型，即使是以下的十八種本體工夫之變化，亦不例外。

而湛甘泉認爲此種工夫之所以能總攝一切教法的原因，便在於此種工夫所使用的力量，就是來自於本體的自然之力，也就是此心生生之理的力量，即仁心的力量，所以此種工夫，便必須合乎自然的宗旨，故能瞭解「自然」的宗旨，便可以理解此種工夫的精義，對此湛甘泉則說明如下：

> 後儒講爲學工夫，皆不知此，蓋安者，自然之工夫也，止者，自然之天理也，以自然之工夫，乃可合自然之道理〔註123〕。

亦云：

> 或忘之而非本體也，或助之而非自然也，歸乎而不自求，乃理自合於天〔註124〕。

當此心遠離了「忘」與「助」的極端時，此心本具的自然之力便得以現前，

〔註123〕明・湛若水撰，《四庫全書存目叢書集部第 56 冊:湛甘泉先生文集》，〈台南：莊嚴文化事業有限公司，1999 清康熙二十年黃刊刻本〉，卷 14 頁 659。
〔註124〕同前註，卷 17 頁 707。

此時只需使此心，安止於天理的境界，便可以成就那「自然」的工夫，此時亦無習心的障礙，故甘泉亦就此處而重申「自然」的定義如下：

> 勿忘勿助，便是主一，便是無私毫人力，便是自然，乃敬也〔註125〕。

此外，對於「自然」的界定，同時也成為對於天理的形容，其定義如下：

> 無覺無事者，自然也，天理也〔註126〕。

如何能達到「無覺無事」的境界呢？甘泉云：

> 全放下，即勿忘勿助，如此天理便見故〔註127〕。

此處所說的「全放下」，看似都不做工夫，其實是一種不取工夫相而成就的甚深工夫，其操持之重點，在於正確的發揮那來自於本體的寂感之力，也就是「生生之理」的力量，對於此理的形容便是所謂的「自然」，也因此而能與良知學的精神相應，正是因為其所證的本體皆是「仁體」，既然本體不二，其工夫也必定不二，故湛王二家之本體工夫，在湛甘泉的眼中而言，並不存在著絕對的對立，反而可以相互會通而無礙，故甘泉也藉此點進行對於良知學的融攝，其看法如下：

> 何謂良知？如何致之？要緊識此自然二字，勿忘勿助之間，乃事有
> 規矩，即集義也，不識此，便沒些工夫了〔註128〕。

亦重申「天理」與「良知」不二之宗旨如下：

> 無所安排之謂良，不由於人之謂天，故知之良者，天理也〔註129〕。

從此處的自然工夫，便是利用仁心之寂感之力而成就，故可融攝良知學之要義，所以在湛甘泉的心中，並不存在著「天理」與「良知」在本質上的差異，因為其究竟之本質為一，故此心同，此理亦同，也因此而開設出，有別於王陽明四句教工夫之外的本體工夫，但是與王陽明的相同處，在於都重視到本體工夫的設定，必須兼顧「自覺義」與「自由義」，以及習心的「對治義」，但是亦不可以對於工夫產生執著，不然會在實修上流於「忘」或「助」的情況。

故此種「勿忘勿助」的工夫，便因此成為了第三種本體工夫，其運作方

〔註125〕明・湛若水撰，《四庫全書存目叢書集部第56冊:湛甘泉先生文集》，〈台南：
　　　　莊嚴文化事業有限公司，1999清康熙二十年黃刊刻本〉，卷20頁71。
〔註126〕同前註，卷11頁638。
〔註127〕同前註，卷7頁580。
〔註128〕同前註，卷11頁640。
〔註129〕同前註，卷17頁705。

式是以本體的「寂感之力」爲宗，以生生之理的力量爲「自然之力」，進行工夫的實踐，而因此而成爲三大本體工夫之中最高層次之工夫，是屬於總攝法的工夫，但是此種工夫，必須發揮本體寂感之力而成就，故有別於利用靜坐而成就的定力工夫，也有別於專注古訓而成就變化氣質之工夫，所以三種工夫的差異，就在於所運用的力量不同。

此三種力量便是靜坐之「定力」、古訓之「氣質變化力」、以及仁心的寂感「自然之力」三種力量，而這三種力量成就的先後與操作的順序，端看根器的不同而決定，故並沒有固定的方法，所以便因此而產生出十八種工夫型態之演變，探究其根本原因，不外乎是從第一種到第三種本體工夫的交互變化而已，只要能得知此點，便可以掌握住湛甘泉與王陽明本體工夫的操作要點。

4. 先取得至靜之定力、再關注古訓、變化氣質而成就

此種修法之特徵，是先利用靜坐培養至靜的定力，再進行對於古訓的學習，利用聖賢的規範，以進行對於習心的完美對治而成就，此法爲複合式的修法，仍然是以至靜的定力爲成功的基礎，所以此種修行方是是利用「至靜力」以及從古訓所產生的「氣質變化力」爲輔助方式而成就。

至於先從靜坐入手的行者，則有湛甘泉的老師陳白沙，其看法如下：

爲學須從靜坐中養出個端倪來，方有商量處〔註130〕。

從以上的看法可知，陳白沙是支持先從靜坐入手，但是在靜坐中必須注意其修持的境界，修持要點如下：

然在學者，須自度量如何？若不至爲禪所誘，仍多著靜，方有入處，

若平生忙者，此尤爲對症之藥〔註131〕。

從白沙的看法可知，陳白沙並不反對靜坐，只要能夠在靜坐所得到的安樂境界中，不生起對於佛老等境界的貪執，其實是無礙於對於本體的體證，而此時要如何免於和佛老同流呢？以宋明儒者的普遍觀點而言，就在於不可以生起對於人世的出離心以及對於倫常的如幻觀，如此一來，便可以有正確的見地，以此爲修行的根本，就不會流於佛老，以陳白沙的觀點而言，亦不例外，但是也不會因此而反對靜坐，故就此點而言，則比湛甘泉更爲圓融，故在陳白沙的教法中，是鼓勵先從靜坐的工夫成就後，再進行對於古訓的關注，以此來變化氣質而成就，此點是陳白沙所允許的。

〔註130〕黃宗羲，《明儒學案》，全2冊，(北京：中華書局，2008年)，上冊，頁85。
〔註131〕同前註，頁84。

至於湛甘泉則是針對古訓的重要性強調如下：

> 若徒守其心，而無學問思辨篤行之功，則恐無所警發，雖似正，實
> 邪〔註132〕！

從甘泉的態度可知，若要杜絕靜坐所可能產生的弊端，則必須以學問之功進行對於自身的警覺，所以比陳白沙更為關心如何防弊的問題，但是並不反對以靜為宗的修行方式，故在以至靜力為宗的前提下，若能加上古訓的教法，做為防弊的措施，便可以正確的進行對於氣質的變化，使此心的生生之理的力量不斷的湧現，便可以從此處而入聖人之道，故甘泉云：

> 故學問思辨篤行諸訓，所以破其愚，去其弊，警發其良知良能
> 〔註133〕。

從甘泉的看法可知，甘泉之教法受到陳白沙之影響，故對於靜坐之工夫並不給予反對之態度，只要不流於佛老的情況出現即可，白沙的觀點偏於靜坐而成就的定力境界而談工夫，至於甘泉則關注古訓的防弊作用，若能夠具備甘泉與白沙之要求而成就的行者，便可以成此類型之本體工夫。

5. 先修靜功、再修古訓、最後再以勿忘勿助法而成就

此種本體工夫行者，與上述的行者之不同處，在於利用靜坐成就的基本定力之後，再修習對於古訓的教誨，同時並知道沉醉於定力與古訓之中，可能會產生有流於「忘」或「助」的極端，故再加修「勿忘勿助」法以進行對於本體工夫的調和，屬於先修「至靜力」、再修古訓的「氣質變化力」，最後再以「勿忘勿助」法進行對於上述二者的調和。

此法門之成就者為陳白沙，其教法之特色，根據明儒學案的分析，以黃宗羲的理解則如下所示：

> 先生之學，以虛為基本，以靜為門戶，以四方上下、往古來今穿紐
> 湊合為匡郭，以日用、常行、分殊為功用，以勿忘、勿助之間為體
> 認之則，以未嘗致力而應用不遺為實得。遠之則為曾點，近之則為
> 堯夫，此可無疑者也。故有明儒者，不失其矩矱者亦多有之，而作
> 聖之功，至先生而始明，至文成而始大〔註134〕。

〔註132〕黃宗羲，《明儒學案》，全 2 冊，(北京：中華書局，2008 年)，下冊，頁 887。
〔註133〕同前註。
〔註134〕同前註，上冊，頁 80。

以上為陳白沙之修法，可知陳白沙的修法是以靜坐為宗，以培養至靜力為主，以陳白沙的修行經驗則有如下之表示：

> 專求所以用力之方，既無師友指引，惟日靠書冊尋之，忘寐忘食，
> 如是者亦累年，而卒未得焉。所謂未得，謂吾此心與此理未有湊泊
> 吻合處也。於是舍彼之繁，求吾之約，惟在靜坐。久之，然後見吾
> 此心之體，隱然呈露，常若有物，日用間種種應酬，隨吾所欲，如
> 馬之御銜勒也；體認物理，稽諸聖訓，各有頭緒來歷，如水之有源
> 委也。於是渙然自信曰：「作聖之功，其在茲乎！」有學於仆者，輒
> 教之靜坐，蓋以吾所經歷，粗有實效者告之，非務為高虛以誤人也
> 〔註135〕。

亦云：

> 為學須從靜中養出端倪來，方有商量處〔註136〕。

從陳白沙以上的修行經驗中可知，若只重視經驗上的學習，則容易有求諸於外的缺點，所以若要使此心與天理本體相應的得力方法，除了靜坐最為得力之外，別無它法，所以最佳修行方式，便是要從靜坐之中修得「至靜力」，在以此定力運用於於古訓的實踐，便可以成就氣質變化力，最後用勿忘勿助法，融合以上二者而進入對於天理本體的體會，而將內外合而為一，以此進入聖人的境界，而陳白沙身為湛甘泉的老師，故其教法亦影響到天理之學的行者，故此類教法亦被甘泉學派所接納。

6. 先修靜、再修勿忘勿助而成就

此種行者之特色，在於採取以靜坐為宗的修法，成就了強大的定力，以對治習心，再利用此至靜的定力，以進行勿忘勿助法的修行，而開啟對於此心生理的自覺而成就。對於靜坐的下手重點，甘泉提醒後學如下：

> 沖謂：「初學之士，還須令靜坐息思慮，漸教以立志，體認天理，煎
> 銷習心，及漸令事上磨煉。沖嘗歷歷以此接引人，多見其益。動靜
> 固宜合一用工，但靜中為力較易，蓋人資質不同，及其功用純雜亦
> 異，須是因才成就，隨時點化，不可拘執一方也。然雖千方百計，
> 總是引歸天理上來，此則不可易〔註137〕。

〔註135〕黃宗羲，《明儒學案》，全2冊，(北京：中華書局，2008年)，上冊，頁82。
〔註136〕同前註，頁85。
〔註137〕同前註，下冊，頁894。

從甘泉對於後學的提醒中可知，對於靜坐的正面功能是給予肯定的態度，但是在肯定之餘，亦提醒後學，必須善用定力於對於本體的體會，也就是對於天理的證悟，才是正確的方向，反之，若沉醉於定力的喜樂，則會有如下之缺點，甘泉云：

> 若不察見天理，隨他入關入定，三年九年，與天理何干〔註138〕？

所以在上述的看法中可知，以湛甘泉的看法而言，靜坐的目標在於成就降伏欲念的定力即可，重點在於以定力輔助吾人之身心，使此心本具的天理顯現，若反其道而行，則會流於佛老的修行而與儒學無關，所以對於靜坐的態度，便是如此之設定，而在體會到生生之理現前的情況時，便需要用「勿忘勿助」的方法，使此心永恆與此生生之理相應，若能如此，便可以成就此類型的工夫論，由於此類型的夫是以自然為宗，故其本體工夫可以稱為自然工夫，成就要點在於從靜功而進入無覺無事的境界，此為生生之理之顯現，故稱自然，即如其本然的顯現天理之工夫。

7. 先初修靜、中修勿忘勿助、再以古訓驗證身心而成就

此類之行者，其本體工夫的修行方式是以靜坐為初修，並利用勿忘勿助法，以進行對於本體生生之理的體會，最後再利用古訓進行對於自我身心的檢驗，而成就合乎儒學規範的成就者。此時之境界，以湛甘泉的看法而言，則如下所示：

> 夫動靜皆定，忘助皆無，則本體自然合道成聖，而天德王道備矣〔註139〕。

根據甘泉的分析，由於對於靜坐的初修，所以可以收攝放縱的欲念，故此時便可以將定力專注於勿忘勿助的工夫運作上，使此心本具的生生之理得以不間斷的湧現，也因此不論是動或是靜都被定力所統攝，而此定力的力量亦因為勿忘勿助的工夫而提昇到心之生理的層次，故在此層次下，便自然進入與聖人同樣的境界，此時為了防止對於聖境的錯解，故與前項的行者之不同處，便在於以古訓的參究，做為防弊的標準，而能夠通過如上要求的行者，亦同樣可以進入聖人的境界而無礙。

8. 以靜入手、進而再淨化習心、再以古訓的參究為宗而成就

此類本體工夫的行者，由於靜坐的工夫，而產生了定力，將此心安定下

〔註138〕黃宗羲，《明儒學案》，全 2 冊，(北京：中華書局，2008 年)，上冊，頁 894。
〔註139〕黃宗羲，《明儒學案》，全 2 冊，(北京：中華書局，2008 年)，下冊，頁 909。

來，以滅除欲念，在定力的基礎下，由於習心的降伏，所以在對於古訓的參究上，便無所障礙，而能在經典的參閱之中，直入本心，而完成對於天理本體的自覺，亦可以在古訓的教導下，有一套客觀的標準而完成工夫的實踐。

　　至於此類以靜爲宗的行者，通常都正視到定力的養成，以甘泉學派的行者呂汝德而言，其要求如下所示：

　　　　不肖妄意聖學，嘗從謂諸聖之敎，作大公順應工夫，日用應酬，胸
　　　　中頗覺定靜〔註140〕。

亦云：

　　　　靜坐工夫，正要天機流行，若是把定無念，即此是念，窒塞天機，
　　　　竟添一障〔註141〕！

從以上的看法可知，靜坐的目標在於見到天機，而此天機就是指與天理相應的中正之氣，對於此點，甘泉弟子洪垣亦表示其看法如下：

　　　　幾乃生機，寂體之流行不已者，感而遂通〔註142〕！

在甘泉學派的眼中，定力的培養必須要有一個專注的對象用來收攝自己的欲念，同時培養以天理爲宗的價值意識，所以最佳方式便是先從聖賢的教誨入手，當外在的行爲被古訓所規範時，此心同時亦被收攝，此時不要有任何急於求成的念頭，便會在靜坐之中培養出基本的定力，進而在使身心的意念藉由定力的輔助，而開啓對於天理本體的自覺。

　　而此天理之之本質就是此心之生理，就是中正之氣，此氣的本質是以仁爲宗，也就是指在吾人身心的寂體，便是吾人之生機所在，瞭解此點，便可以知道，即使從靜坐入手，以成就定力而達到淨化習心的效果時，最終仍然必須通過古訓的驗證，才能夠確保吾人身心之境界是否與古訓的要求相應，而此類行者，便是以此而成就學覺雙運之道，至於甘泉學派對於定力的要求，則並不要求要特別強大的定力，只要能夠有助於對於習心的對治而不流於佛老境界即可，此點爲其教派靜坐的特色。

9. 從古訓入手、再修靜坐而成就

　　此種本體工夫，重視從古訓的「學」開始爲基礎，再利用古訓所產生有限之智慧境界，進行對於習心的對治及收攝，而成就變化氣質的力量，但是

〔註140〕黃宗羲，《明儒學案》，全 2 冊，(北京：中華書局，2008 年)，下冊，頁 914。
〔註141〕同前註，頁 914。
〔註142〕同前註，頁 936。

這種力量，只能對製治初淺的習心，所以對於深層的感性欲念的降伏，則尚
必須要靠靜坐所成就的定力來對治，最後在靜坐之中，開啟對於此心中正光
明之境界的自覺，而成就聖人的果位，此種方式是將定力用於對於本體的自
覺，同時進行對於習心的對治，故對於定力的要求較為偏重，為此法之行者
之特色。

10. 從古訓入門啟發對於本體的寂感之力而成就

此種修法的行者，是從古訓入手，從古訓的教導之中，啟發對於天理本
體的自覺，此時由於直入本心，所以使本心生生之理的力量，如其本然的不
斷顯現，故因此而開發了本體自我規範能力，而完成對於習心的對治及本體
之自覺。

11. 從古訓入手，而斷除習心，最後再修靜而成就

此類工夫行者，先從古訓之中，成就了對於習心的「對治力」，所以斷除
了習心的甘擾，其次再利用「靜坐」的工夫，以成就永恆不退的定力，而完
成對於本體的體證，此種修法是在最後體證階段，利用靜坐的方法，以定力
開啟對於天理及良知本體的自覺。

12. 從古訓入手，同時圓修靜坐及自然工夫而成就

此種行者，由於在實修上，正視到古訓，是成就及檢驗身心的重要參考
標準，所以在此處入手實修時，會先從古訓的研讀之中，得到修行的標準與
準則，以此進行對於習心的觀察，而開使產生了基本價值意識的確立，並以
此為行事的標準而不散亂，而約束了此心過份放縱的言行，而成就變化氣質
的基礎。

同時又得知古訓的有限性，所以若欲證得與本體相應之無限智境，便必
須要得到更為深層的力量，所以此時便開始利用「靜坐」與「自然」工夫的
圓修方式，從靜坐之中得到強大的定力，以排除習心的干擾，當習心的障礙，
無法產生作用時，再進行「全放下」的工夫修行，使此心的境界提昇，便可
以證得那人人本具的生理之力，也就是那本具的「良知」與「良能」之力而
進入聖人的境界。

13. 古訓與自然工夫同時並進而成就

此種工夫的行者，便是「學覺並進」的行者，其修行特色，在於對於身
心的收攝方法，是以古訓入手，並同時發對於此心自覺的力量，以及利用古

訓完成對於習心的對治，在本質上為並進而成就的方式，所以這種行者，主要成就的力量，便是以古訓為宗，產生習心的「對治力」，以及從古訓之中，體會到聖人之心而成就的此心的「自覺力」，此自覺力便是「良知」與「良能」的力量，是一種自我規範與自覺的力量，而此種力量是屬於最高層次的力量，既然證得此力量，便不須要利用靜坐的方式，只要從古訓與自然工夫的安止修行中，便可以成就聖人的境界。

14. 圓修古訓與靜坐，最後永遠斷除習心而成就

此種修法之行者，其修行的重點，在於專門成就習心的對治法門而成就，由於那本具的生理的力量永恆作用，故具有心的真實體性，所以不論是上根或是下根之人皆具有這種力量，但是這種力量，則必須靠對於本體的自覺方能成就，所以對於一般根器的人士而言，便是屬於不易成就的難行之道。

所以在工夫的操作上，為了避免有理欲不分的風險，便是先從習心的對治做起，最為恰當，此類行者本身並不急於證悟本心，只專注於習心的斷除，即可成就，所以在對於習心的對治方面所下的工夫，便採取「靜坐」與「古訓」並進修行的方法，利用古訓的要求，以收攝身心，利用靜坐的方式專注於古訓之中，使習心在古訓的規範力量及強大的定力的對治下，無法產生障礙的作用，便會使那本具的寂感之力自然現前，而進入聖人的境界。

15. 從本體寂感之力的證得入手、再安住於至樂境界中而成就

此種本體工夫的成就者，本身並不那麼注重古訓，認為那只是一種成聖的助緣而已，所以成就的關鍵，並非在於古訓，而是體證那人人本具，而不學不慮的良知本心，所以一切的工夫修行，便是從端正自身起心動念做起，才能如其本然地顯現本具的良知良能之力，當證得這種力量之時，由於有習心的干擾，故常會有退轉的情況產生。

對於此點則，必須利用靜坐的方式，以所習得的定力做為輔助，用來降伏習心而淨化自身的欲念而成就，這種修法，是以良知本體的「寂感力」為宗，再以定功所成就的「至靜之力」做為輔助，在二者相輔相成的情況下，滅除習心而進入聖人的境界，良知學的行者通常是以此類型為主修方式。

例如泰州學派的王艮，便是以此法為宗而成就的行者，以王艮而言，對於本體的體會，則有如下之定義，首先是對於「良知」的看法之定義如下：

> 問「莊敬持養工夫」。曰：「道一而已矣。中也，良知也，性也，一
> 也。識得此理，則現現成成，自自在在。即此不失，便是莊敬；即
> 此常存，便是持養，眞不須防檢。不識此理，莊敬未免著意，才著
> 意，便是私心。〔註143〕」

同時亦說明此本體的恒常義，如下：

> 天理者，天然自有之理也。才欲安排如何，便是人欲〔註144〕。

從以上所言可知，在王艮「良知」的本體定義中，總攝了「道」、「中」、「性」
的恒常義，其思想特色在於不費力、自然、現成而本具，所以順此本體的要
求去行事，就是其工夫論成就的要點，而工夫論的起源，就是源於本體對於
本體以外的外在因素的對治，對此則歸類於因「意」與「欲」的因素，所以
才能產生障礙的功能，但本體本身能夠因自身的恒常運作之力，而去進行對
治，所以針對此本體的自我要求而產生了工夫論，對此工夫則名爲「莊敬」，
而此工夫則源自於對於本體的「自性義」及「恒常義」的保證。至於王艮對
於身與道的看法如下：

> 心齋曰：「身與道原是一件，至尊者此道，至尊者此身。尊身不尊道，
> 不謂之尊身，尊道不尊身，不謂之尊道。道尊身尊，才是至善
> 〔註145〕！」

從以上的看法可知，「身」是指吾人感性生命的存在，而「心」是指道德法則
的本身，二者是相依而不離，所以皆是吾人之體的全部，而「良知」則是統
攝二者的本體，所以其本體工夫論除了在「格」之意義上。保存了陽明對於
的對於意念的「正」與「衡量」之意思外，亦重視對於感性生命的存在，與
道德法則本身的契合之觀點，而就此二點進行對於「意」、「欲」、「私心」的
對治，所以就此點來看對於過份重「心」或「身」一端者皆給予批評，認爲
身心並重，方才能合乎自然的宗旨，所以就此點而言，則能說服一般人民，
而使其本體工夫論得到落實，其風格則能與一般平民之心相應，就在於對於
身心觀點的並重，以及其學宗自然的作風。

　　當此心本體工夫成就時，此時便會有一定相應的境界，此境界即從本體
而生的大「樂」境界，對於此境界，王心齋則云：

〔註143〕黃宗羲，《明儒學案》，2版，共2冊，（北京：中華書局，2008年），下冊，
　　　　頁716。
〔註144〕同前註，頁715。
〔註145〕同前註，頁716。

> 人心本自樂，自將私欲縛。私欲一萌時，良知還自覺。一覺便消除，
> 人心依舊樂。樂是樂此學，學是學此樂。不樂不是學，不學不是樂。
> 樂便然後學，學便然後樂。樂是學，學是樂。嗚呼！天下之樂，何
> 如此學？天下之學，何如此樂〔註146〕？

從上述可知，本體的良知之中便已經包含了「樂」的境界之受用，而此樂則是源自於本體的自覺和受用，而在此自覺之下而發揮了本體的力量，而將本體以外的障礙全部升華到「無欲」之樂、「覺之樂」、「自然」之樂、「現成而本具」之樂，此時之中本體與工夫與境界全部融合為一體，而成就「大樂」的境界，而此大樂則是從「身」、「心」並重的本體中自覺而發。

故在此時本體與工夫與境界，皆被此「樂」之境界所融攝，而成就了王心齋心中的理想人格境界，此種修法的特點在於證得本體的寂感之力為主，以此進行其莊敬工夫的運作，使身心都在寂感之樂的運行下而成就，這是良知學工夫論中從本體之喜樂而成就的方式，但是此法容易走偏，故以甘泉學派的觀點則不提倡此種工夫，其根本原因在於缺少古訓的氣質變化力做為外在規範，所以湛甘泉認為此類工夫容易使陽明學產生流弊，故並不支持此類教法，而王艮也因此而自成一家之言，此點為其特色。

從上述所言可知，陽明後學中的王心齋對於本體的設定，是以良知為宗，以此進行對於意、欲、私心的對治，就此點而言無異於「後天誠意」之學，以端正自心的意念為主的本體工夫，但是心齋認為良知本體既然是「自然」，所以必須是要身心並重方能完備，所以就此點進行發揮。

以「身」代表感性生命的存在，而以「心」是指道德法則的本體，而二者皆是因為自然的屬性而不離於吾人之良知，所以二者是一而不離，就此點，而反對傳統儒學對於「身」的輕視，而反其道來談其身心並進的本體工夫論，所以在此以自然、現成、不費力為宗，為其本體工夫論所要強調的重點，而在自然的運作下，完成本體與工夫與境界不離的「大樂」之體。

而此樂之境界，亦是此體現成自然的表現，如此方能言其毫不費力之宗旨，為其思想特色，而此至樂的境界，若能夠通過古訓的驗證，則亦與湛若水本體工夫中對於生生之理的喜悅境界相應，反之，若無法通過此驗證，則勢必如甘泉所言，會在實修上產生弊端，故湛甘泉對於此類教法雖然承認，

〔註146〕黃宗羲，《明儒學案》，2版，共2冊，（北京：中華書局，2008年），下冊，頁718。

但是並不鼓勵，但是也因為此法的簡易，而使王艮之良知教法盛行於世，成為當時的顯學。

16. 從寂感之力的發揮入手，以此為主，再利用寂感的力量，進入至靜之力的發揮，最後變化氣質而成就

這種修行方式是從對於本體的自覺入手，由於本體的天理及良知具有自我歸範及自我淨化習心的能力，而且這種能力是人人本具的力量，所以當修行者在體會到此力量的運行時，便可以把握這種經驗，利用靜坐的方法，使此經驗常住於吾人心中而不退轉，此時便會將這種寂感的力量，貫注於靜功的修行中，使其定力成就而對治習心，成就強大而根本的對治力。

此時因為習心的滅除，所以也自然進入聖賢的境界，是屬於將那有寂感特性的良知良能之力，用於至靜之力的發揮之中，使習心被此定力完全消除，而成就的法門，與前者的不同處，在於前者將「定力」與「寂感力」並進而成就，而此法門，則是將「寂感力」轉化為「至靜力」進而成就動靜合一的境界，但是皆可以因此而進入聖賢的果位。

至於此類行者的工夫，其修行成就的代表者，則有良知學派的王龍溪，其教法可以分為「心真悟門」與「氣調息門」二者，所以在工夫的界定上，可以分為悟與修兩大方式，其心悟之法，便是利用此心的寂感之力而成就，其操作要點如下：

> 入悟有三種教法，從知解而得者，謂之解悟，未離言詮，從靜中而得者，謂之證悟，猶有待於境，從人事鍊習而得者，忘言忘境，觸處逢源，謂之徹悟〔註147〕。

以上是從本體的證悟而言，故因此而產生與本體相應的境界，而推導出四無之教法，雖然在本體境界的說明完美，但是卻容易使一般根器的人士無法因此而得到漸修的管道，故其教法上容易產生弊端，所以龍溪便針對上述從靜中得悟的方式，開設了漸修之門，即利用靜坐的方式進行證悟，故因此而開出了如何培養至靜之力的法門，而這種法門就是「調息法」，以此接引後學。

故因此而有別於湛甘泉、羅念庵、聶雙江及鄒守益的靜坐方式，而自成一家之言，龍溪對此則表示如下：

> 息有四種相，息有四種相：一風，二喘，三氣，四息。前三為不調

〔註147〕黃宗羲，《明儒學案》，2版，共2冊，（北京：中華書局，2008年），上冊，頁253。

相，後一爲調相。坐時鼻息出入，覺有聲，是風相也。息雖無聲，
而出入結滯不通，是喘相也。息雖無聲，亦無結滯，而出入不細，
但氣相也。坐時無聲，不結不粗，出入綿綿，若存若亡，神資沖融，
情抱悅豫，是息相也。守風則散，守喘則戾，守氣則勞，守息則密。
前爲假息，後爲眞息。欲習靜坐，以調息爲入門，使心有所寄，神
氣相守，亦權法也。調息與數息不同，數爲有意，調爲無意。委心
虛無，不沉不亂，息調則心定，心定則息愈調，眞息往來，呼吸之
機自能奪天地之造化，心息相依，是謂息息歸根，命之蒂也。一念
微明，常惺常寂，範圍三教之宗，吾儒謂之燕息，佛氏謂之反息，
老氏謂之踵息，造化闔闢之玄樞也。以此微學，亦以此衛生，了此
便是徹上徹下之道〔註148〕。

從以上的教法中可知，王龍溪的教法是以來自於本體的寂感之力爲心悟的對
象，從對於本體的體會中得到操作寂感之力的方法，以此成就心悟法門，之
後再因應實修的需要，開設從靜坐之中完成證悟的法門，也就是氣調息門，
利用調息法的方式控制呼吸而收攝心中過份的欲念，使內心能夠安祥進入定
力成就的境界，最後將寂感之力與至靜之力兩種力量的結合，而成就對於習
心的對治及變化氣質的境界，此爲良知學派行者王龍溪的特殊教法。

　　而其特殊之處，卻也因此引起新的爭議，就在於調息法本身，是一種容
易產生與佛老相應境界的工夫，所以容易流於佛老，所以就甘泉學派的門人
而言，則認爲有與佛老同流之風險，而就此點批評龍溪，例如湛甘泉三傳弟
子黃宗羲則批評如下：

夫良知既爲知覺之流行，不落方所，不可典要，一著工夫，則未免
有礙虛無之體，是不得不近於禪。流行即是主宰，懸崖撒手，茫無
把柄，以心息相依爲權法，是不得不近於老。雖云眞性流行，自見
天則，而於儒者之矩矱，未免有出入矣〔註149〕。

從黃宗羲的評論中可知，雖然王龍溪的教法高妙，但是此用此類教法的者，
卻十分容易進入佛老的境界而無法自拔，所以對於此類之教法，雖然有其殊
勝之處，但是終究不以此爲正統儒學之究竟法，故從此可知，以甘泉學派的

〔註148〕黃宗羲，《明儒學案》，2 版，共 2 冊，（北京：中華書局，2008 年），上冊，
　　　　頁 255。
〔註149〕同前註，頁 238~239。

立場而言，是不允許在實修的境界中與佛老同流，故對於此類良知學行者的工夫，皆是採取批評的態度，此爲甘泉學派一貫的立場。

也因此可知，以甘泉學派而言，是屬於較爲保守的儒學學派，其教法爲了保持儒學的純粹本質，是不允許在實修上產生與佛老同流的境界出現，所以就此點而言，良知學派的行者是採取較爲開放的態度，至於王陽明與王龍溪更是主張，以儒爲宗融攝三教，故就此點來看，其學風則與湛甘泉有所差異，其原因就在於對於定力培養的方式不同。

但是湛王二家所體會的寂感之力相同，也因此而產生了湛王二家教法之差異，就在於對於佛老的態度，此點爲其不同處，以良知學行者而言，則以王龍溪的態度最爲明顯，其原就在於對三教的態度不同，故其採取對於習心的對治方式也不同，最明顯之處就在於定力的培養方式不同。

以湛甘泉學派的行者而言，則自然便對於鄒守益、錢緒山、聶雙江、羅念庵等行者給予肯定，至於對於陽明後學如龍溪等一類的行者，則給予批評，龍溪的缺點在於定力的修習是使用調息法而產生與佛老相應的境界，至於王心齋的修法之缺點，在於缺少以古訓爲宗而成就的氣質變化力做爲客觀的標準，所以湛甘泉對於陽明後學的批評，大多是針對王龍溪與王艮的教法，至於如江右三子等教法則給予肯定。

17. 先修本體的寂感之力、再參究古訓，最後再進入至靜的境界中而成就

此類行者，依然是從發揮本體的力量入手，先證得良知良知的自我要求之力，再利用古訓的參究，以檢驗自我身心是否合乎前賢的規範，而因此成就了對於習心對治的力量，並將從古訓之中，得到的有限智境之力，與本具的寂感之力配合，用於定功的修習之中，將三者的力量，於靜坐時結合爲一，而成就了對於習心的對治及降伏，進而在至靜心境中，進入聖賢的境界。

18. 圓合寂感、古訓、靜坐於一身而成就

此類行者的修行法門，便是使用總攝法門，如王陽明的「四句教」，以及湛若水的「勿忘勿助」之本體工夫，此法是將本體的寂感力量，融攝至靜之力及變化習心的對治力於一身而成就，此時便能以自然之工夫，不取任何作用而獨斷習心，便能得見天理而成就，圓具自由義、自覺義及對治義於一身的教法，爲圓修而成就的工夫。

　　以上修法爲天理之學與良知之教在實修的過程中，所會產生的十八種本體工夫之修行方式，雖然皆是以本體的價值意識爲宗，但是由於先後順序的不同，而因此導致彼此之間在工夫上相互批評，但是探究其立教之宗旨，皆是以那生生之理爲宗，而產生的不同型態的本體工夫，此生生之理便是「仁」，也就是「天理」，於人身的展現便是人人本具的「良知」與「良能」，以湛甘泉的角度，便是就天理的層次去立教，而成就其一家之言，至於王陽明則以「良知」爲其立教的根本，名相雖然有異，其本質爲一。

　　以湛若水本人的意見而言，在工夫實修的過程之中，有「主敬」、「我立」、「不蔽於物」以及到「天下之理得」等工夫次第，但是亦有總攝法的本體工夫，以進行對於工夫品質的維持與調整，使一切根器的人士，得以因此而進入中正之道，故其本體工夫，在主敬的過程中之入手方式便是以「靜坐」或是「古訓」爲基礎，以此培養變化氣質的力量與定力，就靜坐的工夫而言，主要是將心靜下來，以產生「定力」及「靜慮之力」來調伏習心，同時也利用古訓所產生的有限智境，而產生「以妄除妄」的力量，這是屬於對治義層次的修行方法。

　　當進入「我立」階段的時候，便要開始使用「勿忘勿助」的工夫進行調整，使此心不取「學」之相及不取「靜」之相，採取學宗自然的修法，將身心安止於本體的良知良能中，以開發對於此心之自覺，此時便會成就「寂感」之力，這是屬於高層次之修法。

　　其成就之關鍵，在於全放下，放下對於工夫與境界的執著，將古訓之中所成就的「氣質變化力」加上「靜慮之定力」，一起昇華到「寂感之力」的層次而合一，此時「至靜力」、「變化力」與「寂感力」合而爲一，而進入「不蔽於物」到「天下之理得」的境界，其工夫成就原因，就在於上述「至靜力」、「變化力」、「寂感力」三種本體工夫中所成就的力量之變化，皆能夠完美的顧及。

　　就此點而言，不論是湛若水或是王陽明都清楚地意識到此點，所以在實修上，便會導致出總攝法的本體工夫，以湛甘泉而言，則是以「勿忘勿助」法爲總攝法，以王陽明而言，則是以「四句教」統攝一切致良知的教法，而此種教法，便成爲湛王二家在自己思想成熟之後，所強調的主流教法，也各自以自己之教法爲究竟教法，而進行對於其他類型之工夫論的批評，不論是湛若水或是王陽明的究竟教法都是屬於此類型的工夫，這是此層次之行者於工夫成就時的特色。

第五節　結論

　　湛若水與王陽明由於工夫進路的不同，故因此而產生了相關的工夫之辨義問題，但是皆承認所見到的本體皆為「仁體」，皆為天理，故在本體上的體證既然相同，所以二者所討論之焦點，便在於工夫的運作上是否究竟之問題，針對此點，則必須考慮到一套完整的工夫論所必須成就的境界，不外乎對於本體的「自覺義」與「自由義」的體證，同時也必須具備完整的習心對治力，而對治的對象就是「習心」與「人欲」等這些受到經驗與它律所局限的境界，而對於上述幾三要點之討論，便是湛王二家工夫辨義的焦點。

　　也因湛若水與王陽明所切入與關心的角度不同，故因此而產生了工夫辨義的問題，也因此而產生了「存真破妄」與「以妄破妄」兩種工夫之運作，這兩者皆是對治習心的方式，至於所謂的「真」則是指那不受經驗它律所局限的「無限智心」之境界，至於「妄」的定義，則是指受限於經驗及它律的有限心，不論是「存真破妄」或是「以妄除妄」的工夫，皆是以證得那無限智心為主，故以此為「真」，所以若就此點來看，其實這兩種工夫之不同處，只是在下手的方式不同。

　　以湛若水的看法而言，這兩種方式都是以並進而合一的方式來進行實踐，故在其眼中，皆是成聖的必要條件及充分條件，但是也因此點而與王陽明產生了工夫上的爭議，其原因就在於王陽明所採取的方式，是屬於自淨其意而徒守其心的「存真破妄」法，而湛若水則是從經論入手，以「以妄除妄」的方式進行工夫之運作，故王陽明常就此點而批評湛若水的工夫境界，受限於古訓及經論中，故並不究竟，因為這仍然是在有限的境界中運作，所以與那究竟第一義的真心仍然有所距離。

　　但是在事實上，湛若水其實亦有「存真破妄」法的工夫之運作，只是在接引後學上，認為利用經論進行「以妄破妄」的方式，較為適合一般根器之人，故便先從此處入手，以建立一套完整的工夫次第，故在此立場下，便先從古訓及經論入手，以進行「以妄除妄」的工夫，雖然經論及古訓本身之文字相受限於有限之境界，但是卻可以產生對治習心的力量，所以仍然是成聖的必要條件，所以就此處而強調「學」之重要性，所以反對王陽明只採用「存真破妄」為唯一工夫的下手之路，但是亦同時承認王陽明工夫的高明簡易，因為湛若水的工夫論之中，亦存在著同樣層次之工夫，即其「隨處體認天理」的工夫。

此法是屬於其教法中「覺」的層次，而湛若水與王陽明的不同處，就在於湛若水是採取「學覺並進」的工夫，以「學」與「覺」為成聖的必要條件，而不像王陽明僅將「學」看成是一種成聖的助緣之一之態度，也因此決定湛王二家之工夫差異，就在於對於「學」與「覺」之設定不同，即在對於「學」的態度不同，但是在「覺」的境界上，卻是可以相互融攝而無礙。

而陽明後學的錢緒山便是從此處，以其對於良知學之體會，去進行對於湛若水工夫的剖析，也因此深得湛若水的賞識，原因無它，就在於其所證得之本體皆為那心之生理的「仁體」，故在「存真破妄」的立場下，湛王二家之工夫可以相互會通而無礙，但是在運用經論進行以「以妄除妄」的工夫運作上，湛若水則略勝於王陽明，因為湛若水是採取「學覺並進」的方式，故在對治習心力量的培養上，多了一層來自古訓參證的保障。

所以湛若水對於習心的對治，除了習心對治力的培養外，亦加上了真心之對治力，也因此進行對於習心的雙重對治，也因此而能夠避免理欲不分之風險，所以就此處而言則勝過王陽明，但是在對於本體自覺義的頓現方面，王陽明的教法，則有助於直入本體的境界，所以在本體自覺義的顯現與自由義的發揮上，則就此處比湛若水之工夫成就速度較為迅速，但是在習心對治力量的培養上，則不及湛甘泉完備，此為二家工夫於實修上之差異，各有其優缺點，也各自以自身之特色去批評對於教法之不究竟處，但是所見性的對方皆是同一個「仁體」，亦因此點，故湛若水開始進行對於陽明學會通。

其會通之方式，便是就其「勿忘勿助」的工夫，去成就對於本體的自覺義，在隨處體認天理的工夫運行下，將學融入於覺中，以此進行學覺雙運的圓修工夫，將對於本體之自覺與對於習心之對治全部融攝於一心之內，於此無限智心現前之際，亦體現成就了本體的自由義，而使本體與工夫及境界圓融為一，當下進入其教法中的最高境界，既能回應王陽明的質疑，亦可以有別於王陽明的教法，建立一套完整而齊備的工夫論。

第五章　結　論

一、湛若水本體工夫實修心要

　　諸聖先賢的經典，縱然浩繁無邊，其究竟之教導，終歸於契入那對於天理之自覺，故今就此點，而開顯一切對此本心大覺之修持要點。首先就此心本身而言，既無前行，也無需續修，只因此心本具恆常之運作義，從「學覺不二」的究竟義觀之，一般人士皆因分別「學」與「覺」為二而步入岐途，唯有視破「學」與「覺」本身不二的立教宗旨，方能證入天理本體而無礙。

　　由天理本體的究竟自性義觀之，不論凡俗，其所本具的自覺能力及自我規範能力本來不二，只因凡夫不斷的進行對於「習心」的造作，故至今仍然流轉於人欲的境界，因此暫且放下那對於「良知」或「天理」等對於儒學經論之爭議，藉此對於那「學覺不二」成就之道的機緣，吾人終將明白，所有一切工夫的運作，皆在這無上的中正大覺之心中得以圓滿。不論從何處入手，均將融入天理自覺的境界。

　　而那光明中正的「天理」，也就是湛若水所言之「大心」，有人視它為認知意義的存在，實際上亦非受限於此，然而，它又是一切本體工夫之始，本身為本體及工夫的起源，它一向被明代的儒者所推崇，從名相而言，它具有各種形式之名稱，可以稱為「大心」，亦可以稱為「良知」。不論它有多少深奧美妙的名相，其根源之立教宗旨，仍然皆是儒學價值意識之體現，其所根本之運作之法，就是道德法則之天理。

　　故湛若水便以此立場，為一切根器之人，說明這本覺天理之精義。其要點有三，即清除習心之念，不留少許痕跡，向中正之念開放，不受人欲所染，

安住當下「中正」之境，不修整造作，在對於本體「勿忘勿助」的覺照下，與天理之意境相應，此時只需「學宗自然」的觀照此心，若僅此純粹之覺照，便可見此「大心」中正之境，此時並無任何「習心」的染著，當下只是純粹天理之自覺而已。

此覺「中正」而自然，非由外境而生，本身亦眞實無雜，而「內外不二」，只因此心的本身不可分割，其要義只是一貫，總之，這本具的自覺及自我規範之力，並非源自於任何外物，如此方是眞正的觀察此大心之道。

於此大心自覺之境，一切皆圓滿如一，因此心本具恆常義，故爲「本體」，因此心本身，圓具一切的力量，故是「工夫」，亦因此心能遍一切處，而顯現自身之無礙，故爲天理自然義之顯現，即無覺無事而圓滿如一的本體、工夫、自然境界，便是中正大心之本質。

不論當前的修行方式，以及相關的立論是何等分歧，那人人自身本具的「中正之心」，皆具有那透視與觀照自覺的能力，應知「本體」與「工夫」本來不二，不論在對治「習心」之工夫運作到何種境界，此時不妨深思那「習心」的本質，若遍尋而不得其「自性義」與「眞實義」，此時那習心的境界，便會頓現其窮而自然瓦解，亦能將一切的次第相全部昇華，而進入那重生而自覺的一刻。

此時的境界，既不落入「習心」，亦不流於偏邪而散亂，當下純淨無染而自然中正的天理，便會自己顯現光明朗淨，而這種毫不造作的自我覺照，便是此「仁心」的中正意境，吾人於此時只需安住於那本來自然而中正之境，便完成了湛氏之學的最高成就。此時亦可同時進行反思，從一切工夫爭議的表相觀之，起初似乎是因爲對於經論之學習，而產生了許多工夫次第，此次第之運作，在一開始存在的期間亦有所安立，但是最終都將回歸於那究竟之本體。

此本體雖然因爲自我規範能力之作用，而顯現了無限次第境界，亦藉此顯現自己的存在，但吾人之覺心卻明白，一切諸法皆是從此本體所生，此本體就是此中正之心的覺性，而工夫次第與本體的關係，就像波浪與大海一般，本是一體，因此凡是生起一切工夫之次第相，必將在此大心之中，返本而歸一，只要依據此法來運作，一切的工夫便得以「學宗自然」而成就。

於此時之際，便可以不受「人欲」及「習心」的干擾，當下體認一切，而契合本體，就像花開而結果一般諧和自然。不經過甘露對於種子的潤澤，

又如何得以開花結果？一切人士雖然皆本具此「中正之心」，若不經過工夫的運作，又如何得到此中正自覺境界的受用？若肯修持，即使是最下層根器者，亦能因此而體證天理。

雖然未必能瞭解全部經論的學理，但是仍然能夠從那「勿忘勿助」的工夫運作中，去調適自己而進入中正之境，此種「隨處體認天理」的工夫本身，其實是如此的深奧而簡易，至於此類本體工夫，雖然精簡非常，但是卻將所有的本體運作的要義全部統攝於一體，使一切根器之人士，皆能聞此本體工夫之要義而得以成就，以上之論述是為湛若水工夫論之思想要點，筆者亦於下節寫作中，再進行更為詳細之回顧。

二、論文總結及各章回顧

縱觀全文可知，就湛若水本體工夫的思路而言，其本體工夫之設定，是以天理為出發點，進行其本體工之設定，由於湛若水反對除了在「氣」之外，另外再求性體的觀點，所以對於天理本體之設定，亦因此成為了「中正之氣」的別名，故對於心的設定，也就是是指那中正之氣的「心」，以湛若水術語的看法而言，其本質是一團「仁意」，就此氣心所依據的法則而名為「天理」，就此天理下貫於人身而言，便可以稱為「性」，於人身的顯現便稱為「心之生理」。

當此生理觸物而發時，便可以稱為「情」，而此「情」之所發若與中正之氣相應，則為「真情」，其餘皆稱之為「偽」，由於以此中正之氣為「真」，故吾人身心之修養的目的，便是在於變化氣質，使身心回歸「中正之氣」的境界，而聖賢與凡夫之間的差異就在於「習心」障礙程度的深淺，故因此而產生了聖人境界的與凡夫覺悟境界的差異，雖然二者本質皆是以仁為宗的「中正之氣」，但是聖人境界所自覺與把握的的程度，為通天人而不二之境界，而身心皆是與本體相應，至於一般人則因為「習心」的干擾，故雖然亦對於此身之「中正之氣」有所自覺，但是其所把握的程度與深度則遠不及聖人之程度。

所以同樣都是對於本體之自覺，卻會因此而有所差異，而此「中正之氣」的自我規範能力之發揮，也會因此而有所不同，而此能力的形容，便是湛若水所定義的「良能」，其本體便是「良知」，而總攝「良知」與「良能」者，就是「天理」的本體，而此天理本身，其實就是廣大的中正之氣，故「天理」

本身與「中正之氣」爲一體之兩面，理是就此法則本身去說，而中正之氣是就現象界的修證上去說。

故爲了避免氣外求性的情況產生，在湛甘泉的本體設定之中，天理的運作領域與中正之氣一樣寬廣而無限，所以「理」與「氣」皆具主宰義與活動義，故爲寂感之「生生之理」，而以此寂感之生理，便是那究竟眞實之本體，而此體之本質便是「中正之氣」，故能對此本體進行體認者，便是那「虛靈知覺」的心，由於同一屬性的事物才能相互作用，故對此心的設定，也必然是給予氣心之規定，此點可以從虛靈處以察道之體，從應變處以幾道之用的看法中可知。

此氣心，亦有體證道體的力量，而能順應道體的力量行事，而道體本身就是那純善的中正之氣，故與此體相應的心也是純善的道德心，故就此處而言「道心」，代表心的眞實體性，其根源之動力處爲「天理」，落實於人身時，則由於有感性欲念的干擾，故湛甘泉認爲此時，雖然會有「形氣之私」的情況產生，而就時的情況而產生的心，則名爲「人心」，此心本身雖然不像「道心」一般具有中正眞實的體性，但是卻具有能障礙本體作用的力量，故此時便成爲了所欲對治的對象，這種心也就是所謂的「習心」，至於如何對治此「習心」？就成爲了工夫討論的出發點。

由於一般人的情況，是兼具此兩種心而尙未純淨，故因此而有修行的必要，也因此而產生了工夫之運作型態，即運用本體之規範能力，進行對治，便是最佳的情況，故有所謂本體工夫之設立，在以本體爲「眞」，習心爲「妄」的情況下，便開設了「存眞破妄」法的本體工夫，如何成就此工夫？以湛甘泉的看法是必須掌握對於本體之自覺，也就是對於中正之氣的把握，以及對於「習心」之對治。

故就此處之思考下，便會產生一種思路，那就是總攝本體「自覺義」與「自由義」於一身的工夫，也就是所謂「隨處體認天理」的工夫，以此爲總攝二者之教法，至於在實修上，則強調「學覺並進」之教法，而此教法之特色，在於利用古訓做爲通達無限的「覺」與有限的「學」之鑰匙，認爲從此入手可以產生關鍵的作用，故爲成聖的必要條件之一，卻也因此而產生了與王陽明之間的工夫辨義問題，而被王陽明認爲有求諸於「外」的風險，而湛甘泉也認爲王陽明之教法過份徒守其心，而有流於偏「內」之風險。

之所以會有如此爭執之原因，在於湛甘泉並不認爲人人皆能發揮如聖人

一般強大的自我規範能力，故需要「學」之輔助，而王陽明則是將「學」視為是一種成聖的助緣之一，而非是必要條件，故因此而產生了雙方的爭議，不過雙方皆承認對方教法之長處，故陽明後學的鄒守益、錢緒山、聶雙江三位陽明後學皆對於湛甘泉給予高度的評價。

原因就在於湛若水之本體工夫兼顧了本體之自覺義與習心之對治義，而在二者兼顧的情況下所成就的境界，亦與陽明心學相同，皆成就了那本體工夫的究竟「自由義」，而此自由便是遠離經驗與他律的境界，為「真我」之境，而此真我便是「隨處體認天理」的工夫所成就的境界，也就是湛甘泉工夫中所言之「全放下」的境界。

但是以上之工夫對於一般人而言，此種教法，是屬於聖人境界的修法，難以掌握，故不一定適用，用之不當，則會有理欲不分之風險，故湛若水認為針對實修的需要而言，則必須從對治的工夫入手進行操作，較為穩當，也因此除了上述的以本體之自我規範能力的作用而進行對於習心之對治法門外，亦善用古訓而開設了「以妄除妄」工夫，利用古訓所產生的有限智境，進行對於身心之收攝，以及習心之對治，便是「以妄除妄」法之特色。

第一種「妄」是指從人心中對於古訓的認知而產生的「有限智境」，第二種「妄」則是指「習心」，而這種從古訓的有限智心進行對於「習心」的對治法門，便是湛若水有別於王陽明之處的教法，也因此教法之設立，而特別強調學問之功的重要性，除了用於本體自覺之力外，亦同時進行習心之對治，而此法之設立，為了避免有求諸於「外」或是有流於「助」的情況產生，故湛若水便以「勿忘勿助」法進行將「學」融入於「覺」的層次。

之所以會如此之原因，便是在於從認知心入手而成就的工夫，雖然可以從古訓的教導中，依儒學的價值意識行事，進而約束身心而完成合法性的實踐，但是因為此尚未見到「真我」，故以心即理的行者看法，便會認為並非是道德性之實踐，則此類教法便會有求諸於「外」之缺點，不過以湛若水的看法而言，若有「勿忘勿助」的心法進行對於此心之調節，則無此疑慮。

反之，亦可以在從「學」入「覺」之際，完成道德實踐，故並無王陽明所擔心的情況產生，反而可以在「學覺雙運」的修行中，可以使習心的染污能力被古訓的有限智境所對治，此時若再能完成對於「中正之氣」的把握，便可以從「學」與「覺」兩處所成就的「對治力」，而完美的淨化習心，而此時的氣質變化，便是從習心之氣提升到「中正之氣」的層次，使吾人之身心

得以從凡入聖，此為湛甘泉教法之特色，在於將「對治力」與「自覺力」合而為一，最後再證得的本體工夫的「自由義」，便可以通內外而合一，而此時的一，便是無限智境的體現，也就是中正大覺之心，而總攝此心的教法便是那「隨處體認天理」的工夫。

由於湛甘泉在實修上是從「對治義」出發，故其工夫立論的角度，也是從漸修的觀點入手，故因此而有「知本」、「志立」、「心不放」、「性可復」的工夫歷程安立，以用來接引後學，首先在「知本」方面，是以天理為宗，而先建立出正確的見地，而此時由於「學覺並重」的宗旨，故必須從古訓入手，所以在教材的取捨上，便捨棄了佛老的經論，也因此而使湛若水的本體工夫之境界免於和佛老同流，不過也因此而無法進行三教會通的比較，此點則有別於王陽明對於佛老的態度。

其次，便是進行「存心立志」的工夫，使吾人之身心以中正為根本，以天理為究竟的依止處，在學問之功的修學之中，不斷的收攝此心感性的意念，以端正身心，此時便會開始產生對於此心本體的自覺，發現吾人之身心常有兩種力量在相互對抗，首先是源自於天理之正的「道心」，其次是來自形氣之私的「習心」，這兩種心雖然廣義而言都是「氣心」，但是層次較高層者為「道心」，較低層次而無自性體意義者便為「習心」，故以「道心」為自覺之目標，而以「習心」為對治之對象，故因此其本體工夫的要點，便是以證得「道心」為主，而道心便是指那中正的氣心，以仁為其中正的核心義。

所以不論是「存真破妄」的自覺工夫，或是在人心之中利用古訓，進行對於習心的對治工夫，也就是筆者所謂「以妄除妄」法的工夫，皆是為了見到中正之心而安立的法門，故此中正之心之相應不退便是其「心不放」階段之要求，如何達成此目標？便必須由「勿忘勿助」法進行「學覺雙運」之修行，而因此而分為三大類型之工夫運作。

首先第一種是依悟起修的本體工夫，即安住於「靜」的狀態，使動亂之心止息，從「靜」生「慧」，使妄念不生，並降伏感性的欲念，依靠對於本體之自覺而成就，這種修法為單修「覺」而成就之行者，如主張「歸寂」的聶雙江，或是「主敬」的鄒守益，便為此類工夫之成就者，而湛甘泉的靜坐工夫之中其實亦與述二者之目標一致，而達到收攝心念而成就的效果，其主要方法便是利用靜坐的工夫，以成就「至靜力」，從此入手而排除欲念的干擾而體證天理。

　　至於第二種行者，同樣亦是以那「中正之心」爲根本，不過是採取從經論入手的方式，以此收攝自己的欲念，並善用從古訓所獲得的智境，以用來破除習心，並同時進行對於天理的自覺，由於此類行者能善用古訓，做爲修證的依據，故亦能利用此心之智境，開導後學，而免於理欲不分之風險，而使身心產生安祥之感。

　　同時在漸修用功之際，亦得知那從經論之中獲得的一切境界，雖然不像習心一般虛妄而不實，但是若對於此境界產生執著，便會受限於此境界而流於「忘」或「助」之風險，故必須以「勿忘勿助」法進行對於境界之提升，而之前對於經論所產生的執著之境界放下，破除對於有限智境之依賴，從「學」入「覺」，而此類境界之成就者，便是早期的湛若水，而此種修行方式亦是其主要接引後學之教法，此爲本體工夫之第二型態，其特色在於本體的自覺工夫與習心之對制治工夫兼備，即進入了「心不放」之境界，其特色在於成就了變化習心的力量，是屬於從學入覺而成就的法門。

　　至於第三種工夫，便是以此道心爲本，由於看到單修「靜坐」或「歸寂」之行者，雖然是可以從此修行之中產生的智慧力量，進行對於「習心」的對治，但是畢竟是屬於一種徒守其心之做法，雖然工夫簡易而直入眞心之根源，但是若無學問之功的輔助與基礎，其教法在實修上則會有流於理欲不分之風險，故對於單修此法之行者，便因此容易有偏於「內」之缺點，至於第二類行者，雖然是從對於「習心」的對治角度入手，但是由於是從人心入手，故雖然能夠善用經論及古訓進行「以妄除妄」的工夫實踐，不過由於此法容易產生對於工夫的執著心，若操作不當便可能會有流於「外」之風險產生。

　　故湛若水在洞見上述修法所可能產生的情況之下，便因此而開設了第三種本體工夫，也就是「學覺雙運」的本體工夫，此種工夫所採取的修行方式是對於「學」與「覺」同時進行圓修之方式，對於「眞」與「妄」的境界，採取不執不取之態度，使此心在中正的情況下，以「勿忘勿助」法，化解偏於「學」或「覺」所產生的一切弊端，在不落次第相之型態下，直入天理本體之境界，故此種工夫便成爲總攝一切本體工夫的教法，也就是所謂的「隨處體認天理」的工夫，其修行要點便在於湛若水所言之「全放下」，是屬於圓具自覺義與自由義於一身的教法。

　　此法之成就者便爲晚年的湛若水，主要是將本體工夫中「自由義」與「自覺義」的高度發揮，故屬於最高層次的本體工夫，而此境界便是「性可復」

之境界，而此境界之成就條件，就在於「學覺並進」與「勿忘勿助」法的高度結合及圓修方能成就，故基於教化與防弊的要求，通常皆是以第二種型態進行對於後學的接引，至於湛甘泉本人則是以圓修的方式而成就，故亦因此而產生了其獨一無二之本體工夫，而能與王陽明的良知學成為當時的顯學，也因為其獨具一格的圓修思路，故能將本體之「自覺義」與「自由義」，以及習心之「對治義」，同時完備而成就，亦能免於王學末流之弊端，此為湛若水思想之特色，也因此而得到陽明後學之尊崇。

參考資料

原典

1. 明・湛若水《四庫全書存目叢書集部第 56 冊:湛甘泉先生文集》,台南:莊嚴文化事業有限公司,1999 年,清康熙二十年黃刊刻本影印。

2. 明・湛若水撰,鍾彩鈞彙編《泉翁大全集》,嘉靖十九年刻本,全 85 卷,臺北:中央研究院漢籍電子文獻,2004 年。

3. 唐・佛陀多羅 譯《大方廣圓覺修多羅了義經》,台南:和裕出版社,2004 年。

4. 明・王陽明《王陽明全集》,上海:上海古籍出版社,2006 年。

5. 明・羅念庵《羅洪先集》,南京:鳳凰出版社,2007 年。

6. 清・黃宗羲《明儒學案》,北京:中華書局本,2008 年。

7. 清・黃宗羲《宋元學案》,北京:中華書局本,2009 年。

近代著作

1. 牟宗三《從陸象山到劉蕺山》,臺北:學生書局印行,1979 年。

2. 勞思光《新編中國哲學史》,臺北:三民書局股份有限公司印行,1981 年。

3. 唐君毅《唐君毅全集:中國哲學原論原教篇》,臺北:臺灣學生書局印行,1990 年。

4. 容肇祖《中國歷代思想史明代卷》,臺北市:文津出版社,1993 年。

5. 喬清舉《湛若水哲學思想研究》,臺北市:文津出版社,1993 年。

6. 張立文《中國哲學範疇導論》,臺北市:萬卷樓圖書有限公司,1993 年。

7. 楊惠南《世界哲學家叢書：惠能》，臺北市：三民書局印行，1993 年。

8. 蘇俊源・周亞平《佛學文物館：修行篇》，臺北市：長圓圖書出版有限公司印行，1993 年。

9. 吳怡《易經繫辭傳解義》，臺北：三民書局印行，1995 年。

10. 羅偉國《道教的奧秘》，臺北：桂冠圖書公司印行，1995 年。

11. 秦家懿《王陽明》，臺北：東大圖書股份有限公司，1997 年。

12. 談錫永《佛家宗派》，臺北：全佛出版社印行，1998 年。

13. 張學智《明代哲學史》，北京：北京大學出版社，2000 年。

14. 鍾彩鈞《中國文哲研究期刊第十九期：湛甘泉哲學思想研究》，臺北：中央研究院中國文哲研究所，2001 年。

15. 吳言生《經典禪語》，臺北：東大圖書股份有限公司印行，2002 年。

16. 牟宗三《宋明儒學的問題與發展》，臺北：聯經出版事業股份有限公司印行，2003 年。

17. 談錫永《閒話密宗》，臺北：全佛文化事業有限公司印行，2003 年。

18. 詹石窗《易學與道教符號揭秘》，臺北：大展出版有限公司印行，2003 年。

19. 劉光義《禪在中國：禪的通史》，臺北：中華書局印行，2003 年。

20. 吳震《陽明後學研究》，上海：上海人民出版社印行，2003 年。

21. 忽滑谷快天《禪學思想史》，臺北：大千出版社印行，2003 年。

22. 李明輝《儒家經典詮釋方法》，臺北：財團法人喜瑪拉雅研究發展基金會印行，2003 年。

23. 楊儒賓《儒家身體觀》，臺北：中研院文哲所發行，2004 年。

24. 陳來《宋明理學》，上海：華東師範大學出版社，2004 年。

25. 張岱年《道學通論》，北京：社會科學文獻出版社印行，2004 年。

26. 李生龍註譯《新譯傳習錄》，臺北：三民書局股份有限公司印行，2004 年。

27. 楊儒賓、祝平次《儒學的氣論與工夫論》，臺北：臺灣大學出版中心印行，2005 年。

28. 杜保瑞《北宋儒學》，臺北：臺灣商務印書館，2005 年。

29. 張志剛《宗教研究指要》，北京：北京大學出版社，2005 年。

30. 鄭仁在、黃俊傑《韓國江華陽明學研究論集》，臺北：國立台灣大學出版中心，2005 年。

31. 智崇居士《圓覺經現代直解》，臺北：圓覺文教基金會印行，2006 年。

32. 孔令巨《宋代理學與道家、道教》，臺北：中華書局印行，2006 年。

33. 南懷瑾《靜坐修道與長生不老》，臺北：老古文化事業有限公司印行，2006年。

34. 蕭振士編譯《金剛經・六祖壇經》，臺北：恩楷有限公司印行，2006年。

35. 聖嚴法師《華嚴心詮》，臺北：法鼓文化事業股份有限公司印行，2006年。

37. 蔡仁厚《王陽明哲學》，臺北：三民書局股份有限公司，2007年。

39. 潘振泰《胡居仁與陳獻章、湛若水與明代心學》，臺北：花木蘭出版社，2009年。

40. 林月惠《詮釋與工夫》，臺北：中央研究院中國文哲研究所，2009年。

41. 苟小泉《陳白沙哲學研究》，北京：中華書局，2009年。

42. 張伯宇《湛若水心學思想研究》，臺北：花木蘭出版社，2010年。

43. 錢穆《陽明學述要》，北京：九州出版社，2010年。

44. 杜保瑞《南宋儒學》，臺北：臺灣商務印書館，2010年。

45. 祖行《圖解易經》，臺北：華威國際出版有限公司，2010年。

46. 黃俊傑《東亞文化交流中的儒家經典與理念》，臺北：國立臺灣大學出版中心，2011年。

47. 張崑將《陽明學在東亞:詮釋、交流與行動》，臺北：國立臺灣大學出版中心，2012年。

48. 黃俊傑《東亞儒學研究的回顧與展望》，臺北：國立臺灣大學出版中心，2012年。

49. 李明輝《四端七情——關於道德情感的比較哲學探討》，臺北：國立臺灣大學出版中心，2012年。

50. 蔡振豐《朝鮮儒者丁若鏞的四書學》，臺北：國立臺灣大學出版中心，2012年。

學位論文

1. 黃敏浩《湛甘泉的生平及其思想》，臺北：臺灣大學中國文學研究所碩士論文，1988年。

2. 張佑珍《從出世到入世——湛若水對「學宗自然」之闡釋》，臺北：成功大學中國文學系碩士論文，2002年。

3. 李宇婷《湛甘泉哲學思想之研究》，臺北：中國文化大學哲學研所碩士論文，2003年。

4. 朱湘鈺《平實道中啟新局：江右三子良知學研究》，臺北，國立台灣師範大學國文學系研究所博士論文，2007年。

5. 黃泊凱《良知統三教的研究》，中壢：國立中央大學哲學研究所碩士論文，2008 年。

6. 張曉劍《湛若水體用渾一之學與踐履》，浙江：浙江大學哲學研究所博士論文，2008 年。

7. 蔡龍九《朱子晚年定論之相關探究》，臺北：國立臺灣大學哲學研究所博士論文，2009 年。

8. 許惠敏《陳白沙自得之學研究》，中壢：國立中央大學中國文學系研究所博士論文，2009 年。

期刊論文

1. 李錦全〈湛甘泉哲學思想縱橫談〉，《中國哲學學術電子期刊》第五期，（1992）：68~74。

2. 杜保瑞〈王陽明工夫哲學進路的哲學體系探究〉，《東吳哲學學報》第六期，（2001）：61~118。

3. 黃泊凱〈論王陽明對佛教的理解：以禪宗離邊大中觀爲比較對象〉，《當代儒學研究》第一期（2007）：180~201。

4. 黃泊凱〈論王龍溪對於佛教的統攝〉，《當代儒學研究》第三期（2008）：69~105。

5. 劉德明〈湛若水對於程灝、胡安國《春秋學》的批評與觀點〉，《當代儒學研究》第六期（2008）：91~130。

6. 蘇子媖〈湛甘泉天理之心與陽慈湖精神之心的差異〉，《當代儒學研究》第九期（2011）：295~313。

7. 黃泊凱〈對湛甘泉工夫論的檢視〉，《華崗哲學學報》第三期（2011）：51~76。

8. 許惠敏〈甘泉居樵時期思想探析〉，《國科會哲學學門人才培育計劃：宋明理學國際學術研討會論文集》第三期，（2011）：1~15。

湛若水功夫論及思想圖解

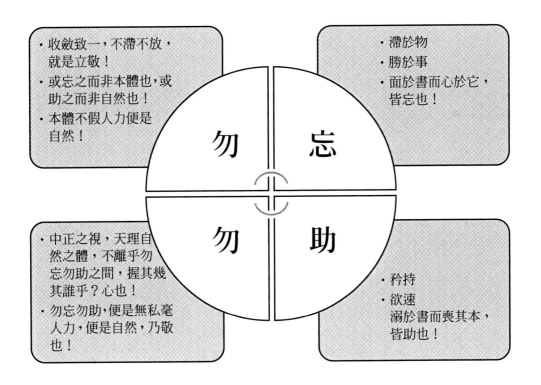

圖 1：勿忘勿助法

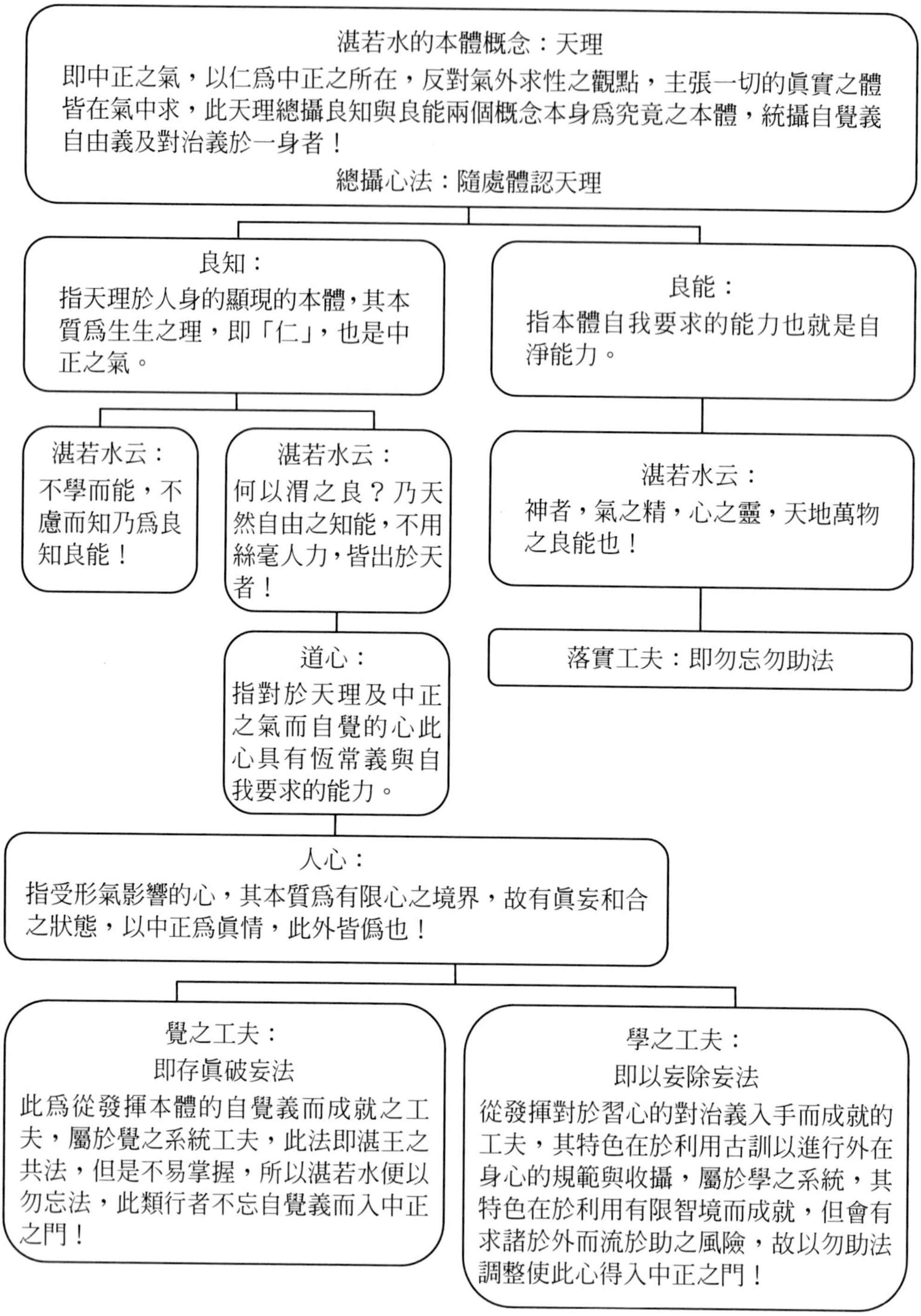

湛若水的本體概念：天理

即中正之氣，以仁爲中正之所在，反對氣外求性之觀點，主張一切的眞實之體皆在氣中求，此天理總攝良知與良能兩個概念本身爲究竟之本體，統攝自覺義自由義及對治義於一身者！

總攝心法：隨處體認天理

良知：
指天理於人身的顯現的本體，其本質爲生生之理，即「仁」，也是中正之氣。

良能：
指本體自我要求的能力也就是自淨能力。

湛若水云：
不學而能，不慮而知乃爲良知良能！

湛若水云：
何以渭之良？乃天然自由之知能，不用絲毫人力，皆出於天者！

湛若水云：
神者，氣之精，心之靈，天地萬物之良能也！

道心：
指對於天理及中正之氣而自覺的心此心具有恆常義與自我要求的能力。

落實工夫：即勿忘勿助法

人心：
指受形氣影響的心，其本質爲有限心之境界，故有眞妄和合之狀態，以中正爲眞情，此外皆僞也！

覺之工夫：
即存眞破妄法
此爲從發揮本體的自覺義而成就之工夫，屬於覺之系統工夫，此法即湛王之共法，但是不易掌握，所以湛若水便以勿忘法，此類行者不忘自覺義而入中正之門！

學之工夫：
即以妄除妄法
從發揮對於習心的對治義入手而成就的工夫，其特色在於利用古訓以進行外在身心的規範與收攝，屬於學之系統，其特色在於利用有限智境而成就，但會有求諸於外而流於助之風險，故以勿助法調整使此心得入中正之門！

圖2：湛若水的學覺工夫與天理觀

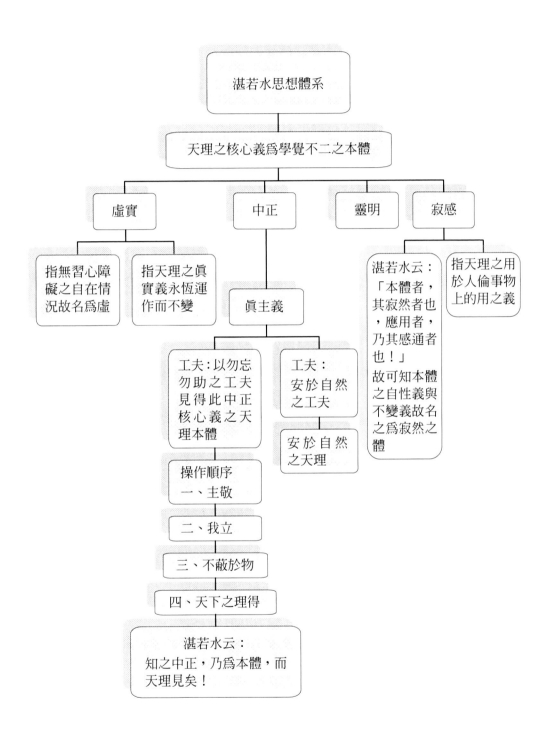

圖3：湛若水的工夫進路